守护她的一生

GUARDING HER LIFE

她的解锁方程式

HER UNLOCKING EQUATION

广州市巾帼社会工作服务中心 —— 编

SPM 南方传媒 | 广东经济出版社

·广州·

图书在版编目（CIP）数据

守护她的一生：她的解锁方程式 / 广州市巾帼社会工作服务中心编. —广州：广东经济出版社，2025. 1

ISBN 978-7-5454-9094-7

Ⅰ. ①守… Ⅱ. ①广… Ⅲ. ①妇女工作—经验—中国 Ⅳ. ①D442. 6

中国国家版本馆 CIP 数据核字（2024）第 008108 号

责任编辑：毛一飞
责任校对：黄思健
责任技编：陆俊帆
封面设计：吴东贤

守护她的一生——她的解锁方程式
SHOUHU TA DE YISHENG——TA DE JIESUO FANGCHENGSHI

出 版 人：刘卫平
出版发行：广东经济出版社（广州市水荫路 11 号 11～12 楼）
印　　刷：佛山市迎高彩印有限公司
（佛山市顺德区陈村镇广隆工业区兴业七路 9 号）

开　　本：787mm×1092mm　1/16　　**印　　张**：17. 5
版　　次：2025 年 1 月第 1 版　　**印　　次**：2025 年 1 月第 1 次
书　　号：ISBN 978-7-5454-9094-7　　**字　　数**：310 千字
定　　价：76. 00 元

发行电话：（020）87393830　　编辑邮箱：664703063@ qq. com
广东经济出版社常年法律顾问：胡志海律师　　编辑电话：（020）38306079
如发现印装质量问题，请与本社联系，本社负责调换

编委会

主　编：彭熙蕙　张　妮

副主编：黄　颖　何柳明　梁夙曼
　　　　卢　莹

编　委：谢海华　李媛婷　朱　柳
　　　　何　静　练晓慧　潘　璇
　　　　刘佳云　李　越

序 言

在当今这个快速变化的时代，女性不仅在社会各领域中发挥着越来越重要的作用，也随着家庭结构的多元化和社会问题的复杂化，面临着前所未有的挑战与困境。家庭、婚姻、职场……这些看似平常的生活领域，实则暗流涌动，充满了复杂的人际关系与情感纠葛。

《守护她的一生》汇集了众多关于女性在家庭关系、婚姻危机、暴力侵害、社会关系压制等方面的真实故事，揭示了女性在面对婚姻背叛、家庭暴力、经济困境等挑战时的无奈与挣扎，更展现了她们在逆境中不屈不挠、勇敢抗争的精神。通过这些故事，本书试图揭示出隐藏在背后的社会问题，如家庭关系的失衡、婚姻中的权力斗争、社会对女性的偏见与不公等。这本书，正是基于对社会现实中女性所面临种种问题的深入洞察与理解，汇聚了一系列真实而感人的案例，展现了女性如何在困境中挣扎、成长，并最终找到属于自己的力量与希望。

书中不仅记录了社会工作者如何帮助女性应对家庭暴力、维护自身权益的艰难过程，还展现了社会工作者在促进家庭和谐、增强女性自我保护能力方面所做出的不懈努力。这些案例不仅让我们看到了社会工作的实际效果，更让我们深刻认识到社会工作在维护社会稳定、促进社会和谐中的重要作用。这本书不仅是一部关于女性生存与发展的著作，更是一部展现社会工作力量与价值的佳作。它提醒我们，在女性困境时，我们不能仅仅停留在同情与关注的层面，而应通过实际行动，运用社会工作的专业方法，为她们提供切实有效的帮助与支持。

在编写过程中，我们特别注重理论与实践的结合。书中不仅详细描述了每个案例的具体情况，还深入分析了问题的根源，并提出了相应的解决策略。我们借鉴了社会学、心理学、法学等多学科的理论知识，旨在为女性朋友们提供一套全面、系统的解决方案。同时，我们也注重引导女性朋友们树立正确的价值观，提升自我保护能力，鼓励她们在追求幸福的道路上坚定信念，勇往直前。

在阅读这本书的过程中，我们会被案主们的坚韧与勇气所感动，也对社工们的专业与付出感到敬佩。在他们的共同努力下，不仅解决了案主们面临的具体问题，更在精神上给予了她们巨大的支持与鼓励。这种力量，正是这本书所想要传达的核心价值——无论遭遇何种困境，女性都有能力、有智慧去找到解决问题的办法，去创造属于自己的美好生活。我们相信，通过这本书，女性朋友们能够从中汲取力量，勇敢地面对生活中的挑战与困境。

这本书也是一本关于家庭、婚姻与社会的启示录。它提醒我们，每一个家庭都是社会的细胞，家庭的和谐与稳定直接关系到社会的繁荣与发展。值得一提的是，本书在关注女性个体困境的同时，也积极倡导社会各界的共同参与与支持。书中不仅提供了针对女性个体的心理咨询、法律援助等实务性建议，还呼吁社会各界加强对女性权益的保障力度，推动相关政策法规的完善与实施。因此，我们应该更加关注女性的生存状态，为她们提供更多的支持与帮助，共同营造一个平等、尊重、和谐的社会环境。

在这本书中，我们也深刻体会到社会工作的力量与价值。本书通过一系列真实、生动的案例，展示了社会工作者如何运用专业知识与技能，介入到女性的生活困境中，为她们提供心理疏导、法律咨询、家庭关系调解等多方面的帮助。希望这本书能够引起更多人对女性问题的关注与思考，也希望社会工作的理念与方法能够得到更广泛的传播与应用。让我们携手努力，共同为构建一个更加平等、尊重、和谐的社会环境贡献自己的力量。

愿每一位女性都能在自己的生命旅程中，守护好自己的幸福与尊严，绽放出属于自己的光彩。

广东警官学院公共管理系副教授 姜立强
2024 年 11 月

目录

Contents

第一篇　家庭关系的解锁方程式

第一章　婚姻关系的处理 / 2

第一节　婚姻背后的乌云与救赎 / 2

第二节　背叛与追寻，小陈的求证之路 / 7

第三节　维权交响曲，权益争取的音符 / 12

第四节　从沉默到解放，自我权益保护与成长 / 16

第五节　打破婚姻枷锁，追寻未知旅程 / 21

第六节　自我掌舵，我的未来我做主 / 26

第七节　消失的他，小雨与小刘的家园之争 / 31

第八节　困境中的母亲，承担与负担的矛盾 / 36

第九节　离婚旋涡中的家庭断裂线 / 40

第十节　爱的重建，关系的改善与挽回 / 45

第十一节　婚姻的囚禁，债务困局与对抗 / 50

第十二节　信任的裂缝，乌云下的婚姻谜团 / 54

第十三节　婚姻褪色的背叛与宽恕 / 59

第十四节　缠绕的争端，站在决策的十字路口 / 64

第十五节　金融困局，小周与丈夫的债务之战 / 69

第十六节　隐瞒的账本，金钱与感情的徘徊 / 73

第二章　与家庭暴力抗争 / 78

第一节　迈出第一步，家庭暴力的挣扎与自我救赎 / 78

第二节　沉默的恐惧，家庭暴力下的逃离与悲剧 / 83

第三节　坚毅重生，离婚与争取权益之路 / 88

第四节　逃离暴力，求助与维权之路 / 92

第五节　跨越黑暗枷锁的自救之旅 / 97

第六节　善良的反抗，新生的抗争与希望 / 102

第七节　无声的求助，敲响隐秘的大门 / 107

第三章　老年父母与成年子女的亲子关系 / 111

第一节　重逢灯塔，寻找安全港 / 111

第二节　迷失的信任，亲情背后的矛盾 / 116

第三节　亲情与产权的博弈 / 120

第四节　亲情的试炼，夹缝中的爱与利益 / 125

第四章　父母与未成年子女的亲子关系 / 130

第一节　亲情失职下的心灵困境 / 130

第二节　错位早恋的边界与重量 / 136

第五章　离婚后的关系处理 / 141

第一节　当机立断与缓慢治愈 / 141

第二节　抚弄离心弦，漂泊的探视之路 / 146

第三节　夫妻角斗场，抚养离合曲 / 150

第四节　离散之争，自我重建之路 / 155

第五节　残留的爱与欠款，法律下的房产债权游戏 / 160

第六节　失和的边缘，亲情与权益的交锋 / 164

第二篇　社会关系的解锁方程式

第一章　职场的困境突围 / 170

第一节　挑战与坚守，为自己而战 / 170

第二节　行走在指尖上的劳动权益保障 / 175

第三节　坚守权益，蔡女士的难产假之争 / 180

第四节　流逝的幸福，李先生与妻子的漫长苦旅 / 185
第五节　浮云蔽日，我的权益我争取 / 190
第六节　追逐回声，被封印的回报 / 194
第二章　爱情关系的探索 / 199
第一节　欺骗的情感与失落的补偿 / 199
第二节　迟到的约定，爱与等待的保护 / 204
第三节　孤影重生，传递温暖与力量 / 208
第四节　欺骗与伤害，当爱情变成魔幻剧 / 212
第五节　日落恋爱的伤痕与误解 / 217
第六节　隐私之下的默契与分歧 / 222
第七节　伪装与决断，当爱情变成谎言 / 227
第三章　公共场所的自我保护 / 232
第一节　打破沉默，重塑安全边界 / 232

附　录 / 236
《中华人民共和国妇女权益保障法》/ 236
《中华人民共和国未成年人保护法》/ 249

第一篇

家庭关系的解锁方程式

第一章 婚姻关系的处理

婚姻关系是人类社会最为复杂且至关重要的社会关系之一，它承载着爱情、责任、义务等，与现实交织。在婚姻关系中，遇到的问题往往涉及诸多方面，包括夫妻双方的情感、家庭背景、社会期望、经济利益等。这些问题可能使婚姻关系陷入困境，甚至导致关系破裂。本章汇集了有关婚姻关系的多个典型案件，这些案件涵盖离婚程序、财产分割、子女抚养等多个方面。通过深入分析和探讨这些案件，我们希望为您提供实用的社会工作介入方法和法律参考指导，为那些正在经历婚姻困境的女性提供实质性的帮助，为建立更加健康、更加和谐的婚姻关系提供思路和方法。

第一节 婚姻背后的乌云与救赎

一、案件基本情况

小郑和小刘通过相亲认识，两个月后迅速结婚，婚后两人育有一个女儿。在婚姻生活中，小郑负责家务，丈夫小刘在外工作，经常忙到深夜。两人结婚多年，聚少离多。丈夫小刘脾气暴躁，经常因为一点小事指责妻子小郑和女儿，导致家庭氛围越发压抑。此外，小郑也很少得到丈夫的支持，夫妻之间情感交流很少。前两年小郑被诊断出患有慢性肾功能疾病，由于自己没有收入，医疗费用只能由丈夫承担。一开始丈夫还会承担小郑的看病费用，后来丈夫建议小郑自己开通信用卡看病，之后再帮她还款。小郑听从了丈夫的建议。一段时间后，两人协议离婚。离婚后房子和女儿都判给了丈夫。小郑没有房子，只能暂时居住在前夫家中。在这段时间，小郑等待前夫兑现之前帮忙还款的承诺，但前夫一直没有行动。其间，银行多次上门催小郑还款。小郑一方面遭受病痛的折磨，另一方面只能通过做些线上的小买卖获得微薄收入用于还款。某天，小郑找前夫帮忙还款，前夫一口拒绝，并且要求小郑尽快搬离房子。小郑不同意，指出按照离婚协议，前夫应该帮自己租房子以便生活居住，但是前夫并没有答应。因为这件事情小郑和前夫多次发生争执，之后前夫竟然开始殴打小郑。

二、社会背景

家庭暴力在我国较为常见，约有 10%的故意杀人案件与家庭暴力相关。家暴受害者中，妇女、老人、小孩为主要对象。2016 年，第一部《中华人民共和国反家庭暴力法》明确提出，“反家庭暴力是国家、社会和每个家庭的共同责任”，这表明国家对家暴采取零容忍的态度。这是国家第一次从法律层面将家暴认定为“公事”，并明确社会工作应参与到反家暴行动中，支持社会工作服务机构开展心理健康咨询、家庭关系指导、家庭暴力预防知识教育等方面的服务。作为一个职业助人的专业，社会工作在预防家暴、紧急介入、持续专业服务方面起着重要的作用。

就该案件而言，结合上述与家庭暴力相关的概念界定，在婚姻关系存续期内，丈夫小刘脾气暴躁，经常因为一点小事指责妻子小郑和女儿，该行为属于“精神暴力”。丈夫违背承诺拖欠小郑治疗疾病的款项，涉及“经济暴力”。离婚后由于双方存在争执，前夫竟然使用“肢体暴力”。综合以上情况，小郑与小刘之间的问题不只是情感纠纷或者私人纠纷，还有可能涉及法律。因此，社会工作者（简称“社工”）在介入时应以小郑的生命健康权为第一要义，留意法律意见，必要时可能需要警方介入。

三、案主需求分析

（1）小郑患有慢性肾功能疾病，身体状况较差。另外，小郑遭受了家庭暴力，身体上可能有伤。因此，需要社工协助对接医疗资源，帮助小郑进行有效治疗。

（2）小郑缺乏稳定的经济收入来源，且有较大金额的欠款急需处理。因此，首先，社工可以协助小郑联系相关的志愿者律师，商量最佳的解决方法；其次，社工可以寻求社区帮助，为小郑寻找力所能及的工作，并与小郑的父母和亲戚沟通，争取他们的帮助。

（3）小郑住处存在不稳定性，其安置问题亟须解决。因此，社工可以联系小郑的父母与亲戚，让小郑暂时与他们一起居住，在此期间通过社区资源帮助小郑找到合适的住所。

（4）小郑与前夫小刘存在纠纷，需要调解员、律师、警方等多方介入。

（5）小郑现在面临一连串亟待解决的问题，心情很不稳定。因此，需要通过理性情绪疗法，必要时可以联系相关的心理咨询师，帮助小郑调节情绪。

四、理论依据

（一）社会支持理论

社会支持理论认为，弱势群体问题的出现是因为弱势群体自身所得到的社会支持不够，如能增加其社会支持，那么弱势群体应对问题的能力将得到提升。弱势群体的社会支持系统既包括家庭、亲友等非正式支持系统，也包括工作单位、司法机关、社会工作服务机构等正式支持系统。在反家暴服务中，由于施暴者属于非正式支持系统，所以说明受暴者非正式支持力量相对薄弱，因此可相应增加受暴者的正式支持力量。

（二）增权理论

增权理论又称赋权理论，指增强弱势群体能力，使其能够面对挑战。分析家庭暴力中受暴女性的权力障碍，足以解释她们为什么长期遭受家庭暴力但仍然维持婚姻关系。增权的关键是找出导致问题的权力障碍，而家庭暴力中的受暴女性权力障碍主要表现为受暴女性自身经济资源不足。

研究表明，家暴与女性经济是否独立有较大关系。夫妻间经济地位的差异，导致女性在家务决策、社会交往和家务分工等问题上权利分配不平等。这往往使她们处于从属地位，一旦双方产生分歧，彼此容易发生冲突甚至暴力行为。因此，社工需要帮助受暴女性意识到这个问题，并鼓励她们知法懂法，运用法律武器维护自身的合法权益。鉴于此，社工可以根据小郑的能力和资源提供相应帮助使其获得经济收入从而经济独立。

五、服务过程

（一）建立专业关系

在个案接案时或接案前期，小郑可能会产生无助感、焦虑感等负面情绪。此时社工需要与小郑进行沟通，并向小郑表明社工可以缓解其目前的困境，减轻其压力，增加其对社工的信任度。同时，明确一般社会工作专业伦理原则。

（二）链接医疗资源

在医疗资源链接方面，需要做到以下两点：

首先，针对小郑目前的病情寻求专业医疗资源的协助，了解就小郑目前的病情是否需要社工提供协助，给予小郑信心，鼓励小郑积极配合治疗。

其次，由于小郑受到家庭暴力的影响，因此需要帮助小郑链接专业心理医生，对小郑的心理进行鉴定评估，为下一步可能采取的措施保留证据。同时，专业的鉴定结果可以为社工、心理治疗师或精神科医生介入个案提供重要参考。

（三）链接律师、社会部门等资源

通过律师的专业意见，小郑可以决定下一步的维权措施，即是否与前夫进行法律调解甚至采取司法行动，以维护自己的合法权益尤其是财产上的权益。

同时，结合律师在法律层面的意见以及社工中心所能为其链接经济援助资源，一定程度解决小郑目前经济方面的困难，例如为其提供庇护之所或者协助暂缓还款等。

最后，小郑所在街道办事处、居委会或辖区派出所可以为小郑提供相关的支援，同时，社工可以通过与他们联系，从而加强对小郑的保护。

（四）经济赋能

小郑目前并没有稳定的经济收入来源，因此，就算当前的经济纠纷得以缓解，小郑之后的生计仍然无法得到保障。在就业方面，小郑的个人能力需要进一步提高，而且受到病情的局限。因此，社工可以向其提供一些教授简单就业技能的培训资源。由于小郑之前通过一些线上散工维持生计，因此社工可以向小郑链接一些人力资源相关机构或组织，查找是否有正式并相对稳定的工作。

（五）结案后落实跟进措施

本案的重点在于为小郑赋能，结案后，小郑需要依靠自主能力进行生活。因此，结案后需要与小郑协定转介或后续跟进的程序。同时，鼓励小郑参加社工中心的相关活动，视其情况看是否将其纳入定期回访对象名单，持续关注其情况。

六、小结

首先，社工应努力站在受暴者的角度解决问题，遵守伦理原则，避免小郑在被访谈的过程中受到二次伤害，必要时应帮助小郑联系专业的心理医生。其次，该案件的重点在于为小郑赋能，因为受暴者是其非正式支持资源，所以其非正式支持资源较为薄弱，需要从正式支持资源，如医疗机构、公安部门以及律师资源等为其提供支持。最后，社工在介入的过程中要尊重小郑的意愿，协助她提高自主能力，引导她善用自身资源和能力改善周围环境，摆脱困境。

第二节 背叛与追寻，小陈的求证之路

一、案件基本情况

小陈求助于社工，因为她发现丈夫小黄出轨。某次她接听了小黄的电话，却传来一个陌生女人的声音，接着她就对小黄产生了怀疑，但她并没有就此事质问小黄，自己却一直失眠。某个月初，小陈偷看了小黄的手机，在社交软件上并没有发现可疑的信息，但随后，小黄经常夜不归宿，并且有朋友告知小陈，有一个女人搬进了小黄名下的另一套房子。小陈悄悄去看过那套房子，发现确实有女人居住的痕迹。之后，小陈还发现小黄经常向一个陌生女人转账，并且怀疑那个陌生女人已经怀孕了。小陈气坏了，近期失眠又加重。小陈想了解小黄这样瞒着自己出轨算不算构成重婚罪，小黄不经自己同意转给第三者的款项能不能追回。

二、案主问题分析与需求分析

（一）案主问题分析

（1）情绪不稳和失眠的问题。小陈来求助时，表现出了疲惫的神态，说明目前的问题已经严重影响小陈的睡眠了。

（2）小黄出轨的问题。依据小陈的陈述，小黄目前的出轨行为已经给小陈的家庭造成了一定的损害。

（3）小黄隐瞒小陈在外组建新的家庭，并疑似将家庭财产转移。依据小陈的表述，若小黄在外真的组建了新的家庭，并且定期转账给第三者，那么将对小陈的婚姻造成实质性的损害。

（二）案主需求分析

小陈针对这件事情采取的一些行动也可作为社工评估的参考。

小陈为了求证小黄的出轨行为，对小黄展开了调查，她没有与小黄当面对质，而是将问题埋藏在心底，一定程度上避免了家庭冲突。小陈随后通过手机、社交软件和实地走访，证实了小黄的出轨行为，可以说明小陈在搜证和求证方面具有一定的能力。后续小陈没有将此事在小黄面前捅破，而是寻求外界帮助，也由此可见小陈较为理性。小陈在处理这些事情中体现了自己独特的想法和能力，但是小陈因此事而失眠，可见小陈将大多负面情绪自我内化，从而影响了正常的作息。

据此，社工理出了小陈的主要需求：

（1）调整情绪，缓解失眠症状。小陈不仅需要释放失眠背后的压力，而且需要学习情绪管理方法，如有必要，可利用机构内的相关资源为其提供心理咨询。

（2）了解目前小黄的行为在法律上是否构成犯罪，希望能从小黄身上得到相应的补偿。

三、理论依据

压力是本案中最显而易见的问题，可以运用压力分析理论解决小陈的问题。从小陈的主动求助和调查中可以看出小陈有改变的动机和能力，但小陈的负面情绪无法调节，因此社工需要与小陈共同厘清目前的状况，帮助小陈转换思维看待问题，让小陈明白自己的失眠在很大程度上是因为压力。根据外界刺激理论，生活事件和改变本身就是压力，因此小陈需要积极调整目前的生活状态。个体的调整能力是有限的，一旦超越这个限度就会导致生理机体产生反应，从这件事可以看出小陈做了许多努力，包括情绪调节方面的努力，但失眠问题暴露了小陈内在调适能力的不足，需要外界社工的介入。

在压力源研究中，社会压力理论也能较好地解释小陈目前的状态，并且指引后续的服务推进。社会压力源，尤其是偏见和歧视等，会在无形中对人的心理产生影响，因此小陈情绪不佳和失眠的背后，可能还存在来自社会的压力。

四、介入目标

目标一：协助小陈就目前情况和问题咨询相关律师，使小陈能够自主运用法律武器维护自身的合法权益。

目标二：协助小陈进行自我情绪调节，可以通过理性情绪疗法等来缓解小陈目前的失眠、压力大等困扰。

五、服务过程

（一）建立信任关系，保证个案会谈保密

小陈主动向社工求助，并说明目前的情况与问题，社工也对此事件进行回应和询问，初步获得了小陈和事件较为详细的信息。听完小陈的陈述后，社工对小陈表示同情和理解，鼓励小陈维护自身合法权益，认同小陈的需求，并且希望开展个案服务。

社工在小陈的陈述中了解到小陈有严重的失眠问题，希望通过系统的个案服务帮助小陈了解失眠的原因，共同寻求解决方法。小陈一开始拒绝了社工的请求，但在社工耐心、热情、具有同情心的说明并强调保密原则下，小陈答应尝试，并约好每次会谈时间在 30 分钟之内，先大致进行三次会谈和一次放松训练。

（二）分析压力源，了解情绪和失眠背后的原因

社工约小陈共同探讨情绪和失眠背后的压力，社工向小陈介绍了压力源的概念，小陈表示理解并接受。虽然在交谈的过程中小陈很理性，但小陈的脸上始终布满愁云。社工希望在上一次讲述的基础上，了解小陈在各个节点的感受或者由于哪些节点失眠。在社工的引导下，小陈表示在刚结婚时就经常失眠，但并不是很在意；其次是刚怀疑小黄出轨的那段时间；最后是确认小黄出轨，一直失眠至今。社工通过这段信息理出了小陈失眠的压力源。

社工询问小陈刚结婚时睡眠不好时主要会想些什么。小陈表示突然结婚所以不适应，并且婚姻匆忙，小陈也未能适应角色的转变。然而，这些只是小陈单方面的想法。社工指出，之所以小陈会焦虑，是因为她对婚姻本身和对自己身份——妻子——期待较高，但难以达到。

社工询问小陈最近睡眠不好时主要会想些什么。小陈表示会想如何最大限度地保证自己的利益，而后比较理性，思考离婚、财产还有今后的生活。

同时，小陈表示会担忧离婚后的事情，比如财产分配、家庭关系等。社工通过了解发现，小陈比较在意小黄父母的想法，因为小黄父母对她很好。这表明压力源在于小黄父母，实际上这是社会压力。小陈接受了小黄父母的恩惠，因此也希望自己能为这个家带来实际的贡献。从压力源来看，小陈目前承受着来自自我、小黄出轨事件以及社会三个方面的压力。

（三）寻找破解之道

社工和小陈分享了上一次会谈的结果分析，小陈表示赞同社工的压力源分析，但也补充了压力源的社会方面，即小陈担心离婚后朋友对她的看法。社工通过对质的技巧引导小陈思考自己的想法和行为，让小陈认识到真正的朋友并不会对她产生负面的想法。

针对小陈对婚姻、对妻子角色期待太高的问题，社工引导小陈思考婚姻的意义，以及自己作为妻子这一角色的能力界限，从而降低对自我和对婚姻的要求。

针对小陈担心离婚后可能会伤害到小黄父母一家，社工指出如果小黄的出轨行为坐实，提出离婚是合情合理的。社工希望小陈更多宽容自己。

（四）对接专业律师，解答困惑

社工为小陈对接律师资源并为小陈解答目前的困惑，律师告知小陈认定重婚罪需要满足的条件，并告知小陈重婚罪需要由法官来裁决，小陈可以通过收集相关的证据来维护自身的合法权益。

（五）讨论放松和情绪调节

经过会谈帮小陈找到了产生负面情绪和失眠背后的原因，社工约定和小陈共同学习压力缓解办法，比如冥想、腹式呼吸法等，同时鼓励小陈多参加社会活动。

（六）结案

社工与小陈再见面已经是一段时间以后，小陈表示失眠的状况有所缓解，但睡眠质量还不算太好，最近在看医生进行调理。小陈表示已经决定离婚，小黄也向她坦白了一切，虽然第三者和小黄并没有孩子，但的确未经她同意私自转走了大量共同财产。社工征求小陈结案的意见，小陈表示接受结案。

六、小结

本案最为突出的问题在于小陈存在失眠的状况。一般情况下，社工需要对小陈的失眠状况进行初步评估，如果涉及病理、心理等方面，需要对接专业的医生、心理咨询师进行个案辅助。因此，社工耐心、热情且专业地与小陈探讨失眠背后的原因，积极帮助小陈通过回忆一些细节找到压力源，是必不可少的环节。社工通过同理心、热情的态度，与小陈建立信任关系，并保证会谈的秘密性，站在小陈的角度与小陈协商解决问题的方法与步骤，始终尊重小陈的意见和想法，通过鼓励激发小陈的自主性，激发小陈的内生动力，使其积极主动和独立地解决问题。

第三节 维权交响曲，权益争取的音符

一、案件基本情况

小李主动求助于社工，表示自己和丈夫小叶有两个女儿，由于工作关系，丈夫小叶在外租房居住，已经两年多没回家了，而小李带着两个女儿跟自己的父母居住，目前没有工作，负责在家照顾孩子。丈夫小叶刚开始会按月给小孩生活费，后来说因为疫情经营不好，生活费就越来越少，最后甚至不给生活费。小李一开始很信任丈夫小叶，觉得他在外打拼不容易，或者忘记了，所以没给生活费。小李给丈夫小叶打电话、发微信，他都很少回应，小李对此也习以为常，但最近小李给丈夫打电话沟通生活费的问题时，丈夫一直推脱不给，后来丈夫就再也没有回复小李。丈夫在外省工作，小李找他比较困难，目前小李最担心的是丈夫不再给予孩子生活费，这将对小李的生活造成很大影响。

二、案主需求分析与曾做出的努力

（一）案主需求分析

（1）家庭陷入情景危机。案主丈夫小叶在外省工作，没有消息，不给生活费，也不愿意和小李沟通，导致家庭无经济来源，陷入危机。

（2）经济需求。小李与丈夫小叶分居两年多，平时疏于联系，不了解丈夫小叶的居住情况。小李目前没有工作，日常开销均需要丈夫小叶的接济。小李目前很担忧未来孩子的生活费等问题。

（3）解决小李与丈夫小叶的矛盾需求。丈夫小叶在外省工作，没有丝毫消息，不管小李和两个孩子的生活，也没有与小李离婚，小李很困惑，不知如何处理。

（4）法律知识补充的需求。案主的案件很复杂，涉及双方家庭纠纷等问题。案件涉及部门比较多，处理起来比较困难，需要社工联动多方资源帮助小李维权，保障其合法权益。

（5）增能赋权需求。除了心理调整，还必须让案主在精神上自信，能力上自立。我们要对案主生活信念和工作生活进行赋能，包括进行各种技术免费培训，使其树立生活信念。

（二）案主曾做出的努力

（1）曾主动和丈夫小叶沟通。在社工的了解下，小李表示曾主动联系过丈夫，询问过生活费等问题，但丈夫小叶不回复小李的消息，逃避问题。

（2）小李自己主动联系过律师，因为曾与丈夫签订过抚养费协议书，小李认为自己应当受到法律的保护。

通过对小李的需求进行分析，大致了解到以下情况：小李长期联系不到丈夫小叶，夫妻关系疏离，小李的安全感得不到保障，小李希望社工能给予有效的帮助，协助自己与丈夫进行协商，要么按时给予生活费，要么离婚起诉，解除两人的夫妻关系。通过对小李的求助经历进行了解和分析后，社工了解到小李有一定的自主性，具备摆脱困境的勇气和态度。这对于社工了解事件的始末及个案服务目标的订立有极大的帮助。

三、理论依据

社会支持理论认为，个人所拥有的资源分为个人资源和社会资源，前者包括个人的自我功能和应对能力，后者指个人在社会网络中所能提供的社会支持。一个人所拥有的社会支持网络越强大，就能够越好地应对各种来自环境的挑战。因此，在该案例中，社工要帮助案主小李扩大她的社会支持网络，加大社会支持力度，帮助小李链接相关的法律资源、政府资源、亲戚朋友资源，最重要的是发挥小李自身的潜力和利用自身的资源，有效地达到目标。

四、介入目标

总目标：帮助小李运用法律的武器争取两名孩子的抚养费，并通过给小李赋能，让小李重拾对生活的信心，找到一份工作，有一定的收入以维持自己的日常生活开销。

分目标一：社工与小李保持联系，用言语和行动给予小李支持，稳定小李的情绪，增强她维权的信心和决心。

分目标二：协助小李联动多方资源，对接妇联、法律咨询等单位，协助小李维护自身的合法权益。

分目标三：社工尝试联系小李丈夫小叶，明确其对家庭的态度，使其加强与小李及其子女的沟通。

五、服务过程

（一）建立专业关系

小李主动找到社工求助，并且直接向社工讲述发生在自己身上的事情。社工仔细倾听案主的倾诉，通过提取重要的信息，社工了解到案主目前较为困难的地方在于经济方面：首先是丈夫小叶不支付两个女儿的生活费，其次是自己没有工作收入，日常的生活开支只能依靠自己的父母，因此小李十分担忧两个女儿的生活费，以及自己的日常生活开销。通过小李的叙述，社工了解到小李对自己的未来有了重新思考，并希望能够找到一份工作，缓解目前经济方面的困难。

社工了解小李的情况后，对小李的遭遇表示理解和同情。社工向小李简单地介绍了机构的资源和业务，表示能够为她提供专业的建议，并通过认知倾听以及鼓励表达等技巧强化小李对社工的信任。在初次会谈建立关系后，社工给予小李一些建议，包括调整自我的情绪，将精力从担忧转到照顾孩子身上，虽然问题短时间内无法解决，但也别让问题影响到个人的正常生活。获得小李的信任后，社工和小李约定以上个案的情况以及后续的个案信息将全部保密，并约定下一次会谈时间，提出希望更加了解小李的基本信息。

（二）稳定服务对象情绪，增强案主信心

个案跟进中期，小李表示丈夫小叶在演艺设备租赁公司工作，月薪约 1.5 万元（自己问过丈夫的公司），住自己父母家的时候，丈夫小叶会支付 2000 元租金；从小女儿出生至今，丈夫小叶未付过生活费，全靠父母接济来维持基本的生活。丈夫小叶没有消息，小李一直感到困惑、沮丧，对维护自身的合法权益没有信心。在此阶段，社工的重点主要在小李的情绪上，社工通过电话、微信与小李保持紧密的联系，在她情绪出现问题的第一时间给予她安慰与支持。同时，社工同小李一起分析案件的处理流程及注意事项，增强她

维护自身合法权益的信心。经过社工的开导，小李对接下来的生活有了信心，对维护自己的合法权益也有了信心。

（三）多方联动资源，维护服务对象的合法权益

社工一边稳定小李的情绪，一边为小李链接当日值班志愿者律师，律师给出以下建议：①通过第三方寻找男方调解；②调解不成再走法律途径；③告知小李法律程序并解答相关法律问题。根据律师给出的意见，小李表示先进行调解，根据调解情况再做下一步打算。社工向小李解释调解的前提是双方同意并见面，建议先留下其丈夫小叶的联系方式，以便社工与小叶进行电联了解情况。社工根据小李的陈述情况尝试电联其丈夫小叶，但他一直不接电话，社工只好让小李继续联系丈夫小叶，社工建议可以通过小叶所在意的事情，让小叶主动联系。

联系上小叶后，他表示拒绝调解。在了解到小李没有收入来源后，社工开始对接相关单位为小李申请法律援助。后来，在律师以及相关部门的帮助下，小李成功争取到了两个女儿的抚养费，增强了信心。

（四）结案

社工通过倾听、共情促进与服务对象建立互信合作关系，缓解服务对象的不良情绪，激发其改变动机。社工协助服务对象联合律师共同解决孩子的抚养费问题，让服务对象重建积极的认知观念，正确地应对，最终做到运用周边资源进行自我保护、自我救助。

六、小结

（1）以社工为纽带的个案管理体系是行之有效的。案件在处理的过程中，需要考虑到小李的情绪处理、实际生活需要、法律咨询等多方面的需求，需要有一个扮演个案管理体系的纽带角色来对接个案处理的方方面面。

（2）多部门联动系统的建立尤为重要，对案件的处理具有切实的意义。在本案的处理过程中，政府资源、官方机构的资源以及社工等都发挥了应有的作用，使本案得以较为圆满地结案。不过，我们也发现，在案件的处理过程中，部分单位对全职妈妈合法权益的认识依然存在一定的差距，处理家庭纠纷的工作仍然任重道远，需要我们不断地努力推进。

第四节 从沉默到解放，自我权益保护与成长

一、案件基本情况

小孟在相亲中认识了目前的丈夫小李。小李是一名教师，具有博士学位，小孟接触后认为小李各方面条件较好，于是双方进一步交往，认识半年后结为夫妇。婚后半年，30 岁的小孟有了身孕，便辞去了工作，全职在家。小孟辞职后，时常被小李贬低，小孩出生后，来自小李的语言贬低和打压越发严重，小孟甚至发现小李曾在其怀孕期间出轨，为此小孟曾经接受过咨询，并通过兼职帮补家计、实现个人价值。在小孩一岁半时，小孟发现丈夫再次与他人关系暧昧，长期的打压使小孟时常处于自我否定中，她感到身心俱疲，觉得生活很压抑。

二、案主需求分析与曾做出的努力

（一）案主需求分析

根据与小孟的直接接触，发现小孟目前情绪低落沮丧，不自信，需要社工给予安抚及肯定；因为遭受小李的贬低、出轨等，小孟逐渐自卑，所以她有给予肯定的需求。

经过交谈了解到，小孟的需求还包括离婚和获得小孩的抚养权。

小孟需要了解离婚的程序、财产的分配、小孩抚养权的判定、如何证明男方婚内出轨等，以增强自我决定。

（二）案主曾做出的努力

（1）小孟曾主动和小李沟通。在社工的了解下，小孟曾主动表达自己内心的想法，希望得到小李的尊重，但是小李觉得小孟收入不高，不敢离婚。

（2）小孟曾向自己的父母倾诉。但父母认为小李的个人条件较好，如果

离婚，对小孩的影响会很大。因此，父母劝小孟多与小李沟通，尽量改善双方的关系。

（3）小孟曾向好友倾诉。尽管小孟目前的社交圈很狭窄，但小孟多次与好友谈及，并在好友的指引下寻求帮助。

通过对小孟的需求进行分析了解到，由于其缺少稳定的收入来源、长期受到贬低和否定，小孟认为自己没能力单独抚养孩子。通过对小孟的求助经历进行分析发现，小孟解决问题的态度较积极，会主动宣泄情绪。

三、理论依据

在本案分析中采用心理社会治疗，突出人本主义理论，并适当运用赋能理论帮助小孟补充知识，提升其解决问题的能力。

心理社会治疗模式是个案社会工作传统的治疗方式之一，主张“人在情境中”，认为人的行为受内在心理和外在社会因素的影响。通过了解小孟的人生经历社工可以接纳和同理她做的选择，更好地制定介入策略。

人本主义理论指引社工对人的内在价值和能力持正向的看法，强调每个个体都具有价值和创造力，在社会生活中，群体成员之间是有差别的，每个个体的差别都要得到尊重。通过不断鼓励和引导，使小孟获得自主解决问题的能力，并将问题解决的成果归功于小孟不断提升的个人能力，肯定其个人价值。

四、介入目标

总目标：树立小孟的信心，提升小孟的个人能力，使其应对以后遇到的其他类似问题。

分目标一：通过交谈、电联回访等形式，帮助小孟在倾诉和宣泄中缓解情绪，从而更好地思考自己的需求。

分目标二：通过信息支持、知识支持等办法，帮助小孟强化对问题的理解，并推进小孟在后续发展中做出自我决定。

分目标三：让小孟向丈夫小李表达需求。

五、服务策略

服务策略一：通过个案会谈，了解小孟的个人信息、需求和社会关系，和小孟一起确定目标和计划。

服务策略二：通过专业技巧，给予小孟宣泄的空间，引导小孟主动表达、释放情绪、舒缓压力。

服务策略三：对接律师资源，了解相关法律知识，帮助小孟评估目标是否需要调整。

服务策略四：提供安静的环境让小孟和小李进行交流，了解双方的意愿与需求，探讨是否就离婚及抚养权分配问题达成共识。

六、服务过程

（一）建立专业关系

小孟主动向社工寻求帮助，向社工讲述发生在自己身上的事情。社工仔细倾听小孟的故事，提取重要信息，发现小孟目前的困境在于照顾小孩、无法兼顾全职工作。

通过小孟的陈述，社工对小孟的遭遇表示同情，之后向小孟介绍了机构的资源和业务。在初次会谈建立关系后，社工给予她专业的建议，让小孟明白当家庭中夫妻地位不平等时，会导致夫妻关系恶化，对小孩也会产生影响。之后社工承诺个案情况和信息将全部保密，并约定下次会谈时间。

（二）深入了解小孟的需求以及小孟的社会网络

基于上次会谈，此次会谈的目的在于了解小孟的基本信息、夫妻的日常故事。社工抓住故事细节，鼓励小孟尝试和小李沟通交流，提前做好准备。

除此之外，社工通过对话还了解到，小孟虽然社会网络较薄弱，但也有朋友陪伴鼓励小孟。社工肯定并引导她发现身边的支持力量，借助外部力量进行情绪宣泄。

社工向小孟澄清需求并邀请小孟制定后续计划，先由律师为小孟提供相应的法律解释，之后社工为小孟补充相关法律知识。

在小孟得到信息扩充，能够自我决定时，社工征询小孟是否需要联系小李进行会谈，小孟表示先考虑一下再给予答复。

（三）对接资源提高小孟解决问题的能力

经过两次会谈后，小孟更为积极地与社工沟通，咨询结束后社工了解到小孟主要咨询了两个问题，分别为孩子的归属问题和离婚财产分配问题。律师针对第一个问题给出了法律解释：离婚后，不满两周岁的子女以由母亲直接抚养为原则。因此，如无其他原因，根据法律规定，小孩应由小孟抚养。

针对第二个问题，律师给出的解释是：夫妻双方对财产归谁所有以书面形式、口头形式约定，双方无争议的，离婚时应按约定处理。根据生产、生活的实际需要和财产的来源等情况，具体处理时也有所差别。律师表示，涉及财产分配问题需与小孟进行更深层次的交流，结合实际情况后再给出相应的建议。

小孟咨询结束后表示需仔细思考离婚事宜。

（四）约定双方会谈，厘清双方需求

社工和小孟经过商讨后决定，先由小孟私下约谈小李。会谈中小李表示，过去出轨及暧昧都是误会。如果要离婚，小孩可以归小孟，前提是小孟放弃财产分配。小孟表示，所有出轨及暧昧她都有存档佐证，不存在误会；另外，小李平日里经常看轻其价值。社工表示每个人都有个人价值，尽管收入不高，但小孟对家庭同样付出了许多，婚姻需要双方互相包容和尊重。会谈过程中，双方在陈述中表现出较多的负面情绪，需要社工在会谈中缓解双方的情绪。

例如：

小孟：你根本就不懂得尊重人，家里大小事务都是我在负责，而且我也已经有了兼职收入，你还总是贬低我，并且婚内出轨。

小李：你的收入低，家里大部分支出来自我，没了我，你能够生活得这么好吗？离婚可以，我的钱你不能分！

会谈结束后，社工与小孟夫妻双方各自进行了单独沟通，双方对继续本段婚姻关系的意愿均不强烈，社工给予小孟时间自我决定。

（五）就目前个案完成度，协商结案

小孟经过慎重思考后，最终决定与小李离婚。

小孟与小李在律师的多次协助下，签订了离婚协议书，小李同意放弃小孩的抚养权，小孟在财产分配方面做出了让步。社工对比结案前小孟的需求以及目标，小孟想要离婚并获得小孩抚养权的需求目前已暂告一段落并得到了阶段式的落实。在个案介入中，社工做好了情绪安抚工作，让小孟看到并相信自己的能力，同时，社工引导小孟借助身边的支持力量缓解情绪。经与小孟协商，同意结案。

七、小结

女性如果长期不与社会接触、不融入职场，容易缺乏保护自己的信心和能力，从而陷入困境。本案中，社工基于人本主义理论、心理社会治疗模式，从优势视角出发，看到小孟在家照顾家庭的同时，通过兼职仍可以获取普通上班族的收入，肯定了其个人价值和工作能力，让小孟看到自己的优点和能力，不妄自菲薄。最后，按照小孟自决的工作原则，建议小孟模拟离婚后自己的生活状态，再自行决定是否离婚。

第五节　打破婚姻枷锁，追寻未知旅程

一、案件基本情况

小朱，女，37 岁，已婚，与小陈育有一个孩子。婚后，小朱的父母借款给两夫妻 120 万元，夫妻二人付款 80 万元，购买了共 200 万元首付的房屋，房屋登记在双方名下，目前还有 75 万元贷款没有偿还。由于婚后小朱经常遭受小陈家暴，导致夫妻矛盾激化，小朱表示与丈夫无法沟通，想要结束这段失败的婚姻。近期，小朱与小陈协商离婚，双方一开始已协商好离婚后子女抚养权以及财产问题，小朱希望获得小陈的赔偿并分割登记在双方名下的房产。然而，双方在婚姻登记机关办理离婚手续时，小陈却突然表示自己患有精神疾病并提交了相关证据，婚姻登记机关表示因小陈患有精神疾病不予受理离婚。小朱对此感到十分疑惑：自己从来没有听说丈夫小陈患有精神疾病。协商离婚的事情不得不暂停，小朱因此十分苦恼。

二、案主问题分析与需求分析

（一）案主问题分析

小朱主动找到社工求助，经过预估，社工初步分析小朱目前面临以下问题。

（1）家暴后的身心问题：小朱长期遭受家暴，身体和心理都遭受了不同程度的伤害。

（2）家暴对孩子的影响：据了解，小朱孩子曾多次目睹自己的母亲遭受父亲的暴力，目前孩子行为正常，只是较为沉默寡言。

（3）协商离婚受阻：本来夫妻双方已协商好离婚，但因为男方突然出具的精神病证明而无法完成离婚。

（4）离婚后财产的处理问题：小朱十分担心离婚后自己的合法权益无法得到保障。

（二）案主需求分析

经过对小朱的问题进行解析，社工和小朱共同探讨目前的服务需求。

（1）尽快完成离婚：小朱希望能够摆脱男方多年对自己的家暴行为，通过离婚获得自由。针对离婚需求，社工向小朱澄清，社工无法直接回应小朱，只能为小朱链接相关资源，让她了解其他离婚途径。

（2）了解离婚后财产如何处理：小朱直接表达希望通过律师等专业人士了解离婚后婚内财产的处理方式，尤其是关于赔偿和房贷等方面的财产处理。

（3）儿童成长心理咨询：在社工的建议下，小朱同意预约社工机构链接的心理咨询服务，检查孩子是否有家暴行为造成的心理阴影。

鉴于小朱家庭情况，社工认为小朱的父母和孩子是她重要的资源，也是小朱达成目标的动力。

三、理论依据

本案将采用任务中心理论进行介入。在任务中心理论中，强调个案是一个问题解决的过程，此案件中，问题之所以产生，是因为小朱的个人能力暂时缺失。任务与问题的关系就是手段与目标的关系。针对问题解决设立目标，通过不断完成任务而接近目标的达成，问题就得以解决。

任务中心理论指引社工不过分探究问题的起源和发展，而是和案主一同探究问题解决的资源和障碍，探讨问题解决的阻力和助力，具有明确的时间限制和清晰的任务目标。在本案例中，小朱有较为清晰的任务目标，即离婚，目前最大的阻力是小陈，但通过社工为小朱链接资源，提供其他的选择后，小朱明确了可行方向，可以在短期内完成个案目标。

四、介入目标

针对小朱的需求，结合任务中心理论的基本观点，本案服务的目标如下。

总目标：协助小朱解决离婚问题，帮助小朱调整心理状态，使其树立积极的生活态度。

分目标一：社工为小朱链接法律资源，回应小朱如何通过其他渠道离婚，协助小朱了解离婚后财产、家暴赔偿以及房贷问题的处理方法，最后达成离婚目标。

分目标二：社工对接专业的心理咨询师，了解小朱以及小朱的孩子家暴后的心理状态，协助小朱及其孩子恢复正常的生活状态。

五、服务策略

根据任务中心理论，本案的介入重点在于协助小朱完成各个任务。

服务策略一：协助小朱界定问题。社工确认小朱的问题，了解小朱对问题的理解以及想法。问题较多的时候，需要确定问题解决的先后顺序，确定解决问题的可行性。

服务策略二：整理小朱的现有资源。围绕已界定清楚的问题，挖掘小朱的潜在资源，整理小朱的正式支持资源与非正式支持资源，增强小朱主动解决问题的信心。

六、服务过程

（一）专心聆听，建立关系

当小朱向社工求助时，社工通过小朱对事件的陈述预估需求，向小朱征求是否同意建立个案。小朱同意建立个案后，社工向小朱介绍社工服务，并提出需要进一步了解事件始末和相关信息。

小朱按照自己的逻辑讲述事情，在陈述时会加入个人情绪，社工通过聚焦、摘要等技巧对小朱的关键信息进行提取，并与小朱确认信息的正确性。面谈结束后，社工整理访谈资料预估小朱的问题和需求。

（二）小朱自决，确定任务

社工再次和小朱会面，并就梳理好的相关需求和小朱进行交流，确定问题后，社工和小朱就本案的目标进行商谈，小朱同意了目前的目标设定（表 1）。针对完成这些目标，社工邀请小朱共同制定任务，在这一过程中社工发挥协助、陪伴的作用。

表 1　小朱的任务情况

目标	任务 1	任务 2	任务 3
小朱了解其他离婚渠道，了解离婚后财产以及房贷问题的处理方法	主动联系社工链接的律师资源，咨询相关事宜	咨询律师意见后做出决定	与社工分享综合考虑后的计划并实施
小朱了解自身与孩子在家庭暴力中心理受影响的程度	主动联系社工链接的心理咨询师	配合做相应的心理测评	接受测评结果，并与社工分享下一步计划

（三）持续跟进，了解进展

小朱向律师咨询后，律师给予了小朱三个建议，小朱表示经过律师的解释，目前她更加坚定了离婚的信念，并且向社工表示下一阶段会着手准备诉讼离婚的事宜，会从以往的材料中找出小陈家暴自己的证据，这其中可能还会需要律师的帮助。社工表示非常开心看到小朱找到了解决问题的途径，表示任务 1 基本完成。针对律师资源，机构仅提供咨询服务，如果需要诉讼离婚，则建议小朱找专业的律所。

（四）关注心理健康，及早干预重视

在交谈中社工对小朱的心理进行预估，认为小朱情绪较为稳定，谈吐清晰，不存在明显的心理问题，但是鉴于小朱在介绍自己孩子时，表现较为沉默，而孩子又曾目睹家暴行为，因此有必要了解孩子的心理情况。通过测评显示，小朱的心理问题不明显，但小朱的孩子有抑郁的倾向。心理咨询师解释，测评结果是动态的，建议小朱多陪孩子接触外界，体验新鲜的事物，一段时间后再重复测评。社工根据心理咨询师的建议与小朱进行沟通，小朱表示离婚后会带上孩子出去散散心，社工表示尊重小朱的决定。

（五）结案

个案目标基本达成，社工向小朱表示可以结案。小朱表示之后仍需要社工的帮助，社工只好向小朱厘清目前的结案情况：第一，个案目标基本达成，满足结案需求；第二，在个案中小朱有足够的能力去应对困难，社工只是提

供了助力；第三，目前小朱的情况暂时不需要延长个案服务；第四，结案后社工会跟踪回访，跟进小朱后续的情况。小朱表示理解，最终同意结案。

七、小结

本案是一起比较典型的家暴案例，父亲对母亲的家庭暴力已对孩子的心理产生了一定的影响，虽然家暴并未直接发生在孩子身上，但是目睹家暴会影响孩子的心理成长以及人格构成。但相比之下，案主的需求较为急切。社工通过综合考虑，还是选择先以小朱为个案对象，以任务中心理论为基础，为小朱设计了可行的任务，最后回应了案主的需求。经过个案服务后，社工明显察觉小朱个人在能力、情绪上的正向变化，但是，个案直接回应的是小朱的需求，对于孩子的需求并没有给予更多的关注，因此，如果个案需要后续跟踪，社工会将焦点放在孩子身上，关注孩子的身心发展情况，必要时会将孩子作为新的个案对象。

第六节　自我掌舵，我的未来我做主

一、案件基本情况

小黄自结婚后全职照顾家庭，生育了两个孩子，平时在家打理家务，因未外出工作，并无工作收入，仅依靠丈夫小李每月给的3000元生活费维持家庭开销。小黄身体较差，患有慢性病需要长期治疗，小李给的生活费只够家庭日常支出，小黄尝试和小李沟通生活费用的问题，但每次都是以吵架收场，后来发展成为小李对小黄进行言语辱骂和殴打。小黄的母亲在小黄婚后全款买下一套房子并赠予了小黄，作为小黄的独有房产，但小李经常说小黄，认为她家里有钱，不够钱花可以找娘家。争吵到激烈的时候，小李会威胁小黄净身出户。小黄经常被小李的言语中伤，害怕小李突然的暴力，虽然殴打并不严重，但小黄整日提心吊胆。因为夫妻关系紧张，小黄已经和小李分房睡了很久。小黄目前的想法较为凌乱，想离开小李，但是又不敢提出离婚，因为生活开支目前仍由小李供给，如果他硬是逼自己净身出户，自己不知道何去何从。社工经过初步考虑后，接受小黄的求助，为其提供个案服务，进一步确定并回应小黄的需求。

二、案主问题分析与需求分析

（一）案主问题分析

社工认真聆听小黄的倾诉，经过整理与分析后，发现小黄目前面临的问题有以下几个：

（1）从身体层面来看，小黄患有慢性病，需要长期治疗，身体基础不太好；小黄曾遭遇小李殴打，身体受到了伤害。

（2）从心理层面来看，小黄处于恐惧与忧虑的状态，恐惧来源是小李的家暴，忧虑来源是治病费用不足与被小李威胁净身出户。

（3）从家庭环境来看，小黄面临家庭关系紧张的问题，小黄夫妻关系紧张，影响小黄的正常生活。

（4）从生活状态来看，小黄目前对妇女保障、婚姻家庭的相关法律了解不足，不清楚如何维护自己的合法权益以及对未来婚姻的情况比较迷茫。

（二）案主需求分析

根据小黄的问题，社工总结小黄比较突出的需求有以下几个：

（1）小黄需要保障自身的人身安全，确保不再受到小李的伤害。

（2）从外界获得心理支持与法律帮助，向律师咨询家暴、婚姻财产等问题。

（3）提升抵抗外界风险的能力，对未来生活做出决定。

（4）小黄需要释放情绪与疏导，需要恢复平稳的情绪状态。

三、理论依据

针对本案，社工引用赋权理论开展服务。赋权理论可以协助小黄发展个人能力，该理论认为，弱势群体因为缺乏独立生活能力、表达自我价值的能力等，处于社会边缘或者较为弱势的一方，因此引用赋权理论的重点在于提升小黄的个人能力，从个人赋权、增强自信、掌握生活，到人际关系的赋权，强调人与人之间的平等以及人与人相处的能力。

四、介入目标

结合社工对小黄现存问题和需求的分析，根据赋权理论，设定本案的目标为以下三个：

（一）从增强小黄个体层面制定目标及服务策略

（1）提高小黄的自我保护能力以及解决家庭问题的能力，协助小黄做出自我选择，增强小黄的自信。

（2）和小黄共同讨论未来，学习如何维护自己的合法权益。

通过单独会谈，传递给小黄争取权益以及保护自己的案例经验，增强小黄改变现状的自信。

（二）从人际关系层面制定目标及服务策略

提升小黄的沟通能力，学会挖掘自身的资源处理困难；帮助小黄掌握沟通技巧，尤其是家庭沟通等内容，帮助小黄在家庭中争取话语权以及平等的权利。

（三）从社会环境层面制定目标及服务策略

社工引导小黄更多地融入社会，参与社会活动，提高小黄在生活中的成就感；邀请小黄参加妇女小组活动，感受妇女的多彩生活，链接社区志愿服务机会、工作机会，给小黄提供参与社区活动的机会。

五、服务过程

（一）接待小黄，建立专业关系

小黄主动求助社工，社工耐心聆听小黄的倾诉，社工预估小黄的需求。小黄夫妻关系不融洽，因为经济来源大部分依靠小李，导致家庭地位不平等，社工对小黄的遭遇表示理解。社工和小黄确认需求，小黄表示认同，双方建立专业关系。

（二）发挥小黄的主动性，共同制定介入计划

在第二次会面中，社工希望了解更多小黄的家庭信息，随着小黄向社工披露，社工了解到因为小李能力较强，所以小黄在家中很少提出自己的意见和想法。小黄几次跟娘家说了家里发生的事情，但是娘家认为小黄自己可以解决。

社工鼓励小黄不要灰心，一定可以通过自己的努力改变现状。同时，社工建议小黄与家人倾诉时，可以尝试在表述一件事情后多表达自己的感受，例如“我真的很难过”“我现在心情比较低落”等，让家人直接了解小黄的心情，从而重视小黄所说的问题。通过第二次交谈，社工和小黄共同制定了之后开展介入的计划，小黄希望了解自己现在可以选择的工作有哪些，希望自力更生。

（三）链接资源，提升小黄的能力，帮助小黄掌握沟通技巧

针对小黄被家暴以及婚姻问题，社工为小黄链接了律师资源。律师给予小黄参考建议。律师表示现在小黄没有明确提出离婚，站在法律咨询的角度，目前小李要求小黄净身出户是不合理的，因为婚后财产为夫妻双方共有。此外，社工还向小黄介绍了部分关于家暴后自我保护的要点，社工建议小黄报警，请求出具家庭暴力告诫书并申请伤情鉴定，保留证据，小黄感谢社工的

建议与帮助。社工建议小黄学习一些沟通技巧，在下次发生冲突时，通过沟通化解矛盾。小黄表示比较难实现，社工鼓励小黄先学习，后续会安排老师和小黄进行练习，从而减轻小黄害怕跟小李沟通的情况。经过 2~3 次训练后，小黄表示已经可以和小李进行良好的沟通了，近期并未起较大冲突，闹矛盾的次数有所减少，小黄认为自己有了进步，社工十分认同小黄取得的成果。

（四）邀请小黄参与小组活动，增加自我认同感

个案服务开展到第 4 次时，社工询问小黄是否考虑参加社区内的妇女兴趣小组，社工向小黄介绍妇女兴趣小组的基本信息，建议小黄加入体验，最后小黄选择了舞蹈小组和读书自强小组。小黄认为在此过程中了解到很多其他人的相似经验，甚至有些组员的遭遇比自己更坎坷，但她们都能重新出发，小黄逐渐觉得自己也可以。社工表示希望小黄记住此时的信念，继续保持，勇往直前。

（五）进一步促使小黄融入社会，链接相关就业信息

小黄在加入妇女兴趣小组后，社工持续关注其近况。小黄表示虽然夫妻关系并没有多大改善，但觉得自己有了许多能量。在其他妇女的介绍下，小黄还参加了志愿活动，小黄在为他人服务时，自我价值得到明显提升。社工对小黄的变化感到十分高兴。为了回应小黄的需求以及达成个案设定的目标，社工为小黄链接了一些招聘会的信息，之前小黄从事的工作是会计、营销等，因此社工推荐了相关渠道，鼓励小黄去尝试。小黄表示希望社工可以在选择好岗位后陪同她一起面试，社工答应了。由于不想小黄过分依赖社工，社工只陪同小黄参与了一次面试，希望有了这次经验后，小黄可以更加独立。

（六）结案

目前小黄的生活状态逐渐改变，从原来的将所有精力投入家庭，到现在开始发展自己的兴趣，会因为孩子的教育问题而参与家庭教育培训。小黄一开始在社工的帮助下提升自己，现在可以自己找机会提升自己，社工认为基本目标已达成，经小黄同意后结案。

六、小结

有一些家庭问题长期存在，并不是短期介入就可以解决的，在尊重小黄

的前提下，首先，社工与小黄建立关系，分析小黄的需求，归纳出社工可以协助其达成的目标。其次，社工除了选择为小黄链接外部资源，还为其重新“激活”内部资源，使其得到家人的情绪支持，从而提升小黄的个人能力，让她自我决定婚姻的走向。最后，社工帮助小黄融入社会，提供小组、志愿活动、面试就业的机会，小黄在同类群体中获得了存在感并提升了自我价值，发挥了小黄的主观能动性，改变了小黄以往依赖别人的情况，最后使小黄成为一个独立自主的人。在后续遇到同类型案主时，这样的介入过程具有参考意义，能更全面地回应服务对象的需求。

第七节 消失的他，小雨与小刘的家园之争

一、案件基本情况

小雨和丈夫小刘在 20 世纪 80 年代初结婚，婚后不久，小刘就以外出打拼养家为由离家，除了每年过节回家一趟，其他时候都没有音讯。1993 年之后，小刘再也没有回家，而两人也没有办理离婚手续，小雨一个人独自承担家庭重任，打多份工照顾患有不同程度疾病的两个孩子。2020 年旧村改造，小刘回来后瞒着小雨签订了房屋拆迁赔偿协议，小雨认为他想私吞这笔拆迁款。房子在 20 世纪 70 年代末自建完成，在 80 年代末统一发证。小雨认为这是婚后财产，自己有权得到部分拆迁款，想找小刘商量此事，但是一直找不到人。小雨认为，这笔钱不仅是对自己这么多年照顾家庭的弥补，也可作为后续照顾孩子的支出。后来，通过相关部门小雨找到了小刘，但是，对于在合同上签上小雨的名字，小刘坚决不同意。他认为，这个房子小雨及其娘家没有出过一分钱，并且这么多年他一直定期给小雨和孩子寄钱，所以小雨并不是独立照顾孩子。于是，两人就拆迁款争论不休。

二、案主问题分析与需求分析

（一）案主问题分析

1. 表征问题

问题一：小雨与小刘已有 20 年未见面，但尚未办理离婚手续，所以仍处于婚姻关系，处理拆迁款会涉及婚后财产的分割问题。

问题二：小雨在 20 年之内受到小刘情感与生活的忽略，在旧房屋拆迁款登记与分割时被欺瞒，小雨与小刘之间的关系面临破裂。

2. 潜在问题

问题一：双方在婚姻期间没有较多的沟通与了解，小刘没有在情感以及

生活方面给予家庭关注与照顾；小雨长期面临独自支撑家庭和抚养孩子的重任，付出了较多的时间、精力和感情。

问题二：小雨没能及时运用法律手段维护自己的合法权益，且其与小刘的感情基础薄弱，难以达成和解，因此需要向外界寻求帮助。

本案问题的爆发点在于小雨想合理地分割拆迁款，并且希望自己的多年付出得到补偿，但遭到小刘严词拒绝。小刘长时间对家庭不负责任，农村自建房产权认定无明确的界定，所以存在一定的矛盾，小雨不得已向外界寻求帮助。

社工初步评估小雨的顾虑确实存在，房屋的产权问题可能存在纠纷，由于小刘不负责任，并且产权证明是在婚姻关系存续期间发放的，所以小雨的利益很大程度上可以得到满足。不过，小刘可能存在一走了之的情况，所以要及时与外界进行联络，以保证小刘不会过激。

（二）案主需求分析

针对小雨目前想要获得拆迁款赔偿，从而保障自己和孩子合法权益的意愿，社工整理的小雨需求为以下几个方面：

（1）按照自己的贡献值与夫妻共同财产分割的原则，与小刘合理分割拆迁款。

（2）补偿自己在婚姻期间为家庭的付出与牺牲，且希望小刘承担部分抚养费与医药费。

（3）提高小雨在婚姻关系中的自我保护能力，增强其合法权益的保护意识。

（4）彻底结束和小刘之间的婚姻关系。

三、理论依据

在本案当中，小雨对于感情有较为理性的认知，即使她知道小刘私下签订了房屋拆迁赔偿协议，她也没有大吵大闹，而是在理性思考以后，找到小刘沟通，在沟通无果后及时寻求外界的帮助，从而更好地做出理性的决定。这侧面证明了小雨面对问题有较为理性的思维，善于利用外界资源维护自己的合法权益。

根据女性主义理论，社工要充分尊重小雨作为女性的感受，帮助小雨在婚姻关系中保护自己，承认并支持女性的力量，消除性别偏见，更加真诚地去了解小雨，并及时给予其帮助和积极的回应。

女性主义理论吸收了女性主义哲学的思想，强调尊重女性独特的感受和经验，并希望借助与女性合作的方式，推进性别平等。女性主义社会工作不仅为妇女发声，更成为所有相对弱势群体一方争取权利的价值理念与实践方式，它承认服务对象群体作为主体的多样性、差异性、能动性，将个人问题认定为公共议题的一部分，通过团体互助，寻求个人问题的集体解决之道。

四、介入目标

总目标：帮助小雨与小刘合理分割拆迁款，同时帮助小雨提高在情感关系方面的敏锐度，补充相应的法律保障知识，让小雨在未来可以更加敏锐地、以合法的手段保护自己的利益不受损害。

分目标一：按照自己的贡献值与夫妻共同财产分割的原则，与小刘合理分割拆迁款。

分目标二：提供专业的法律咨询，协助小雨了解如何追回自己所付出的精力、感情和财产花销，并且协助小雨获得自己被迫进行事实婚姻期间所造成的权益损失的相关补偿。

分目标三：和小雨共同探讨本事件所带来的警醒作用，从而提升小雨未来进行合法关系认定等的处事能力。

分目标四：了解双方目前的情感状况，协助小雨解决与小刘的情感关系等问题。

五、服务策略

服务策略一：通过会谈的方式和小雨商讨，社工要及时向小雨提供有针对性的指导意见，并且鼓励小雨合理合法地维护自身权益。

服务策略二：帮助小雨获得女性团体力量的支持。

服务策略三：对接律师团队，解答小雨心中的疑惑。

服务策略四：做出反思，使小雨在之后的婚姻关系中擦亮自己的眼睛。

六、服务过程

（一）安抚情绪，鼓励小雨表达需求

小雨前来求助时，情绪激动、愤怒，同时夹杂着忧虑与无助。女性主义理论强调尊重女性独特的感受和经验，社工第一时间要安抚好小雨的情绪，同时从女性的角度出发，合理分析小雨的问题和需求。

多次深入沟通后，社工发现小雨倾诉的需求比较强烈。在社工的初步评估中，小雨已经决定要与小刘结束婚姻关系，并且希望对房屋拆迁款项进行合理的分割，但是遭到了小刘的严词拒绝，并且小刘以多种理由拒绝支付一定量的拆迁款项，小雨对此表示非常愤怒和困扰。

社工首先认同了小雨需求的合理性，其次也理解小雨求助的意愿，鼓励小雨改变当前的局面。社工承认小雨作为主体的多样性、差异性、能动性，将个人问题认定为公共议题的一部分，通过团体互助，寻求个人问题的集体解决之道。小雨在表示感谢后，希望社工能够联系相关的女性帮扶团体从而实现自己的目标。社工协助小雨厘清了财产分割的责任界定，帮助小雨获得了解决问题的方法，但是，由于小雨本身才是事件的行动者，因此，需要小雨根据自身寻找合适的解决方案。对此，小雨表示理解和感谢。

（二）与小雨共同商讨解决方案

针对小雨目前的需求，社工与小雨共同商讨合适的解决方案。小雨表示，小刘拒绝沟通，不愿意就拆迁款分割问题进行谈判，所以她觉得很无奈。社工表示，小刘并不存在合理的证据拒绝财产分割，且房屋产权证书在婚姻关系存续期间发放，因此小雨占优势。社工建议小雨将自己所了解到的情况和法律知识传递给小刘，并在之后与小刘进行协商谈判。

此外，社工和小雨所在的村居基层组织取得了联系，当地的妇女自组织对于小雨的情况非常关心，并为社工提供了更多小雨的基本情况。

（三）就小雨与小刘的会谈进行复盘

社工在与小雨会谈之后，再次进行深入了解。小雨表示，与小刘谈话并不愉快，对于拆迁款分割问题，小刘的情绪较为激动，对此小雨表示很苦恼。小雨对小刘的表现非常失望，所以希望与小刘尽快解除婚姻关系。

社工提醒小雨还未咨询律师关于该事件的解决方法，可以看看能否通过法律的途径解决问题，小雨表示同意。

（四）社工为小雨对接了律师资源

律师对小雨提出了一些建议：第一，明确房屋的所有权。第二，需要为自己的付出收集证据，包括通信记录、证人证言等。小雨反馈通过本次咨询了解到了很多相关的法律知识。

（五）追踪小雨近期个案进展，就该事件开展会谈反思

社工主动联系小雨询问近期情况，小雨反映自上次咨询后，自己托村里熟人找到了律师帮忙，小雨表示未来一段时间都要尝试维护自身的合法权益。社工对小雨的改变表示肯定，约定结案。

七、小结

在本案中，社工安抚小雨情绪，并且帮助她将自己的需求表达了出来。在整个过程中，社工认同小雨需求的合理性，并且理解她的意愿，鼓励她改变当前的局面。社工通过女性主义理论，让小雨明白自己有能力解决这个问题，并且可以依靠女性帮扶团体走出困境。在此过程中，社工与小雨共同商讨解决方案，与多组织取得联系，当地的妇女自组织对小雨的状况也十分支持和关心，最终整个案件顺利完结。本案让小雨掌握了婚姻生活方面的法律知识，并且相信女性与女性之间能够互相扶持和互相支撑。这段经历也使小雨明白，在婚姻关系中要明确双方的责任与义务，在面对冷漠态度和忽视时，要及时发现问题、介入问题。

第八节　困境中的母亲，承担与负担的矛盾

一、案件基本情况

孩子出生后，小余的丈夫小安突然病倒且病情严重只能卧床，于是小余一个人挑起了家里的担子，需要照顾生病的小安和刚出生的孩子。所以，小余的父母来到女儿身边帮她渡过难关。但小余和公婆住在一起，小余的父母和亲家在相处期间多次因男方医疗费用发生争执，对于孩子的照顾方式也有所不同，经常互相指责和谩骂，小余深受困扰，认为这样增加了家庭照顾的压力。金钱的争执蔓延成家庭矛盾，婆婆对于小余各种不满意，觉得她无所作为，没有承担好作为妻子的责任。小余表示很委屈，因为她也是刚生产，身体尚未恢复，小安遭遇大病她也只能力不从心。因此，当小余提出为孩子办理户口时，婆婆拒绝了其请求。小余很着急，孩子出生后因为没有上户口，看病都十分困难。每次讨论到孩子的落户问题，双方父母都会各执己见，加上小安又卧床不起，小余感觉身心俱疲。

二、案主问题分析

在本案例中，虽然问题看似在孩子落户方面，但其背后的情况十分复杂。首先，小余生育后身体仍需要时间恢复，夫妻双方本应共同照顾孩子，但因为小安突发疾病，所以小余只能独自面对个人身体欠佳、照顾初生婴儿与患病的丈夫、家庭经济压力、家庭关系协调等多重问题。在本案例中，双方父母的过度介入使家庭问题变得更加复杂。夫妻双方的失能弱能、双方父母的过度介入使家庭成员间的关系处于亚健康的状态。因此，社工一方面需要对目前小余面对的生理、心理、经济问题以及孩子落户问题等提供资源协助，另一方面需要从家庭社会工作的视角协助厘清家庭成员间的问题。

社工从家庭社会工作的整体思路出发，对该案例初步预估如下：

（1）小余目前仍处于产后恢复中，但面临照顾孩子、经济问题、家庭关系协调等压力。

（2）小安的疾病需要通过医疗手段持续治疗，而且康复后情况不明确，家庭缺失主心骨。

（3）双方父母过度介入且意见分歧较大，严重影响家庭生活。

（4）小安的母亲由于个人意见对小余产生不理性的行为。婆媳矛盾影响孩子落户口。

三、家庭社会工作概述

家庭社会工作是以家庭为中心而进行的社会工作介入及所提供的家庭服务。在服务过程中，视家庭为一个整体，对整体家庭及各个家庭成员的需要进行评量、介入和评估等，从而提供各项家庭服务。其目的在于协助解决家庭问题，改善日常家庭生活，提升家庭自身解决问题的能力，促进家庭关系的和谐及家庭功能的正常发挥。

家庭社会工作主要有以下三个特点：①服务对象是作为整体的家庭。即以家庭整体为对象，将家庭中每个成员的问题都看成整个家庭的问题，所有家庭成员都是社会工作的服务对象。家庭作为一个有机整体，其成员之间是相互联系、相互影响的。当个别成员出现困难或问题时，其原因可能不仅仅在于个人，而可能与整个家庭有关。②服务目标是协助家庭正常运转。每个家庭都向往和睦、轻松、愉快的生活，每个家庭也蕴藏着丰富的能量与资源，具有解决问题的潜能。因此，社工可以通过适当的指导，协助家庭发掘自身及社会资源，增进家庭功能，改善家庭关系，引导家庭自动、自主地解决所面临的问题和困难，从而实现家庭正常运转。③强调多元方法的融合运用。在家庭社会工作中，社工往往整合个案工作、小组工作和社区工作等方法来提供服务。例如，运用个案方法从小余目前的状况入手来获取信息，了解小余目前的生理、心理、经济以及孩子落户等问题，并且提供资源协助，同时协助小余厘清家庭成员之间的问题，解决家庭成员之间的冲突和矛盾，在此过程中协助家庭加强与社区资源的链接，引导家庭成员以正确理性的态度处理家庭问题，从而增强家庭功能。

四、理论依据

家庭系统理论认为，家庭问题是由整个家庭不良的沟通交流方式导致的。所有的家庭都是一个社会系统，家庭成员之间相互依赖、相互影响。因此，不能把家庭问题简单地归结为某个或者某些家庭成员导致的，而应把问题放在整个家庭环境中，理解家庭成员之间的互动交流方式以及这样的方式是如何产生和维持的。

按照家庭系统理论三个基本要点，社工对该案例中的家庭当前问题进行分析，情况如下：①家庭的沟通方式不佳导致家庭成员间的相处产生严重问题。②可以将当前该家庭面临的危机作为一个契机，让家庭成员从中学习到与家人相处的原则以及沟通方式，从而在一定程度上改善家庭关系。③该家庭功能经过社会工作专业的介入能够有效恢复。

五、介入目标

目标一：为当前小余面临的生理、心理、经济问题提供合适可行的帮助，解决孩子的落户问题。

目标二：对家庭成员间的关系进行调节，引导家庭成员以正确理性的态度处理家庭问题，恢复正常的家庭功能。

六、服务过程

（1）在前期接案中，社工先与小余及其家庭建立关系，与家庭中所有成员进行有效的沟通，从不同角度、不同人的视角了解家庭的情况，便于后续进一步评估。同时，在与家庭成员沟通中向其澄清社工的角色，希望双方建立信任关系，并能在之后的介入程序中相互配合。

（2）由于小余目前处于产后恢复关键期，生理状况暂时不允许其承受过度压力，因此社工积极为其链接一些婴幼儿照顾的资源，包括科学照顾的科普资源以及专业人士的照顾资源，在减轻小余照顾压力的同时暂时减少双方父母在育儿方面的分歧。在照顾小安方面，社工需要尽量取得专业医生的治疗意见，为小安链接相关治疗资源，同时需要了解其是否可以享受重大疾病医疗保险的待遇，或是否可以申请相关经济资源。在征得案主及其家庭成员的同意后，联系相关慈善团体或组织看是否能够减轻案主一家的经济压力。

（3）家庭成员关系协调是本次社工介入的重点。

①双方父母应减少插手已婚子女家庭内部事务，同时，家人与家人间的相处也需要有界限。鉴于目前该家庭的情况，社工以链接资源的形式为家庭提供协助，减少双方家长的参与，并让双方父母意识到相处的边界感，为下一步介入做好准备。

②分别与双方父母进行沟通，逐步澄清对于对方的非理性态度。例如，让婆婆了解并认识到小余是在十分努力为家庭付出。和双方父母就男方医疗费用、孩子照顾等问题进行沟通。在医疗费用问题上，社工应向其介绍与法律相关的规定或为其链接律师咨询，同时，引导双方以合乎情理的方式思考问题。就孩子照顾方面的分歧，引导双方思考育儿方式是多样的，同时引导双方尊重专业的育儿知识，减少纠纷。运用换位思考的方式，体会对方的难处或想法，明晰大家的出发点都是为家庭着想，而不是对立。

③经过之前的单独沟通，双方父母在态度上有所软化，在双方父母同意下安排一家人见面，就大家都关心的问题开诚布公地交流，社工以观察者的角色从旁观察，在特定的时候或者发生冲突以至于不能再沟通的情况下进行协调。

④就孩子上户口的问题，社工一方面需要向户主了解其不让孩子上户口的原因以及想法，另一方面应该告知其上户口是法律规定，同时引导户主接纳这件事情。

⑤在合适的情况下结束个案，和双方约定好后续回访以及跟进的措施。同时，落实好医疗保险、照顾资源链接等社会支持资源，并向其提供其他社会协助资源的联系方式。

七、小结

在此案例中，社工与小余及其家庭成员建立好关系之后，与他们进行充分沟通，以便之后进一步评估。同时，针对小余的状况，社工积极链接一些幼儿照顾资源及相关的医疗治疗资源。在此基础上，也征得小余及其家人的同意，联系相关的团体和组织，帮助小余减轻经济压力。在整个过程中，社工通过与家庭成员充分沟通与交流，包括协调，改善了双方的非理性情绪，使个案问题得到妥善解决。

第九节 离婚旋涡中的家庭断裂线

一、案件基本情况

小王和丈夫因为关于孩子的教养方式观点不一致经常发生争吵，小王遂与丈夫分居，计划离婚事宜。分居一段时间后，夫妻双方仍未能就离婚达成一致意见，协议离婚失败，只好提出诉讼离婚，其中子女抚养权成了诉讼离婚中主要的争吵问题之一。小王结婚后和婆家一起居住，小王逐渐发现，丈夫对于母亲百依百顺，有些时候甚至不顾道理，只要自己与婆婆发生分歧，丈夫就会责骂自己。婆婆对他们唯一的孙女非常宠爱，但是一旦孙女不听话或者犯了错，婆婆就会教导丈夫严厉地惩罚孙女，例如将她关进杂物间或者用打火机等恐吓孙女让她听话，这让小王不能接受。

自分居后，由于小王跟朋友同居，加上婆婆再三阻拦，小王带不走女儿，只能每天下班后隔着家门口的铁门和女儿见面。年头的时候女儿仍像以前一样对小王很亲密，会说一些悄悄话，会玩耍嬉笑，但从年中开始，女儿变得暴力粗鲁，甚至经常对小王吐口水、拳打脚踢，想赶走小王。小王发现门口装了摄像头，怀疑是婆婆与丈夫教导女儿这样做并监督她。小王向幼儿园老师求证这件事情，幼儿园老师告知，她女儿的确在年中的时候因为身体不适休假了两个多星期，回来后性情大变，会有攻击和说谎等行为。幼儿园老师还发现，她的女儿在说话的时候会有意识地征求奶奶和父亲的意见，并且说在家里奶奶经常讲妈妈的坏话。

在小王婆婆的眼里，小王是个不负责任的母亲，花钱大手大脚，经常驳斥老人家，口无遮拦，对待自己的女儿十分暴力，经常虐打女儿，她是为了孙女的健康成长才让小王别再接近自己的家。小王对于婆婆的不实言论表示很失望。

二、案主需求分析

（1）心理调适的需求。小王和丈夫经常发生争吵，与丈夫分居，见不到孩子，容易产生非理性信念，需要社工帮助小王建立理性信念，舒缓小王的负面情绪。

（2）法律知识补充的需求。小王与丈夫诉讼离婚，需要社工为小王链接法律资源，帮助其获得女儿的抚养权。

（3）探望孩子的需求。由于小王已搬离原来的家，其婆婆与丈夫不让小王和孩子单独相处，小王探望孩子困难，需要社工在双方都同意的情况下进行线下调解，讨论探望孩子的问题。

三、理论依据

在本案的分析中将采用社会支持理论，帮助小王改变既有的认知、情绪、价值观与行为，强化并激励小王尽快转变并予以维持。

社会支持理论认为个人所拥有的资源分为个人资源和社会资源，前者包括个人的自我功能和应对能力，后者指个人社会网络中的人所能提供的社会支持。社会支持网络指的是一组个人之间的接触，通过这些接触，个人得以维持社会身份并且获得情绪支持、物质援助、服务和新的社会接触。一个人所拥有的社会支持网络越强大，就能够越好地应对各种来自环境的挑战。

四、介入目标

总目标：帮助小王运用法律武器获得女儿的抚养权，并通过帮助小王扩大社会网络资源提高其利用社会网络的能力。

分目标一：社工和小王保持紧密联系，定期会面，用言语和行动给予小王足够的支持，稳定小王的情绪，增强她维权的信心和决心。

分目标二：多方联动资源，协助小王维护合法权益。

分目标三：社工与小王丈夫及婆婆进行会谈，明确小王丈夫对家庭的态度，加强小王与女儿的沟通。

五、服务策略

服务策略一：通过个案会谈，了解小王的个人信息、需求情况，和小王一起确定个案目标和个案计划。

服务策略二：运用倾听、接纳、适度地自我披露等技巧，给予小王宣泄的空间，让小王多表达，释放负面情绪。

服务策略三：对接律师资源给小王提供咨询，使小王了解关于抚养权、婚姻家庭的相关法律知识，帮助小王了解目前自身所处的情况，评估问题的解决目标是否需要调整。

服务策略四：提供安静的环境让小王和丈夫进行交流，阐述双方需求，了解相互的意愿，就女儿的抚养问题达成共识或签署契约。

六、服务过程

（一）建立专业关系

小王积极主动地向社工寻求帮助，较为详细地讲述了整个案件。社工通过面谈了解到了夫妻之间的沟通方式以及当前存在的问题。小王多次声泪俱下表示自己一再退让也没有得到丈夫让她探望女儿的机会。虽然内心渴望离婚，但是面对离婚后的生活，小王还是很迷茫和焦虑。面对这一切，她感到无所适从。

在服务的过程中，社工运用倾听、同理心和接纳等技巧取得小王的信任，让小王透露更多关于个案的相关信息。在小王情绪激动时，社工运用点头、目光回应等技巧让小王感受到尊重和被倾听并逐渐缓和情绪。在建立专业关系后，社工与小王一起对问题进行初步评估，共同制定计划解决眼前的难题。

（二）链接资源的支持，稳固社会支持网络

在介入初期，社工从小王感到孤立无援的问题入手，帮助小王建立社会支持网络。社工引导小王向身边的家人和朋友宣泄情绪、寻求帮助，缓解自己的焦虑情绪。通过家人和朋友的支持，小王信心大增，也学着主动寻找资源解决自己的问题。

接着，社工为小王链接了专业咨询律师，了解到诉讼离婚期间不让探望

孩子可以通过哪些渠道进行维权。律师为小王提供了系列建议，例如通过司法介入向法院申请探望权，同时建议小王尝试进行调解，这种方法直截了当，并且费时较少。小王主动向社工提出希望通过调解的手段解决该问题。

与此同时，社工意识到小王婆婆在此次事件中的重要性，主动安抚小王婆婆的心情，认可她的努力，引导小王婆婆放手让小王夫妇解决自己的婚姻问题，小王婆婆表示会让儿子自己做主。

（三）约定调解时间，制定调解计划

社工和小王讨论了调解的相关事宜，邀请了调解员、律师等参与到调解当中，也邀请了小王丈夫及其母亲。在调解开始时，社工向小王讲解了理性沟通的部分技巧，从而避免了冲突和情绪化的发生。

调解开始后，首先由社工介绍本次到场人员，讲述调解的目的：为了更好地让父母双方履行抚养权。随后让双方各自阐明自己的需求。婆家拒绝小王想要固定时间探望。但是，调解员和律师表示该请求是合理的。小王对婆家的态度十分不满，情绪激动。社工不断安抚小王情绪，并询问小王婆婆拒绝的原因。小王婆婆表示，小王经常花钱大手大脚，还说婆家坏话，会教坏孩子。小王认为自身人品毫无问题，即使自身与婆家存在矛盾，也不该牵连到孩子，探望孩子只是希望她能拥有完整的父爱与母爱。同时，小王提议让丈夫也参与决定，提出孩子是夫妻俩的孩子，毕竟丈夫与自己才是孩子的监护人。调解员认同小王的说法，希望小王丈夫也给出意见。小王丈夫认为小王的要求可以满足，本次调解结束，就离婚诉讼期间探望孩子的问题达成共识。

（四）结案

社工通过倾听、共情与小王建立互信合作关系，缓解小王的负面情绪，激发其改变动机。在该案例介入过程中，社工联合律师共同解决小王的孩子抚养权问题，让小王学会运用周边资源自我保护、自我救助。

七、小结

开始小王的情绪非常低落、不稳定，经常会半夜惊醒，没有安全感。社工充分运用倾听、同理心、鼓励等技巧和小王建立信任关系，运用自我披露等技巧正向引导，增强小王解决问题的内生动力，引导小王积极寻找资源，

在整个过程中小王都配合得比较好，社工的工作也开展得非常顺利。在整合资源方面，本次介入利用了法律资源和与调解会谈相关的资源，让小王感受到社会支持的力量。

第十节 爱的重建，关系的改善与挽回

一、案件基本情况

小李，41 岁，因婚姻感情不和，与丈夫小方于去年诉讼离婚，结果小李败诉，离婚失败。之后，小方带走孩子，将孩子放在自己父母家安养，禁止小李与孩子单独相处，也不允许小李到小方父母家探望。小李因长期联络不上孩子且在追问小方无果后，导致情绪不稳且起伏较大。但是小方均持冷漠态度，要求小李管好自己，并回复“孩子未来怎样与你无关，毕竟是你想要离婚”。与孩子分开至今，小李经常失眠，常常梦见自己和孩子一同坠下高楼，小李表示自己曾想“一死了之”。另外，小李曾到学校希望能在上下学时与孩子接触，但因为孩子是由小方的父母接送，接触未果。小李曾求助于小方父母居住社区的相关人员，请求上门探望孩子，刚开始时，小方父母迫于外人介入的压力，让小李和孩子相处了半天，然后却以孩子要上兴趣班为由带走了孩子。之后小李请求上门均被拒绝。现在，小李担心自己不仅无法摆脱婚姻，还会失去唯一的孩子。

二、案主需求分析与曾做出的努力

（一）案主需求分析

（1）心理需求。据小李陈述，当前其情绪低落且心理处于高度紧张状态；另外，社工观察到小李已产生了非理性信念，例如轻生念头。社工需要帮助小李重新建立理性信念，舒缓小李的负面情绪。

（2）生理需求。小李心理的负面影响越发严重，已经影响小李的日常作息，近期小李时常失眠。

（3）链接律师资源。目前小李正经历着被小方非法禁止与孩子接触的困境和离婚败诉的痛苦，小李迫切需要运用法律手段摆脱自身困境。

（二）案主曾做出的努力

（1）小李曾主动寻求社工帮助。

（2）小李曾主动联系小方，希望就离婚和孩子探望事情达成共识。

通过对小李的困境和需求进行分析，社工了解到，小李与小方夫妻关系疏离，双方在孩子的问题上存在意见分歧，小李希望社工能提供帮助，助力其能与小方就夫妻关系和孩子探望问题意见达成一致。另外，据社工了解，小方曾表示自己未有离婚的想法，也一直在挽救婚姻，同时希望小李能在这段时间冷静一下。此外，女儿也十分希望家庭完整。

通过对小李的求助经历进行初步分析可知，小李在遇到问题时，积极主动寻求帮助，有解决困难的勇气及态度，这对于社工了解事件的始末及个案服务目标的确立有极大的帮助。

三、理论依据

本案将采用认知行为理论，帮助小李改变既有的认知、情绪、价值观与行为，强化并激励小李尽快转变并维持新转变。

认知行为理论是认知理论与行为疗法的综合。该理论强调除直接改变认知外，还需要修正行为，将认知与行为视为不可分割的整体；坚持通过个体对其认知的改变，实现个体在情绪行为方面的转变。由此又发展出理性情绪疗法。社工需在实践中协助小李了解问题所在，在此基础上改变小李既有的认知、情绪、价值观与行为，强化并激励小李尽快转变并维持新转变。该理论通常被运用于情绪障碍等问题的疏解过程中。该理论认为如果一个人有正确的认知，那么他的情绪和行为就是正常的；如果他的认知是错误的，则他的情绪和行为都可能是错误的。

四、介入目标

总目标：改变小李的非理性认知，协助小李合理化自身行为，提升小李处理问题和应对挑战的能力。

分目标一：提供情感支持，舒缓不良情绪，掌握压力舒缓技巧。

分目标二：助力小李重新回归婚姻生活，改善夫妻关系。

分目标三：多方联动资源，对接法律组织机构，保障小李的合法权益。

五、服务策略

服务策略一：通过个案会谈，了解小李与小方的感情状况和双方在孩子问题方面的看法，共同与小李确定个案目标和个案计划。

服务策略二：运用倾听、接纳、适度地自我披露等技巧，给予小李宣泄的空间，助力小李释放负面情绪。

服务策略三：链接律师资源，协助小李了解目前情况，让小李了解孩子的探望权、抚养权，家庭暴力等婚姻家庭相关法律知识。

服务策略四：在允许的情况下，安排小李和小方进行交流，阐述双方需求，了解相互的意愿，探讨双方对于夫妻关系问题的意见。

六、服务过程

（一）第一阶段

目标：与小李建立专业关系，了解小李的基本情况。

社工安排与小李的第一次访谈，在这个过程中，社工首先要对小李在叙述中崩溃的情绪提供一定的情绪支持和疏导，待小李情绪稳定后，就其所困扰的问题展开具体的分析。另外，社工需向小李讲述其服务范围、保密制度等，还应降低小李的预期，向小李表示个案管理的工作方法及具体服务目标，并同小李签订服务协议。

（二）第二阶段

目标：转变小李对问题及资源的认知。

社工在与小李的多次访谈过程中，发现小李深陷“无能为力的被害者”的角色，常把问题归因于对方，很少思考自己能改变什么，并且小李就此类问题很少主动做出改变。以认知行为理论为视角对此进行分析可得，小李之所以多年来一直未有积极的改变，是因为小李一直持有非理性信念，坚定地认为所有的问题都是由对方的行为引起的，认为只有对方行为发生改变才能解决问题。

针对这种情况，社工需要在会谈时引导性地向小李提出多个问题，包括“你是如何看待此类问题和解决问题的？你是否思考过换种方法解决问题？”

等，启发小李，使其发现将问题归咎于一方的不合理信念，引导小李建立正确的问题认知，即问题的解决需要双方共同努力，并且社工还需引导小李尝试改变自身的行为表现即自我先对问题进行积极解决，帮助小李跳出原有的问题认知及解决模式。

（三）第三阶段

目标：提高小李解决问题的能力。

在改变小李对问题及资源的认知基础上，社工运用角色扮演的方法，由社工扮演小李，小李扮演小方，以使小李体验两者之间的关系互动；社工还启发小李选择不同的方式解决问题，了解小李在角色扮演中感受如何、是否愿意做出改变等；另外，社工还为小李链接了外部资源，如心理咨询师、人社部培训部门、妇联等资源。通过以上具体化的介入过程，社工巩固了小李对问题和资源的正确认知，克服了资源运用的障碍，并提高了小李解决问题的能力。

（四）第四阶段

目标：跟进小李的问题解决情况，商议结案事宜，跟进后续情况。

社工基于此前确定的目标，及时跟进小李的问题解决进度，并做到了定期回访小李和资源提供者以及分析两者如今的链接密度。根据回访，社工了解到小李与小方此前存在的分歧和夫妻关系已有所改善。目前小李与小方已重归于好，家庭关系得到良好的改善，小李表示对现状感到满意，社工对小李现状进行评估之后，向小李提出结案事宜，并同小李商议后达成结案协议。

七、小结

本案服务主要通过个案管理方法，是以认知行为理论为指导完成的，服务解读焦点主要集中在转变案主不合理认知，从而使案主的行为得到改变方面。在整个服务过程中，社工将介入分成四个阶段，各个阶段都有其需注重解决的问题和焦点。第一阶段主要是与案主建立良好的会谈关系，社工主要是运用同理技巧；第二阶段是尝试转变案主对其问题及资源的理解，主要技巧是倾听及反馈；第三阶段是在案主认知转变的前提下，转变案主的行动，包括链接资源等，社工扮演资源链接者的角色；第四阶段是围绕结案而展开的，社工扮演的角色是跟进者。综上所述，社工需要紧跟各个阶段并灵活地进行介入，例如在采用认知行为疗法时需了解其理论的相关框架和要求等，在改善夫妻关系问题上除采取以上服务外，社工还可提供沟通技巧助力减少冲突，链接资源时社工需定期回访资源提供方与案主之间的关系并及时进行关系巩固。

第十一节　婚姻的囚禁，债务困局与对抗

一、案件基本情况

小岳和丈夫结婚快30年，生有一儿一女，夫妻感情在后半段婚姻中逐渐淡漠。小岳反映丈夫曾有家暴行为，最严重的一次小岳因为家暴而报警，但是当时警察以家务事为由拒绝插手解决。后来夫妻俩开始分居，丈夫去外地做生意，家暴的次数也逐渐减少。因为孩子，小岳一直没有下定决心离婚。在婚姻关系存续期间，夫妻二人购有三套房子，但是均没有登记在夫妻的名下，其中一套房子写在了婆婆的名下，但根据小岳陈述，这套房子主要由小岳花钱购买。

2013年，丈夫回到家，向小岳坦白有了第三者。小岳对于这件事反应平静，毕竟经过长时期的分居，婚姻已名存实亡，刚好小岳这时因为做生意欠了大笔信用卡债款，之前也为了做生意向家人借了一笔钱，两笔债款加起来接近100万元，小岳急于还款，想着或许通过离婚分配夫妻共同财产就能够还上这笔债务。

但是丈夫并不是很愿意离婚，他认为这样对自己的一对儿女有较大影响，虽然女儿比较懂事，但是儿子因为父母经常不在身边管教，现在已经变得非常叛逆。小岳想到这点也较为犹豫，因此换了个思路，打算将自己购买的但写在婆婆名下的房子卖掉，先用来还款，但是遭到丈夫的拒绝。小岳陷入两难之中，目前如果单靠自己仅有的财产是不足以还款的，而丈夫不愿意离婚又不愿意变卖房产，小岳为欠下的债款而忧虑。

二、案主需求分析

（1）缓解心理压力的需求。小岳因欠债较多心理压力比较大，需要社工通过同理心、倾听等技巧引导其做心理宣泄，同时进行适当的心理疏导及言

语宽慰，让小岳的心理压力能够得到释放。

（2）缓解债务危机的需求。小岳与丈夫感情破裂，希望通过离婚分割夫妻共同财产来偿还做生意欠下的100万元债务。小岳之所以做生意而欠下大笔债务，也是为了维持家人的日常生活，所以这笔债务属于夫妻共同债务，因此社工可邀约小岳与其丈夫进行协商，缓解小岳的还债压力。社工可以为其链接专业律师，提供法律咨询，让小岳明确可以通过哪些法律手段解决问题。

三、理论依据

采用认知行为理论和赋能理论来为小岳提供服务。

（一）认知行为理论

美国心理学家阿尔伯特·艾利斯（Albert Ellis）提出认知的“情绪ABC理论”框架，“A”即真实发生的事件，“B”为人们如何思考（认知），“C”为结果，例如输出的情绪、行为等。本案例中，小岳存在严重的焦虑症，而这与其长久以来一直存在的传统观念占主导地位的认知有关，因此需要社工帮助她树立理性的信念，同时引导小岳挖掘自身的优势和解决问题的能力，帮助她减少不良情绪的困扰和避免做出非理性行为。

（二）赋能理论

赋能理论是一种协助个人、家庭、团体和社区获取发展能力的社会工作理论。该理论认为要改善弱势群体的状况，就必须赋予弱势群体成员各种积极的权力和能力。本案例中，社工需要协助小岳找回自己应对问题的能力，包括调节情绪的能力、沟通能力以及资源利用能力。

四、介入目标

总目标：帮助小岳解决婚姻问题，改变现在的生活状况，增强小岳的自信心，分析债务问题的处理方案，让小岳过上正常稳定的生活。

分目标一：疏导小岳的负面情绪，肯定小岳拒绝家庭暴力的行为。

分目标二：发挥小岳的优势，帮助小岳提升解决问题的能力。

分目标三：提供婚姻关系法律咨询与资源，让小岳维护自身的合法权益。

五、服务策略

服务策略一：社工评估了小岳的问题并引导她进行排序，按照优先次序来解决问题，同时社工给予她情感上的支持，并和她共同寻求解决问题的方法。

服务策略二：通过理性情绪疗法帮助小岳树立正确的理性认识，改善小岳焦虑不安和郁闷无助的情绪。

服务策略三：告知小岳与婚姻相关的法律知识，鼓励其维护自身的合法权益，远离家庭暴力。

六、服务过程

（一）了解基本信息，建立良好的专业关系

小岳主动到服务中心寻求帮助，积极主动地讲述了整个案件。通过面谈社工了解到夫妻之间的沟通方式和当前存在的问题，在讲述中小岳多次声泪俱下，泣不成声。小岳表示丈夫已经有了外遇，两人也已经分居多年，感情已经疏离，自己想与丈夫离婚，并卖掉一套房产用来偿还债务，但丈夫不愿意离婚且不愿意变卖房产，自己为欠下的债款而忧虑，对此她不知所措。小岳虽然有心坚决要离婚，但对未来生活却没有信心。在整个过程中，社工运用倾听、同理心、接纳等技巧取得小岳的信任，让她敞开心扉交流，安抚她，让她渐渐平复激动的情绪。感受到社工的真心后，小岳与社工初步建立了专业关系，方便更多个案信息的获取。

（二）改变观念，直面问题，正向强化，协助确定所需解决的问题及选择的方法

经过几次面谈，社工详细了解了小岳的家庭情况及她的债务问题，也确定了小岳目前急需达成的目标，并初步确定了解决问题的先后顺序和解决的方法。在这个过程中，社工发现小岳因为债款十分焦虑，非理性情绪严重。社工主要借助理性情绪疗法，让小岳改变非理性信念，变被动为主动，主动寻找解决方法；见到成效后，社工结合焦点解决短期治疗，让小岳对未来生活进行畅想，强化其正向积极因素，试着从自身发现解决问题的方法，并付诸行动。

（三）整合社会资源，解决小岳的债务问题，并协助其申请法律援助

目前小岳的债务问题，不仅是一个需求，更是影响小岳投入精力解决夫妻关系问题的一个重要牵绊。只有解决好债务问题，小岳才能有更多的精力投入与丈夫的婚姻关系中。在这个过程中，社工扮演陪同者、支持者、引导者和资源整合者的角色。一方面，安抚小岳的情绪给予其信心，告诉她虽然申请法律援助的过程非常艰难，但社工会陪同她一起努力；另一方面，整合社区服务中心资源为小岳提供技能培训服务，消除小岳的后顾之忧。两周后，小岳接到社工通知说申请通过并已安排好了跟进案件的律师等待法庭排期。

（四）陪同开庭，解除夫妻关系，厘清财产分配，并争取孩子的抚养权

开庭共分为两个阶段：第一阶段解除夫妻关系，争取抚养权；第二阶段厘清夫妻共同财产，合理分割财产。在这个过程中，社工全程陪同协助小岳参与开庭和再次申请法律援助事项，社工的真心切实感动了小岳。同时，社工运用鼓励、赞许等技巧让小岳对未来的生活充满信心，相信自己通过努力可以过得丰富且精彩。最终，法院进行裁定，小岳的利益得到了保障，顺利解除了夫妻关系，并合理分配到了夫妻的共同财产。另外，夫妻双方也达成基本的和解，丈夫表示愿意承担自己作为一个父亲所应承担的责任，同时希望母子三人以后可以过得更好。

七、小结

在与小岳沟通的过程中，社工透过现象发现了小岳的非理性情绪，之后以改变小岳的非理性情绪为问题解决的切入点，将理性治疗和焦点解决短期治疗相结合，整合社会资源，帮助小岳摆脱生活困境。在整合资源时社工努力让小岳积极参与，运用社会工作专业“授人以鱼，不如授人以渔”的价值理念，挖掘小岳自身的潜力，在不影响服务成效的基础上充分尊重小岳对案件的决定，使个案达到理想的效果。

第十二节　信任的裂缝，乌云下的婚姻谜团

一、案件基本情况

小包今年50多岁，因曾患疾病，身体落下三级残疾。小包和妻子结婚多年，有一个女儿，女儿目前已经结婚成家。小包退休后生活很简单，每天就读读报纸，喝喝茶，享受着退休生活。小包觉得虽然和妻子住在一起，但是和妻子的交流一年不如一年。

最近有个神秘人联系上了小包，向他透露其妻子“借钱”给小魏，并且提供了相关的证据。小包大为震惊。看着眼前的证据，妻子不像是借钱给别人花，而是送钱给别人。小包怀疑妻子已经动用了较多家庭财产，于是偷偷观察妻子，发现妻子十分信任小魏，经常给他转钱。小包尝试跟妻子进行沟通，但是妻子拒绝沟通，而且情急之下还会发脾气，后来在小包的持续追问下离开了家。小包想约她出来逛街、吃饭，但是妻子都拒绝了。

小包除了一开始与神秘人有联系，后来都没有主动联系他。他不清楚神秘人的身份，也感觉神秘人的信息前后矛盾，但是从妻子目前的状态看，有些事情应该属实。面对这种情况，小包不想自己辛苦打拼下来的成果，甚至是退休金都被妻子拿走送给他人。小包一方面想知道妻子是否出轨，另一方面想追回属于自己的财产，但是妻子拒绝跟他沟通。

二、案主需求分析与曾做出的努力

（一）案主需求分析

（1）了解家庭财产去向的需求。

（2）夫妻关系维护的需求。小包与妻子存在严重的沟通障碍，需要加强夫妻双方沟通，维系家庭关系。

（3）健康知识的需求。小包曾患过疾病，身体三级残疾，需要一定的健

康护理常识。

（二）案主曾做出的努力

（1）主动查找相关证据。小包表示自己曾经根据神秘人提供的证据，偷偷观察过妻子，主动进行核实。

（2）主动跟妻子沟通。面对问题，小包曾主动邀约，希望缓和一下僵化的夫妻关系。

（3）主动向居委会求助。小包曾怀疑妻子遇到了网络骗子，向居委会求助帮忙协调夫妻关系，但是妻子依然没有向居委会交代家庭财产的去向。

（4）向亲友倾诉。小包曾私下联系亲友，请求亲友想办法。

通过对小包进行需求分析了解到，小包最需要解决的问题是与妻子进行沟通，查清楚家庭财产的去向。小包一方面想了解妻子是否出轨，请求给个说法；另一方面想追回属于自己的财产。

通过对小包的求助经历进行初步分析可知，小包寻求问题解决方法的行为积极，主动向外界求助。他先后和居委会以及亲友倾诉事情经过，宣泄情绪，也从亲友处得到了新的问题解决方向。

三、理论依据

本案运用沟通理论进行介入与分析。人际沟通在人际关系中起到重要作用，个体通过沟通接收信息，并且达成互相认识与了解。人们通常根据自己接收的若干信息（如事实、情感和记忆等）而采取行动。人们在处理信息时，会给予信息发出者反馈，以便让他们了解自己是如何处理信息的。人们都有处理信息的内在规则，以引导人们选择某些自认为重要的信息。沟通理论认为，在沟通上有问题是因为人们没有很好地给予或接收信息反馈。本案例中，小包与妻子存在沟通障碍，需要社工帮助他们消除这些沟通障碍，使小包和妻子的相互沟通得以顺利完成。

四、介入目标

总目标：改善家庭关系，稳定小包和妻子的关系。

分目标一：通过走访、交谈等形式，了解小包在与妻子沟通中出现的困难，给予如何有效沟通方面的支持。

分目标二：为小包链接其他资源，寻求多方面的介入，了解小包家庭财产的去向。

五、服务策略

服务策略一：通过个案会谈，了解小包的个人信息、需求情况以及小包的社会关系，和小包一起确定个案目标和个案计划。

服务策略二：通过倾听、接纳、适度地自我披露等技巧，给予小包宣泄的空间，让小包多点表达，释放不良情绪。

服务策略三：寻求警察的帮助，了解关于网络诈骗的相关知识；对接律师为小包提供咨询，使小包了解婚内出轨、债务以及财产分割等相关法律知识，帮助小包了解目前自身所处的状况，评估个案目标是否需要调整。

服务策略四：寻找机会，为小包与妻子提供安静的环境，让小包和妻子进行交流，阐述双方需求，了解夫妻双方出现隔阂的原因所在。

六、服务过程

（一）建立专业关系

小包由亲友介绍与社工进行联系。初次面谈社工向小包进行自我介绍，说明社工服务的相关内容，并与小包签订了知情同意书等。

面谈时，小包主动讲述自己的故事。社工在听完小包的描述后，对小包的问题有了初步了解。社工了解到小包与妻子之间存在沟通隔阂，小包不仅担心钱财被骗，而且担心妻子出轨。社工了解到基本情况后，对小包的遭遇表示理解，并且能同理小包的心情。

在初次会谈建立关系后，社工给予了小包一些建议，包括调整自我情绪、简单的沟通技巧等，希望以此改善小包与妻子之间的沟通。在获得小包的信任后，社工和小包约定以上个案的情况以及后续的个案信息将全部保密，并约定下一次会谈时间，并且提出希望更加了解小包的基本背景信息。

（二）深入了解小包问题背后的需求

在后续会谈中，社工对小包的基本信息进行了细致了解，包括小包的家庭状况、身体状况、日常生活及兴趣爱好等。社工了解到两人的交流障碍主要是退休后生活方式改变，两人的共同话题越来越少。社工鼓励小包尝试主动了解妻子的兴趣爱好，从兴趣爱好入手，主动和妻子讨论旅游、跳舞、画画等相关话题，或者主动陪伴妻子跳舞、画画等，以此拉近两人之间的距离。

在会谈的最后，小包表示可以尝试社工的建议，为拉近与妻子之间的距离做出努力，改变自己沟通的方法。

（三）搭建支持网络，提升情绪管理能力

小包虽然在这座城市生活了很多年，但是交际面封闭且狭窄，社会支持网络比较薄弱。社工引导小包发现并肯定身边的支持力量，引导小包借助支持网络的力量解决问题。

社工向小包澄清个案求助的需求，明确小包十分担心妻子遭到网络金钱诈骗，并邀请小包一起制定后续的个案计划。一方面，社工帮助小包联系警察，协助查阅了资金的往来状况，排除了诈骗的可能；另一方面，社工为小包对接律师，由律师针对小包关于婚内出轨、债务以及财产分割等问题提供相应的法律解释，帮助小包了解目前自身所处的状况。社工从两个方面帮助小包评估自身的处境，明确自身的需求。

（四）调解矛盾，促进夫妻双方良性沟通

通过改变沟通方式，小包与妻子的关系有所缓和。社工通过小包的亲友搭建桥梁让小包、小包妻子和社工开展了一次会谈。根据会谈，小包明确妻子与小魏是跳广场舞认识的朋友，并非出轨，小包妻子与小魏的金钱往来是由于小魏生活受困向小包妻子借钱，以后会归还，不会有财产损失。在会谈过程中，社工引导小包重视及时沟通以及互相信任的重要性，了解夫妻隔阂的利害关系。双方都承诺以后会及时沟通，维持家庭和谐。

（五）评估服务目标达成情况，协商结案

社工对比结案前小包的需求以及共同制定的目标，小包想要增加与妻子的沟通、了解家庭财产的去向、挽回财产损失这些目标均得到实现。在个案期间，小包与妻子加强了沟通和信任。小包丰富了个人的社会支持网络，也补充了所需的信息和知识。与小包协商后，同意结案。

七、小结

本案中，社工及时了解小包的需求，结合小包的实际情况，给予帮助。

社工从小包和妻子的沟通问题入手，指导小包学习沟通技巧，加强双方沟通，改善夫妻关系，重新构建和谐的家庭关系。另外，本案中，社会支持资源主要集中于正式支持系统，非正式支持系统利用得较少，社工可以利用更多的资源，从多个角度帮助小包解决问题。家庭和睦离不开好的沟通，沟通是建立良好关系的基础。社工在处理家庭关系的问题时，应注意家庭成员之间的沟通是否通畅，应注重沟通的疏导。

第十三节　婚姻褪色的背叛与宽恕

一、案件基本情况

小肖和丈夫小李在高中时期相识热恋，后来考上了同一地区的大学，毕业后顺利结婚，结婚30年来两人的感情一直稳定和谐，但几十年的和睦最终因丈夫的出轨而被打破。小肖某次外出吃饭碰见小李与其他女性共进晚餐，一开始以为只是工作上的应酬，但这样的“偶遇”发生了多次，持续了半年之久。这半年里，小肖一直不愿承认丈夫出轨，有一天她终于忍无可忍，直接询问小李约会的女性是何人，小李竟大方承认自己出轨。小李连掩饰的想法都没有，小肖非常难过。小肖对小李提出诉讼离婚的想法，小李表示愿意离婚，但是他会尽快转移财产，小肖一分都得不到。一方面，小肖十分害怕小李将财产转移，自己离婚后会身无分文；另一方面，曾经甜蜜的夫妻生活天天折磨小肖，小肖悲哀于丈夫的绝情和自己的心软。最终，小肖放不下与小李多年的感情，前来求助，希望能挽回婚姻。

二、案主需求分析与曾做出的努力

（一）案主需求分析

（1）心理支持需求。小肖性格偏内敛，目前的情绪较为低落，整体表现十分沮丧，对于问题的解决缺乏信心，需要社工安抚其情绪。

（2）挽回婚姻关系需求。经过交谈，小肖最迫切的需求是挽回婚姻关系，让丈夫重归家庭。

（3）学习法律知识需求。小肖需要了解离婚的程序、夫妻双方共同财产的分配及法律承认的男方婚内出轨证明等相关知识。

（二）案主曾做出的努力

（1）曾主动和丈夫沟通。小肖与小李婚后的感情一直比较稳定，因此小肖不明白小李出轨的缘由。小肖主动与小李沟通过几次，试图了解其出轨的原因，并未得到回应。

（2）向女性朋友倾诉。小肖与小李有许多相识多年的共同好友，当小肖将此事向好友谈及时，其好友因见证两人多年的感情生活对小李的出轨行为难以相信，好友提醒小肖注意保存小李出轨的证据，建议其向专业人士寻求帮助。

三、理论依据

本案分析将采用任务中心理论，协助案主提升解决问题的能力。任务中心理论强调个案过程是一个问题解决的过程，认为案主具有解决问题的能力与潜能，同时是健康、常态、有自主能力的个体。任务与问题的关系就是手段与目标的关系，完成有关任务，问题就能得以解决，任务中心理论更多的是致力于探知问题的阻力和助力。

如前文所述，小肖最迫切的需求是挽回婚姻，但是男方的态度让小肖非常焦虑。一方面小肖不知如何挽回婚姻，另一方面担心如果丈夫转移财产，自己的权益将无法得到保障。小肖在寻求问题解决方法过程中比较积极，主动向外界求助。社工在任务中心理论的指导下开展服务，协助小肖清楚地界定问题，并明晰问题解决所需的资源与存在的障碍，与小肖共同制定工作计划。

四、介入目标

总目标：树立案主信心，协助案主改善夫妻关系，提升案主的个人能力，以应对以后出现的其他类似的问题。

分目标一：通过个案会谈，帮助案主在倾诉和宣泄中舒缓情绪。

分目标二：通过信息支持，协助案主了解与婚姻相关的法律知识，提升其应对问题的能力，鼓励小肖自决。

分目标三：协助案主和丈夫表达清楚双方需求。

五、服务策略

服务策略一：通过倾听、接纳、适度地自我披露等技巧，给予案主宣泄的空间，让案主积极表达，释放情绪。

服务策略二：通过个案会谈，了解案主的个人信息、需求以及社会关系，和案主一起确定个案目标和个案计划。

服务策略三：对接律师资源，让案主了解关于离婚程序、夫妻共同财产分配等婚姻家庭的相关法律知识。

服务策略四：协助案主及其丈夫表达双方需求以及对婚姻的期待，探讨是否就挽回婚姻达成共识或签署协议。

六、服务过程

（一）建立专业关系

小肖主动向社工求助，并仔细讲述事情。两人结婚多年，夫妻关系一直较为稳定。目前小肖很困惑夫妻关系破裂的原因，也担心如果丈夫转移财产，自己的权益将无法得到保障。社工向小肖介绍了机构的资源和业务，解释社工能针对她的问题提供服务，并通过认真倾听、点头等细微动作强化小肖对社工的信任，同理并耐心疏导小肖，给予其情感支持。此外，社工引导她借助亲友支持网络进行适当的情绪宣泄。

在获得小肖的同意后，社工和小肖约定个案信息将全部保密，并约定下一次会谈时间，提出共同制定服务目标及服务计划。

（二）协助案主了解自身需求，制定服务目标

在任务中心理论的指导下，社工需要明确案主的问题和需要承担的义务，以问题的紧迫程度对目标进行排序，制定相应的服务计划。社工协助小肖表述清楚自身问题及需求，从案主生活场景出发，向小肖了解其夫妻日常相处的情况。小肖和小李此前的家庭关系较和睦，向社工求助前，小肖一直为挽回婚姻做出让步，双方也没发生大的争吵和冲突。小肖希望挽回婚姻，但也担忧小李转移婚内财产，导致自己的权益受到侵害。因此，小肖的首要目的是挽回婚姻，其次是了解与婚姻相关的法律知识，维护自己的合法权益。为引导案主积极处理问题，并回应案主需求，社工根据案主的目标排序以及任务完成的难易程度，在尊重案主的前提下，协助小肖制定计划。首先，为小肖对接志愿者律师，协助其咨询相关法律知识。其次，协助小肖夫妻改善关

系，增进双方沟通。小肖对以上计划表示认同。

小肖与小李近两年来工作繁忙，日常相处时间不多，为此社工鼓励小肖尝试找机会和小李坐下来认真谈谈，做好谈话的准备。

（三）对接资源，提高案主解决问题的能力

经过前两次会谈后，小肖更加积极地与社工进行沟通以寻求帮助。社工为小肖对接了律师，小肖提出可以单独咨询，不用社工陪同。咨询结束后社工了解到小肖主要咨询了两个问题：一是法律上对婚内出轨的认定标准；二是男方若转移婚内财产，小肖应如何维护自己的合法权益。律师针对小肖提出的问题给予了专业答复，并就小肖如何维护自身合法权益提供建议。小肖表示大致的方向已经清晰了，但还需仔细思考一下具体事宜。

（四）约定双人会谈，厘清双方需求

在社工和小肖的商讨下，先由小肖私下约谈小李。会谈时，社工简单阐述会谈目的后将会谈的主动权交由小肖和小李。小李表示，两人结婚多年感情很深厚，但近年来双方都忙于工作，加之结婚多年，两人的关系逐渐平淡，小李从小肖身上感受不到足够的重视与新鲜感。而此时，小李在工作中结识了陈小姐，再次感受到被需要的感觉。社工基于小李的描述向小肖核实了两人的相处情况。小肖提出，如果小李保证今后不再联系陈小姐，小肖愿意在不影响工作的前提下，逐渐将重心转移到家庭生活中，努力挽回双方的婚姻。

此外，社工向小李科普了婚内转移夫妻共同财产将要承担的责任后果，同时希望小李明白健康的婚姻需要双方共同经营。小肖和小李都有挽回这段婚姻的想法，基于此，社工建议双方及时提出个人需求，多站在对方的角度加强沟通，并根据双方需求订立一份书面协议，承诺各自的责任和义务。本方式得到了双方的回应。

（五）就目前个案完成度，协商结案

在个案介入中，社工引导小肖适当倾诉、缓解焦虑，同时为小肖补充相关的法律知识，小肖和小李最终决定为挽回婚姻共同做出努力，制定让彼此感情回温的举措，并签订书面协议，小肖想要挽回婚姻的需求得到了回应。小肖终于明白两人感情不顺的原因，今后能更有针对性地维持婚姻关系。在与小肖协商后，同意结案。

七、小结

社工在个案服务中要与案主共同制定目标，准确评估问题及需求。本案中，社工肯定了小肖自主解决问题的能力，并通过有效的沟通，在明晰问题的根源后协助小肖依据需求制定应对措施，同时让小肖意识到有效沟通的重要性，鼓励其今后更好地解决问题。

社工在服务中不仅要关注案主的问题，更要了解案主及其周围他人对问题是否接纳，以及是否具备解决问题的能力。小肖丈夫出轨暴露出双方婚姻问题，社工没有批判过错方，而是协助案主及其丈夫共同应对问题，挽回婚姻。此外，社工也需要关注到，在出轨案件中，社工可以基于案主双方需求，给予家庭调适，引导双方互相接纳，增强家庭幸福感与责任感。

第十四节　缠绕的争端，站在决策的十字路口

一、案件基本情况

小吴，40 岁，是一位全职妈妈，有一个 7 岁的孩子。与丈夫小谢结婚 10 年，小吴扮演着家庭照顾者的角色，而小谢则负责家庭经济支持。孩子长大一些后，小吴打算外出工作，但小谢并不支持，一方面认为孩子需要照顾，另一方面觉得小吴与社会脱轨太久容易上当受骗。但小吴仍然想赚钱补贴家用，便贷款与亲戚合伙做生意，不幸失败了。为了偿还贷款，小吴继续投资，不想再次失败。小谢对于小吴隐瞒自己投资欠下债务之事非常生气。

小谢在婚前购买房屋并支付了首付款，贷款 30 年，现已还贷 10 年。小谢提出宁愿房子被拍卖也不愿意分给小吴。小吴面对债务，焦头烂额，一方面想要离婚，通过分割财产还清债务；另一方面担忧离婚后无法获得孩子的抚养权。

二、案主需求分析

（1）心理支持需求。小吴面临债务及孩子抚养权问题，感到心力交瘁，经常无法入睡，存在心理支持的需求。

（2）经济支持需求。小吴的经济来源依靠小谢，离婚后将面临债务与生计问题，需要协助小吴和小谢沟通债务偿还问题。

（3）就业需求。小吴照顾家庭多年，现在希望能够回归社会，需要社工协助小吴找到一份工作。

（4）信息支持需求。小吴准备离婚，需要了解法律相关知识，正确使用法律武器保护自身的合法权益。

三、理论依据

本案的分析将采用任务中心理论，把服务介入聚焦于为案主提供简要有效的服务上，同时运用“情绪 ABC 理论”协助案主辨析非理性信念，积极应对生活。

（1）任务中心模式强调在有限的服务时间内集中为案主提供简明扼要的服务，其基本假设是案主有解决问题的能力与潜能。不能应付生活上的任务并非病态，接受社工的帮助亦非无能，案主只是需要帮助去应付生活上的任务，社工的介入要发挥小吴的潜能[①]。本案中，社工要评估小吴的问题及需求，在此基础上协助小吴制定工作计划。

（2）“情绪 ABC 理论”强调求助者的不良情绪和行为通常由自己的非理性信念引发。小吴一些“过分概括的评价”造成的非理性信念使自己产生困扰，社工要引导小吴挖掘自身的优势，帮助她树立理性信念。

四、介入目标

总目标：提升案主的个人能力，协助案主面对债务和婚姻双重压力，回归正常生活。

分目标一：引导案主合理宣泄因欠债而产生的自我怀疑，树立正确的理性信念。

分目标二：给予案主心理支持，协助案主认同个人价值，让其有勇气去改变不利的现状。

分目标三：链接志愿者、律师及工作资源，协助案主提升应对困难的能力。

五、服务策略

服务策略一：社工与案主小吴建立专业关系，评估小吴的问题和需求。

服务策略二：为小吴提供心理疏导，积极寻找方法改变目前的状况，并

① 范明林，林德立．社会工作实务：过程、方法和技巧［M］．北京：社会科学文献出版社，2018.

付诸行动。

服务策略三：在“情绪 ABC 理论”的指导下，引导小吴挖掘自身的优势，帮助小吴辨析自己的非理性信念，积极应对问题。

服务策略四：提供寻求多渠道应聘的方式，协助小吴找到一份工作，促使其生活正常运转。

服务策略五：协助小吴咨询律师，并协助小吴与小谢达成婚姻协议，通过法律维护小吴的合法权益。

六、服务过程

（一）建立专业关系，评估案主的首要需求

社工运用倾听、同理心、接纳等技巧与小吴建立信任关系。通过面谈评估小吴当前的问题及需求，安抚小吴情绪，给予其情感支持，商讨解决问题的途径，根据问题解决次序共同制定计划。通过对小吴的需求进行分析，可知其首要需求是离婚时如何最大化维护自己的合法权益。

（二）给予案主心理疏导，增强其解决问题的信心

离婚及巨额债务使小吴身心俱疲。小吴作为全职妈妈没有稳定收入，贷款做生意补贴家用，但两次生意都以失败而告终。然而，小谢认为妻子的个人债务与他无关，小吴觉得委屈，也认为是自己拖累了家庭，缺乏重新来过的勇气。社工每次与小吴面谈都会鼓励她通过倾诉排解负面情绪，给予小吴情感支持，引导其发现个人能力与资源，增强自信。通过社工的介入，小吴愿意重新讨论工作问题，希望能让生活重回正轨。

（三）引导案主辨析非理性信念，协助其寻找工作

小吴做生意屡屡受挫，常常将“自己运气不好”“不适合工作”“认为自己拖累家庭”等非理性词汇挂在嘴边，小吴的非理性信念使她忽略了个人价值。因此，社工引导小吴识别非理性信念，改善就业观念，肯定小吴之前想通过找工作自食其力的行为，增强其就业的自信心和积极性。社工通过了解小吴的学历背景、知识技能以及个人兴趣，协助小吴做好就业准备，并分享了一些求职渠道及就业资源，分析职业所需知识技能，引导小吴寻找工作机会。小吴表示会把不良的情绪和焦虑转变成动力，并收集就业信息，通过工

作收入减轻目前的债务压力，以更好地应对未来生活。

（四）协助案主运用法律武器维护自身的合法权益

社工在任务中心理论的指导下，了解小吴当前最紧急的任务是维护自身的合法权益。社工通过面谈，与小吴分析导致其处于弱势处境的原因，让她相信自己有解决问题的能力，小吴也明白自身需要了解更多法律方面的相关知识，以维护自己的合法权益。

社工就小吴与小谢离婚时的财产分配问题及抚养权问题，组织了社工、志愿者律师、案主三方会谈，律师给出的法律意见主要有三个方面。一是小吴女儿未满 8 周岁，法院处理抚养权一般不会征求孩子意愿，主要围绕“更有利于孩子健康成长”的原则，综合父母双方收入、工作、居住情况、教学条件、家庭情况、孩子跟谁生活比较久等考虑。二是小吴现在居住的房屋是小谢婚前购买的，如果不能协商一致，法院将认定归男方所有，但是男方需要对 10 年的还贷部分以及还贷部分占总价值比例计算增值部分对小吴进行补偿。三是小吴产生的债务是用于家庭生活需要的，一般认定为夫妻共同债务，男方也负有还款责任。同时，社工协助小吴与小谢达成更为具体的协议，协议内容包括孩子的抚养探视权、财产分割等，明确了各自的责任。

（五）准备结案，跟进后续服务

小吴与小谢通过协商决定，小吴目前基于工作需要以及经济压力，离婚后孩子的抚养权归小谢，但是小吴可以随时探视孩子。同时，双方协商，男方除了对 10 年的还贷部分以及还贷部分占总价值比例计算增值部分对小吴进行补偿外，还要帮助小吴还一部分债务。社工完成案件评估工作，小吴同意结案，后续社工将回访跟进小吴的工作相关事宜。

七、小结

法律上综合父母双方的收入考虑抚养权，这对全职妈妈来说是一种隐形的不公平。全职妈妈由于没有稳定的收入及长期与社会缺乏接触，容易在离开家庭后对于自己何去何从感到迷茫，所以在与全职妈妈相关的案件中，社工要给予其心理支持，认同其个人价值。本案中，小吴因长期以家庭为中心，以及因生意失败而在家庭中处于被动状态，社工需要肯定小吴对家庭的付出以及尝试做生意寻找个人价值的行为，并引导小吴合理宣泄因欠债而产生的心理压力，给予其情感支持。

当社工采取“社工为本”或将问题个体化归因时，容易将小吴的问题归咎于其个人主观意愿不足，往往会以“责备受害者”的态度采用个别化辅导的介入方式。然而，从“案主为本”的视角出发，就会发现，不被看见的无偿工作对女性的不公平、丈夫忽视妻子的个人价值、案主自我逐步内化的负面社会标签等都是影响小吴离婚的因素。因此，社工在服务中要注重“以人为本”。

第十五节　金融困局，小周与丈夫的债务之战

一、案件基本情况

小周告诉社工，丈夫小刘自结婚以来虽然对自己还不错，但是一直沉迷于炒股，家庭收入因丈夫炒股而赔了大部分。前几年小刘被公司裁员，家庭支出仅靠小周的薪水支撑，小刘没有再找新的工作，而是全身心进行股票投资。小刘每天外出都跟小周说是与朋友聚会，后来小周发现，有“高人”在指点小刘炒股。为了提高炒股的成功率，小刘开始借钱炒股，欠了不少债务。小周曾劝说小刘找一份安稳的工作，但小刘并未理会。小周近来心灰意懒，一方面担心目前居住的房子会因为不能还款而被抵押出去；另一方面担忧由于小刘还不上款，导致征信降低，影响儿子的升学和发展。小周近期想过离婚，希望能让丈夫醒悟。

二、案主需求分析

（1）应对困境需求。小刘瞒着小周炒股欠下债务，且不愿与小周沟通共同解决问题，让小周及其家庭陷入一连串困境中，包括家庭经济负担加重、丈夫征信问题影响孩子升学、夫妻产生矛盾等。小周需要寻求资源提升应对困境的能力。

（2）心理调适需求。小周不愿将丈夫的事告诉儿子让其担忧，还认为“家丑不可外扬”，觉得嫁给这样的丈夫很丢脸。小周面临经济负担、丈夫债务及信用问题等诸多压力，内心焦虑却无人倾诉，精神状态紧绷，需要社工给予心理疏导。

（3）维护权益需求。小刘因炒股而欠债，这些债务属于婚姻期间的债务，使小周遭受债主电话恐吓与骚扰，房子面临被抵押的风险，小周想与小刘离婚，因此需要咨询专业律师维护个人权益。

通过对小周的求助经历做初步分析可知，小周在问题解决的过程中比较积极，有主动向外界求助的情况，先后向当事人以及亲友倾诉，以及宣泄情绪。

三、理论依据

优势视角是基于积极心理学和对问题视角的批判而发展起来的，强调个人、团体、家庭和社区都有优势（如财富、资源、智慧、知识等），强调要发掘案主问题背后的抗逆力，了解案主面临的障碍，激发他们的希望和愿望，相信人们拥有接受和应对生活中的困难和挑战的能力及资源。小周面对经济压力、夫妻关系不和谐等诸多困境，开始迷茫、焦虑，社工应挖掘小周的潜能，鼓励小周利用自身优势和资源面对困境，提升抗逆力。

四、介入目标

总目标：通过挖掘案主优势与资源，协助案主提升抗逆力，提升案主应对家庭沟通、家庭债务等问题的能力。

分目标一：通过会谈，与案主建立信任关系，给予案主心理辅导，减轻其压力。

分目标二：通过挖掘案主个人内部及外部优势，引导案主提升抗逆力，促使其乐观并积极地应对此事。

分目标三：协助案主与丈夫进行沟通，同时协助案主运用现有的资源解决涉及法律纠纷的问题。

五、服务过程

（一）倾听案主心声，建立专业关系

社工首先与小周建立信任关系，让小周消除防卫心理，产生自我开放的心态。案主小周的困扰主要有三点：第一，小刘无还款能力，只能由小周代为偿还，若因经济压力无法还款，担心房子会被抵押；第二，小刘不愿协议离婚，不知道通过诉讼是否能快速判离；第三，丈夫若被拉进征信黑名单，担心儿子升学会受影响。小周表示，最让自己心寒的是小刘不征求自己的意见，夫妻双方缺乏沟通。社工通过倾听、同理心及宣泄等技巧，鼓励小周宣

泄情绪，给予其心理支持，肯定小周主动寻求问题解决办法的态度，这是后续介入的动力。

（二）评估案主的优势与资源

本阶段主要挖掘案主的优势和资源，社工依据案主自身优势以及周围环境资源优势开展评估。案主具备的优势主要表现为以下几方面：①品格优势，如对待家庭责任心强；②工作能力优势，如具备一定的经济条件；③动机优势，如具有改变当前现状的强烈动机。案主周围环境方面，其优势与资源主要表现为以下几方面：①稳定的支持网络，如案主父母、儿子以及一些好友与案主关系密切；②社会关系优势，如社工与案主是专业助人关系，能够协助案主争取各方面的资源。基于此，社工鼓励小周关注已有资源，提升其应对问题的能力。社工在引导小周表述问题时，探寻小周的抗逆力因素，相信小周能更积极地应对未来的困境。此外，社工鼓励小周善于运用人际资源，亲友的关心有利于小周疏解压力，适当的社交也能调适情绪。在社工的引导下，小周逐渐积累信心，相信自己可以处理当下困扰。接下来，社工会依据小周的需求链接相关资源进一步开展服务。

（三）链接律师资源，维护案主权益

如前文所述，小周有维护自身合法权益的需求，但是其比较缺乏法律方面的相关知识。社工为小周联系了专业律师给予专业解答，开展社工、案主、律师三方商讨。针对案主对于房子是否会被抵押、诉讼离婚能否判离、丈夫若被列为黑名单是否会影响儿子升学的担忧，律师给出几点建议：一是房子抵押需到当地房管局做抵押登记，但若对方起诉后申请强制执行，可主张强制拍卖案主的房产抵债；二是婚姻关系存续期间夫妻财产未分割，为避免债主继续骚扰小周，可通过诉讼离婚确认债务属于对方个人债务，并分割共同财务，以维护自己的合法权益，如果丈夫不愿意协议离婚，采取诉讼离婚将涉及财产和债务分割处理，一般不适用简易程序；三是丈夫小刘若被拉进征信黑名单，儿子升学和考公务员在法律上不受影响，但相对的学校和机关单位是否自设门槛不能确定。通过律师专业答复，小周比较困扰的儿子升学问题以及个人婚姻权益保障等比较清晰，但对于是否要通过离婚维护自己的合法权益仍不太确定，接下来，社工将协助案主处理婚姻关系问题。

（四）协助案主夫妻沟通，调适双方关系

通过社工多次服务，案主小周面对问题更为积极，主动邀请小刘面谈，促进双方沟通。小刘一开始十分抵触小周将家里的债务外扬，社工表示会对个案的信息保密，小刘才逐渐放下戒备心。社工在面谈中肯定案主的能力，鼓励小周主动表达。小周谈到自己为每天都收到陌生人的追债电话而烦躁不已，虽然已明确告知对方借债人是其丈夫，且自己并不知情，但还是不断收到追债的电话，丈夫听后沉默。社工表示，夫妻双方如果缺乏沟通与信任，不利于建立健康的婚姻关系，循序渐进引导小周和小刘表达内心想法，鼓励双方多站在对方角度。最后，小刘表示回家后会面对家庭欠债的问题。

（五）男女双方商讨后，案主提出离婚的决定

通过社工多次约谈，小周和小刘回家后有了深入谈话的进展。小周表示丈夫对家庭和自己仍有感情，炒股初衷只是希望家庭的生活质量有所提高，但却上瘾着魔。小周仍然纠结是否离婚，社工协助案主就目前的婚姻关系、债务问题分析利弊，并肯定小周分析问题和看待问题的能力，鼓励她自行决定，并表示社工会支持案主的决定。最终小周经过多方考量选择与小刘离婚，维护自己的合法权益，且相信自己会乐观、积极地面对离婚后的生活。

（六）提升案主的抗逆力，巩固服务效果

社工通过个案介入，引导小周利用专业资源以及个人优势对抗困境，维护自己的合法权益，让生活重新步入正轨。结案阶段，社工协助小周回顾服务过程，肯定小周应对生活挑战的能力，鼓励其在今后生活中，继续运用自身抗逆力应对困难。

六、小结

社工要善于从“能力视角”出发。面对由丈夫债务引发的一系列情景困境，小周前来求助，社工聚焦小周的个人优势以及周围资源，引导小周不被问题阻碍，通过个人主动性积极改变现状。在中国“家和万事兴”及“家丑不可外扬”的文化背景下，女性更可能会习惯承受委屈不外扬，为了家庭以及孩子做出让步，社工需保持价值中立，在尊重案主自决的同时，鼓励案主勇敢维护个人权益、追求个人幸福。

第十六节 隐瞒的账本，金钱与感情的徘徊

一、案件基本情况

案主小兰，自结婚以来生活十分拮据，婚前丈夫小黄跟小兰透露家底财产不多，小兰想通过婚后的共同努力创造新生活，为了养大一儿一女，小兰生活节俭。某天收拾房间时，小兰无意中发现小黄抽屉底层有个陈旧的账本，上面清晰地记录着每月的支出。小兰对小黄高额的工资毫不知情，小黄每个月只给小兰 1000 多元的生活费，有时还以没钱为由跟小兰拿走几百元，家庭开销不足都靠小兰外出工作补贴。小兰好奇丈夫的收入都花在哪里，账本上能看到小黄每月消费几千元以上，就连两人的住房补贴都被小黄拿走。小兰便跟小黄对质，小黄说将钱拿去买金器了。对于丈夫的话小兰表示怀疑。为了安抚小兰，小黄当着全家人的面签字画押写保证书，保证花掉的住房补贴以后会补上。小兰因丈夫的欺瞒已经不敢再相信他，认为小黄结婚多年来没有在家庭经济和家庭照顾中承担应有的责任，小兰不知道这段婚姻是否要继续下去。

二、案主问题分析与需求分析

（一）案主问题分析

（1）小黄对案主小兰隐瞒其真实收入，还以生活困境为由向小兰索取一定的费用，让小兰长期处于精神和金钱的双重压力之下，涉及女性案主的情感与财产利益。

（2）小兰遭受丈夫对于实际收入与支出情况的隐瞒，因此不愿再相信小黄，犹豫是否要与小黄结束婚姻关系，夫妻关系面临破裂。

（二）案主需求分析

针对目前小兰十分强烈的明晰夫妻共同财产去向的意愿，以及在情感方

面，对于夫妻关系是否应该维持下去感到纠结，社工分析和整理小兰的需求发现，小兰的需求主要表现为以下几个方面：

（1）小兰希望丈夫小黄能够坦白自己在婚姻关系存续期间的真实收入与支出情况。

（2）小兰需要决定是否和丈夫解除婚姻关系，以及解除之后，自己与孩子的合法权益如何得到保障。

（3）提高小兰在婚姻中的自我保护能力。

三、理论依据

人本主义倡导对人的关怀以及对人的基本价值和能力的肯定，强调社工和服务对象之间的关系既是服务或帮助关系，也是注重服务对象个人成长发展的关怀的关系。人本主义社会工作包含两个层面的内涵：第一个层面，社工帮助和关怀服务对象的过程；第二个层面，它将人本治疗模式的原理融入社会工作服务中，注重服务对象追求个人成长、服务对象此时此刻的经验以及服务对象的独特性等要素的专业服务。在这样的服务方式中，每个服务对象都被视作唯一的，都在学习运用自身的能力实现自己所追求的生活目标。小兰由于丈夫的欺骗，不知道是否有必要维持婚姻关系，更不知道如何维护自己的合法权益，社工在介入中，不仅要关怀小兰，更要协助小兰面对困境，相信其有能力做出决定及处理好婚姻关系。

四、介入目标

总目标：在社工的关怀服务下，引导案主发挥个人能力处理好婚姻关系及学会维护个人权益。

分目标一：社工与案主建立信任关系，针对其心理压力给予情感支持。

分目标二：协助案主处理婚姻关系，尊重案主自决。

分目标三：对接律师资源，协助案主就有关夫妻共同财产问题进行咨询，提高案主在婚姻关系中维护自身合法权益的能力。

五、服务策略

服务策略一：通过与案主交流的方式告知并补充目前的个案情况，社工在此过程中要敏锐地捕捉信息，鼓励小兰将面临的情况讲述清楚，以便制定介入方案。

服务策略二：提供专业的法律咨询和专业团队的帮助，协助小兰了解丈夫的收入与住房补贴支出情况，向案主普及夫妻共同财产分割与处理的相关法律知识，维护其合法权益。

服务策略三：协助案主就当前的婚姻状况与丈夫进行深入的沟通和交谈，了解小兰内心的真实想法，帮助其在婚姻关系中达到自我决定的目的。

服务策略四：以该事情作为反思，鼓励案主通过个人能力及身边资源面对未来困境。

六、服务过程

（一）理性沟通，帮助案主厘清内心需求

小兰前来求助时表现出较为纠结和担忧的状态。一方面，小兰对于小黄的信任值已经处于较低水平，希望与小黄解除婚姻关系；另一方面，小兰考虑到夫妻感情与儿童的心理健康等问题，无法果断地做出离婚的决定。小黄隐瞒个人收入支出，在案主小兰看来这段婚姻对于自身而言并不公平。社工同理小兰两难的困境，表示自己愿意陪伴她探索内心想法以及分析现实利弊，鼓励小兰直面内心真实需求并做出决定。

社工建议小兰多倾听内心的声音，将内心混乱的想法写出来。小兰写道：“希望丈夫真诚交代这些年钱财的去向并发誓在婚姻中不再隐瞒任何事情。”由此可见，小兰对婚姻仍抱有期待，也迫切想知道账本的真相，丈夫的坦诚是小兰维持婚姻的勇气。

（二）为案主及其丈夫争取沟通交流机会

针对小兰目前的需求，社工与小兰商量，邀请其丈夫小黄会谈，但社工感受到小兰非常抗拒与小黄面对面交谈。小兰认为曾经有那么多的机会坦白，但是丈夫却选择欺骗，现在不见得就会开诚布公。社工鼓励小兰勇敢面对，并透露会谈期间社工以及调解员也会在场，但如果小兰不愿意开展会谈，社工也会尊重她的决定。小兰经考量后最终答应约丈夫出来面谈，小黄的态度也较为配合。

（三）解开心结，促成案主及其丈夫达成共识

社工在会谈前介绍在场人员，并表明会谈目的。小兰希望本次会谈，小黄能如实回答自己提出的问题。据社工和调解员的观察，本次会谈的进展较为顺利，双方并未表现出过分激烈的情绪，小黄对于小兰的问题都给出了答复，语气也较为温和，多次表达出对妻子的歉意。在小兰表达出想要离婚等想法时，小黄亦未表现激动，只是希望妻子冷静，同时社工和调解员了解到小兰在家庭里并非第一次提及离婚，每当遇到家庭矛盾，小兰都会提到这一点。

会谈中提到关于小黄隐瞒财产并且肆意挥霍财产的问题，小黄仍坚持说自己是为了购买金器投资，对于小兰提出“那么多钱都买金器?”的疑问并未做出正面回应，并且表明自己使用的财产与妻子无关。社工强调，婚后财产无论是哪一方获得，夫妻双方在婚姻关系中都享有平等的权益。调解员引导小黄澄清，其是否认为自己的行为不会对妻子产生负面影响以及影响妻子的利益？小黄表示有这方面的意思，并且提出家庭支出并未如妻子所说的那么拮据，小兰自身有一份工作收入，而小黄每月也会给小兰一定的生活费。

社工整理调解员的建议后与小兰进行单独交谈，小兰表示自己仍不知道丈夫为何欺瞒自己，这使他们的婚姻岌岌可危。社工建议通过调解建立一份约定，让小黄在适合的时间对小兰做出解释，小兰表示可以一试。经调解员沟通后，小黄拒绝做出约定。

（四）追踪进展，协助小兰进行法律咨询

在一段时间以后，社工主动联系小兰询问个案进展。小兰表示已经明确向丈夫提出了离婚的需求，近期希望能咨询律师关于协议离婚的事宜，社工表示小兰可以到站进行咨询。

（五）结案

小兰表示，小黄同意离婚，也会对家庭财产进行合理分割，并且赔偿自己一笔金钱。近期小兰和小黄都在给儿女做思想工作，希望得到他们的理解。

社工尊重小兰的决定，表示案件会结案处理，并与小兰共同探讨本事件所带来的警醒。社工引导小兰思考如何通过个人能力及身边资源面对未来困境，鼓励小兰相信个人能力，善于发掘自身资源，乐观、积极地面对新的生

活，并给予小兰关于离异家庭儿童心理健康的相关建议。

七、小结

当夫妻关系面临挑战时，若夫妻无法共同面对困难，则难以避免通过离婚解决问题。因此，在处理婚姻关系的案件中，社工要提升案主应对困难的能力，注重夫妻双方的沟通方式，促进形成积极的家庭沟通模式。本案看似是家庭财务不透明影响夫妻对于共同财产所拥有的平等知情权和支配权，实则是夫妻信任课题。要想维持健康的婚姻关系，夫妻双方需要共同承担责任，而真诚与信任是前提。

案主夫妻双方各执一词，社工不是去深究真假话，而是察觉双方话语背后真实的需求。小兰认为，夫妻之间最重要的是坦诚相待，家庭收入与支出需要公开透明，夫妻双方要共同承担家庭支出。然而，小黄认为自己只需负担部分家庭支出，有权支配自己的收入。如果双方愿意有更多沟通，体察与接纳对方的需求，或许又会是另一种情况。

第二章 与家庭暴力抗争

家庭暴力的隐蔽性让它总是不易被人察觉，它的受害者主要是家庭中的妇女儿童。一旦发生家庭暴力，不仅家庭关系会断裂，还将长远影响到妇女儿童的身体健康和心理健康。目睹家庭暴力对儿童的成长也会产生极大的恶劣影响。本章的这些案件将涉及家庭暴力的识别、受害者的保护、紧急干预措施、长期支持以及法律援助等方面。我们希望通过这些案件，为那些正在经历家庭暴力的个体和家庭提供实质性的帮助，让他们了解如何寻求帮助、如何保护自己和家人。

第一节 迈出第一步，家庭暴力的挣扎与自我救赎

一、案件基本情况

小颜在广州打工期间认识了男友小威。由于是同乡又在同城打拼，两人关系逐渐升温并发展成为恋人关系，后来两人步入婚姻的殿堂。婚后，小威用积蓄开了一家餐馆，但是受疫情影响，餐馆不到一年就歇业了。小颜在孩子出生后也没有再外出工作。由于两人同时失业以及开餐馆投入了大量的积蓄，家庭经济开始出现危机，家庭生活水平也急剧下降。

小颜渐渐发现丈夫的脾气开始变得暴躁，并经常在家庭事务方面责难她。此后，夫妻俩的冲突不断升级，丈夫开始对小颜实施语言暴力和肢体暴力。

一开始由于伤情较轻，小颜选择了忍耐和宽容，但是小颜的忍耐和宽容换来的是丈夫的变本加厉。小颜对于家庭暴力的恐惧与日俱增，产生了离婚的想法，但是不知如何实施。

二、案主需求分析

（1）安全的需求：由于丈夫小威的语言暴力和肢体暴力，小颜在生理和心理方面都受到一定程度的伤害。社工应该采取措施优先保障小颜的人身安全，同时需要运用同理心、尊重、接纳、倾听等技巧缓解小颜的负面情绪，进而帮助小颜提振生活信心。

（2）社会支持的需求：丈夫的家庭暴力属于违法行为，严重侵犯小颜的人身安全。小颜也向社工表达了离婚的想法，但不了解相关的法律规定和办理程序。社工需要为小颜链接法律咨询资源，为小颜普及相关的法律法规知识。

（3）正常生活的需求：在家庭暴力危机解决后，无论是否选择离婚，小颜都需要回归到正常生活中。社工要帮助小颜分析各项选择的利弊，评估小颜今后可能出现的生活问题，与小颜共同制定解决方案。

通过对小颜的需求进行分析，社工了解到小颜有安全、社会支持以及正常生活的需要。社工应该将小颜的人身安全问题放在首位，在尊重小颜自决权利的同时，最大限度地维护小颜的合法权益，进而帮助其提升面对生活的自信心和能力。

三、理论依据

本案中，社工将采用危机干预理论和赋能理论帮助小颜解除安全危机，增强自身权利意识，提升抗逆力。

（1）危机干预理论发端于心理分析学，强调压力事件与情绪反应之间的关系，其主要目的在于帮助来访者解除危机、恢复功能与平衡、重新掌握应变能力。本案中，家庭暴力问题严重威胁小颜的人身安全，是亟待解决的问题。社工应该在与小颜建立信任的专业关系基础上，帮助小颜消除家庭暴力威胁，同时治愈身心层面的创伤。

（2）赋能理论又称赋权理论。该理论认为，弱势群体之所以处于弱势状态，是因为缺乏生活能力、表达自我价值的能力、与他人合作的能力和控制公共生活各领域的能力；要改善弱势群体的状况，就必须赋予弱势群体成员各种正面或积极的权力和能力。本案中，社工要为小颜链接必要的社会资源，同时注意调动小颜自身的能力资源，从整体上增强小颜处理生活问题的能力。

四、介入目标

总目标：在社工的专业介入下，小颜能够逐步化解家庭暴力对其自身的威胁和影响，身心健康程度和对社会生活力的掌控能力回归到正常水平。

分目标一：优先保障小颜的人身安全，舒缓其在婚姻生活中的负面情绪。

分目标二：在处理婚姻纠纷的过程中，为小颜链接专业的法律咨询资源，为其婚姻未来的走向提供专业的指导。

分目标三：在尊重小颜自我选择权的基础上，帮助其分析各项纠纷解决方案的利弊并协助其做好面对未来生活的准备。

五、服务过程

（一）初期建立关系阶段

收到小颜的求助后，社工约见小颜并与其进行会谈。在会谈过程中，小颜情绪比较激动，向社工控诉丈夫的家庭暴力行为。社工采用同理心、倾听、尊重的专业方法，安抚小颜的情绪，通过语言、动作和表情等向其表达支持和鼓励。社工初步评估小颜的问题与需要，确认小颜是自己的服务对象。社工也向小颜说明自身的角色和职责，并与小颜相互说明彼此的期待。按照危机干预的原则和社会工作的价值伦理要求，对于小颜正在遭受的家庭暴力问题，社工建议其暂时离开家庭以保障自己的人身安全。小颜表示会听从社工的建议，暂时在朋友家中居住。同时，社工为小颜链接了当地的救助站资源，适当时可以为小颜提供必要的生活物资支持。

（二）中期发展阶段

在小颜的人身安全得到保障之后，社工协助小颜分析和处理自身面对的问题。社工在尊重案主自我选择权的前提下，与小颜探讨问题的解决方案。在社工对问题进行梳理和分析之后，案主自己提出了问题的解决方案。对于家庭暴力问题，小颜提出两种解决方案：一是通过离婚结束婚姻；二是与丈夫进行关系修复，但是丈夫需要承诺不再对小颜实施家庭暴力。社工表示尊重小颜的决定，同时表示会尽力协助小颜落实解决方案。

针对小颜的诉求，社工首先向小颜普及《中华人民共和国反家庭暴力法》的相关规定，小颜也认识到自己的人身安全受到了丈夫的侵犯。在小颜的要求下，社工陪同其前往法院了解关于离婚的相关处理办法。依据相关的诉讼离婚规定，社工建议小颜收集家庭暴力方面的证据。其次，社工约见了小颜的丈夫小威，向其了解相关情况。小威表示，小颜没有尽到一个妻子的本分，没有照顾好家庭。同时，小威也承认了家庭暴力行为，但是没有认识到家庭暴力行为的危害性和违法性。在面谈过程中，小威始终重复“不就打了她几下，有必要这么认真吗?”。社工向小威传达了小颜提出的解决方案，同时向其普及了《中华人民共和国反家庭暴力法》的相关规定，也告诫其家庭暴力行为的违法性。社工提醒小威，如果还想要维持婚姻关系，就必须尊重小颜的生命健康安全，在婚姻生活中抵制家庭暴力。最后社工提议，小威可以在尊重妻子的基础上与其缓和婚姻关系，然而小威对于缓和婚姻关系的提议表现冷淡，但是也不同意离婚。

此后，社工持续与小颜进行面谈。在面谈过程中，社工安抚小颜的情绪，帮助其释放在婚姻过程中的负面情绪，同时肯定其曾经为了维护家庭和婚姻所做出的努力，也鼓励小颜要勇敢地反对家庭暴力。社工向小颜建议可以在保障安全的前提下，就婚姻问题与丈夫进行一次协商。同时，社工为小颜链接了当地司法所婚姻纠纷咨询服务，并建议其在社工的陪同下与丈夫一同前往。

（三）后期变化阶段

经过一段时间的介入，小颜的负面情绪逐渐得到平复，对于目前的婚姻状况也有比较清晰的认识。在随后的日子里，小颜主动约见社工前往当地的婚姻咨询部门。社工也持续关注小颜的生活状况，帮助小颜分析各项选择的利弊，给予小颜适当的心理辅导，同时鼓励其积极向家人和朋友寻求帮助。

小颜最终选择与丈夫小威结束婚姻关系并顺利地办理了离婚手续。小颜也找到了一份工作，开始新的生活。至此，社工告知小颜专业服务结束了。社工肯定小颜面对困难并做出抉择的勇气，鼓励小颜以乐观的心态重新面对生活，也为小颜提供了一些资源和日后可以求助的渠道。

六、小结

社工在个案跟进的过程中产生了一些专业方面的思考：

（1）在专业关系建立方面，社工应始终坚持价值中立原则和案主自决原则。在涉及婚姻关系的处理方面，社工始终避免主观的价值观影响到案主的选择，尊重案主所做出的决定。

（2）在问题处理方面，社工对问题进行轻重缓急的划分，把案主的人身安全放在首位。对于家庭暴力，社工采取紧急介入措施，让案主暂时离开具有暴力威胁的环境，从而防止案主的人身安全再次受到威胁。

（3）在需求的满足方面，社工善于利用资源，为案主提供更加专业的服务。在案主离开家庭以后，社工为案主链接了临时的救助资源，同时鼓励案主向亲友寻求支持和帮助。对于婚姻纠纷，社工也为案主链接了专业的婚姻咨询服务，为案主提供更专业的指导。

第二节 沉默的恐惧，家庭暴力下的逃离与悲剧

一、案件基本情况

小马的钱这几天就快用完了，但她不敢回家，因为她的丈夫小张正在家里等着她。近一年来小张经常怀疑她出轨，从一开始的疑神疑鬼，到后来的言辞辱骂，再到近几天对小马的家暴行为，小马十分恐惧，幸亏家里有其他多余的房间，她躲进另一个房间住了一段时间。但在此期间小张经常对她拳打脚踢，如果被逮住还会遭到他的软禁，小马后来只敢锁门躲在房间内活动，这刺激其丈夫破坏门锁，小马只好逃出家门居住在酒店里。然而，小马发现丈夫悄悄跟踪她，她十分害怕，在酒店躲藏了一段时间，但是酒店花销较大，衡量再三，小马想要继续回家居住。想到家里坏了的门锁，小马认为此时需要找人上门修锁，想着先熬过这段时间后再想其他。经过在外居住之后，小马感觉小张好像比以前略微好了些，但她修好门锁后仍然跟他分开居住，并且会在进房后上锁。

后来小马找到了合租的朋友，搬了出去住，但她无法带走孩子，某天突然收到孩子溺亡的消息，小马悲痛欲绝，了解信息后发现小张经常带着孩子去河边游泳，想到小张对自己的家暴行为，怀疑是小张将孩子溺亡。小马一方面憎恨丈夫的行为，另一方面深深自责，认为自己也是凶手之一，觉得当初应该带上孩子一起离开。

二、案主问题分析、需求分析与曾做出的努力

（一）案主问题分析

经社工初步评估，小马目前存在的问题有以下三个：

（1）丈夫实施的家庭暴力对小马的心理、生理产生了不同程度的影响，通过小马陈述时的情绪以及身上相关伤痕的展示可知，小马深受家庭暴力困

扰，除了躲避，不知采取什么措施能彻底解决问题。

（2）小马对于家暴的认识不足。经过和小马交谈，社工发现小马不想让外人知道自己被家暴的事情，也因此很少对外求助。

（3）孩子的去世使小马很愧疚。小马前来求助时表现出了悲愤情绪和自责倾向，调查尚未出结果，无法证明孩子是自我溺亡还是他人加害，但小马认为是小张加害了孩子。

（二）案主需求分析

小马目前的需求有以下三个方面：

（1）陪伴和支持的需求。孩子的去世给小马造成很大影响，小马情绪和心理波动较大，影响了日常生活，需要外界提供陪伴与支持。

（2）家庭暴力行为的遏制。长期遭受家暴的小马需要从暴力行为中挣脱出来。

（3）了解孩子去世的真相。这部分需求虽然是小马的直接诉求，但是社工无法直接介入调查，只能依靠个案推进工作联动相关力量跟踪调查情况。

（三）案主曾做出的努力

据社工了解，小马长期遭受丈夫家暴，在躲避家暴的过程中采取了一些方法，包括：

（1）躲藏进家里的另一个房间并反锁，以躲避小张的暴力行为，但这一举动更加惹怒小张，从房间出来后会被更强烈地报复。

（2）小马后来外出躲避，小张曾尾随跟踪。由于难以负担长期住在酒店的费用，小马最后还是妥协决定回家居住。

（3）后来小马不堪忍受家暴行为，再次搬出去和朋友住，以躲避小张带来的伤害。

通过小马曾采取的措施，社工初步评估小马内心非常想躲避小张的暴力行为，但未曾向官方机构或组织求助，因此其丈夫的伤害行为没有得到遏制。

三、理论依据

无论是家暴还是孩子溺亡，这些事情的发生都与小马的生活环境分不开。从生态系统理论来看，人的发展是持续地适应环境，能够改变环境，也能够被环境改变，而要理解人的问题以及如何处理，都应该将人放回所处的环境之中。因此，社工在理解小马的问题时，要把小马放置在环境系统中去探索，从小马的情境出发。生态系统理论表示，个人所处的系统分为四个层次：一是微观系统，例如和小马关系亲密的家人和朋友；二是中间系统，即微观系统间所形成的联系；三是外层系统，例如社区；四是宏观系统，包括文化传统、制度环境等因素。深入小马的情境中可以得知，在微观系统中，小马的家庭系统产生了问题，和家庭有着较为密切联系的学校和社区也出现了不同的问题，宏观系统则反映在小马的意识中。

四、介入目标

小马所面临的状况较为复杂，因此个案介入需要联动外界力量，结合生态系统理论。

总目标：确保小马的人身安全，提高小马对家暴的认识。

分目标一：针对小马个体，提供情感支持和精神支持等服务，缓解小马的悲伤情绪，陪伴小马走出悲伤情绪。

分目标二：针对小马的家庭，提供必要的支持和帮助，联动部门资源保证小马不再受到家暴的伤害。

分目标三：针对小马的外层系统，强化社区和街道与小马家庭的联系，强化负责调查案件的公安部门与小马家庭的沟通。向小马宣传目前反家暴的政策，让小马学会向外求助。

五、服务策略

服务策略一：由社工直接介入为小马提供情绪支持，必要时联动心理咨询师上门提供心理辅导。

服务策略二：联动社区、街道和其他相关部门为小马提供暂时的庇护场所，避免家暴的再次发生。

服务策略三：紧密跟踪调查情况，为小马提供有用的信息。

服务策略四：为小马提供相关政策宣传，为小马维护自我权益、保护自身利益奠定基础。

六、服务过程

（一）接案，紧急为小马提供情绪支持和心理辅导

小马主动打电话咨询，讲述自身长期遭遇家暴的情况，以及孩子溺亡的事情，表达时情绪较为激动，表现出强烈的无助感。孩子溺亡的那段时间小马并不在家。社工希望小马来到现场进行详细的诉说，但是经了解，小马距离社工所处的行政区域比较远，社工于是决定主要联动小马所处区域的力量为小马提供帮助。

社工在电话中核实了小马的人身安全，小马表示现在要配合警方调查，她暂时是安全的，但她很担心没有足够的证据将丈夫抓起来。社工安抚了小马的情绪，让她相信警方的力量，对她表示同理，希望她坚强，等待调查真相。此外，小马有较强烈的愧疚情绪，在通话中经常说“我就应该被打死也不出门”这类话，社工对小马做简要开导，聚焦事件，让小马审视离开家并没有对错，鼓励小马走出负面情绪，将精力转移到孩子溺亡的调查中。

鉴于小马情绪波动较大并且情况较为复杂，对接心理咨询师为小马远程做了心理辅导，小马的悲伤情绪得到一定程度的缓解。

（二）确保小马目前的人身安全

社工了解基本情况以及小马的相关信息后，联动小马所在社区居委会以及街道的相关工作人员，简单讲述小马的情况，强调小马丈夫有长期的家暴行为，表达了社工由于受距离以及工作范畴的限制，无法面对面给小马提供帮助，希望他们密切关注小马的情况，上门做好心理疏导工作，在必要时为小马提供安全的庇护场地或者协助小马申请人身安全保护令，防止小马再次受到家暴伤害的想法，小马所在社区的基层工作人员积极回应。

（三）和小马建立定时信息交互沟通，及时了解小马的情况

自从小马求助以来，社工每天定时电联小马询问她目前的情况，并且向街道的工作人员了解案子的推进情况，小马的情绪较之前缓和，但仍较为低落，目前只对案子的调查上心，社工表示同理，并安抚小马一定要打起精神来，照顾好身体才能坚持斗争。

（四）转介个案，将政策和相关渠道推送给小马

由于本案中社工无法提供直接帮助，也无法面对面和小马开展会谈，便找到了小马区域适合的机构进行个案转介，提前告知小马并且征得同意后将小马转介到就近的社工机构继续跟进。在最后一次对话中，社工将小马未来可能需要咨询的信息渠道整理成清单提供给了小马，让小马能就近求助。

七、小结

本案涉及的情况较为特殊，小马面临着孩子离世和丈夫家暴等，并且小马所求助的社工距离小马居住地较远，因此，仅依靠社工直接服务是远远不够的，需要链接更多的资源为小马打造支持体系。社工了解基本情况以及小马的相关信息后，联动小马所处社区、街道、公安等组织，希望他们密切关注小马的情况，对小马进行心理疏导工作，在必要时为小马提供安全的庇护场地或者协助小马申请人身安全保护令，防止小马再次受到家暴的伤害。由于本案中社工无法提供直接帮助，也无法面对面和小马开展会谈，因此社工最后决定安排转介服务，同时以跟踪服务作为辅助。

第三节　坚毅重生，离婚与争取权益之路

一、案件基本情况

小游，39 岁，目前与两个孩子在外租房居住，两个孩子的年龄分别为 12 岁与 15 岁。小游曾想过与丈夫小马共度余生，但是婚后的小马经常对小游拳打脚踢，小游几番忍让，没想到小马变本加厉。小游处于崩溃边缘，无奈之下，决定与小马离婚。但是，结果并没有如小游所愿，小游与小马在 2021 年 11 月开庭离婚，由于小马不同意离婚，法院做出不予离婚的判决。2022 年 3 月 10 日小马再次对小游进行家暴，小游受伤严重住院治疗，两个孩子暂时留在小游父母处照顾，小马父母对此表示不同意，因此多次骚扰小游，小游无法得到很好的静养。身心俱疲的小游想要尽快结束这段失败的婚姻，但法院之前做出的裁决让她失望透顶，加上家庭暴力的再次发生以及小马父母的骚扰，她非常崩溃。同时，小游非常担心与小马婚后共同购买的房产会被小马独吞，因为自己与孩子都没有在那套房子里居住。基于此，小游求助社工，希望社工给予自己帮助，社工根据实际情况确定小游为个案对象，进而通过个案回应小游的需求。

二、案主需求分析与资源分析

（一）案主需求分析

（1）社工与小游访谈后发现小游遭受家暴后对婚姻生活没有信心，小游自述自己心理压力大并经常情绪波动，社工需要引导小游合理地宣泄，舒缓小游的心理压力。

（2）小游希望尽早离婚，摆脱暴力环境，争取两个孩子的抚养权，申请共同房产的居住权，社工回应小游可以为其链接律师资源，鼓励小游运用法律手段维护自身以及子女的合法权益。

（二）案主资源分析

（1）个人层面：小游有一份稳定的工作，生活有经济保障，能够维持孩子日常生活开支；小游有较好的主动性，下定决心改变现状，使自己和孩子可以过上相对安稳的生活。

（2）社区层面：社区工作人员考虑到社区的住户参差不齐，在社区福利服务、社区文化营造上一直在做努力，这对改善社区文化环境、促进社区邻里互助有一定的作用，但在社区融合上还有很大的成长空间。

（3）社会层面：社工在征得小游的同意后，通过匿名宣传，向外争取妇女儿童保护组织、妇联义工团队的支持和帮助。

三、理论依据

危机介入模式一般借用简单心理治疗的手段，帮助当事人处理迫在眉睫的问题，使其心理平衡，安全度过危机。危机介入时，社工应注意以下原则：第一，及时处理。社工要及时接案并处理，尽可能减少对小游的伤害，要抓住有利的时机以促进改变。第二，限定目标。危机介入的首要目标是尽可能降低危机造成的危害，避免不良影响扩大。只有明确了目标，社工才能与小游共同处理面临的危机。第三，给予希望。社工要注意给处于迷茫、无助、失望状态中的小游新的希望，调动小游的积极性，帮助小游做出改变。第四，提供支持。在帮助小游面对和处理危机的过程中，社工要充分利用小游自身及周围他人的资源，为小游提供必要的心理和物质等方面的支持。第五，树立自信。危机通常会使人丧失自信，社工在着手解决小游的危机时，要了解小游对其自身的看法，帮助小游恢复自信。第六，培养自主能力。危机使小游的自主能力下降，社工要帮助小游增强自主能力以面对和度过危机。

四、介入目标与服务策略

总目标：通过社工对小游危机的介入，小游最终能理性看待自己的婚姻，逐步走出家暴的影响，做出合理选择并提升应对家暴的能力。

分目标一及服务策略一：疏导小游的负面情绪，缓解小游的心理压力，增强小游自我保护的能力；运用个案工作方法，建立良好的工作关系，耐心倾听，接纳，给予小游后续遇到家暴时的建议。

分目标二及服务策略二：拓展小游的支持网络，链接律师资源，协助小游处理离婚事宜，最后达成离婚；积极整合小游的正式支持资源与非正式支持资源，给小游提供社工的专业服务以及链接律师资源。

五、服务过程

（一）初期建立关系阶段

社工接待主动求助的小游，认真聆听小游的倾诉，在倾听过程中，记录小游的表述，小游表示自己偶尔会出现意识断层、记忆模糊不清的情况，还伴随头疼及身体其他不适。社工安慰小游，营造轻松愉快的访谈氛围。小游希望社工可以帮助自己。根据与小游的初步访谈，社工预估了小游的需求，与小游交流介入后希望达成的目标，双方同意后建立专业的服务关系。

（二）中期发展阶段

对于小游恐惧家暴的情况，社工告诉小游首先要确保自己的人身安全，必要时可以报警请求警察的帮助。社工坦言小游应该注重个人形象，比如衣着及发型方面。经过社工的肯定与引导，小游更加关爱自己，社工表示只有照顾好自己，才有能力去照顾他人。通过协助小游回想婚后至今的生活，引导小游思考改善现状。社工表示如果婚姻出现问题，双方都是有责任的，而且会影响到孩子。经小游同意后，社工邀请小马前来调解。社工与小马事先会谈，其间评估了解了小马的心理状态，向小马约定双方面谈时需要冷静，应该商量未来的规划，而不是逃避现实。随后，社工与双方坐下来进行会谈。在会谈过程中，小游向小马表示希望拥有两个孩子的抚养权以及共有房产的居住权。社工从小游的需求出发，协助双方进行会谈，向小马表达小游目前的需求，询问小马的意见。经过协商，两人同意协议离婚，对于子女抚养权与婚内财产问题达成共识。

（三）后期变化阶段

社工协助小游理解自身生理与心理上的状态，表示生理与心理状态的不稳定会产生负面情绪，从而影响夫妻关系及家庭教育。通过多次面对面会谈，社工帮助小游自我调控情绪，学习沟通方法等，因此，在约谈小马后的三个月内，皆没有再发生家庭暴力，服务对象情绪明显好转。

（四）结案阶段

一段时间后，小游与小马解除婚姻关系。社工强调，如小游后续有相关的问题需要处理，首先可以考虑正规程序，如有需要可及时联系社工。社工持续跟进了小游一段时间，发现小游的情绪较为稳定，小游的生活暂时没有再次出现危机，于是社工经小游同意后结案。

六、小结

本案首先运用危机介入模式处理服务对象的危机。危机介入首先需要稳定服务对象的情绪，避免服务对象做出过激的行为，确保服务对象的人身安全。其次是在服务对象处于身心平稳的状态下，了解服务对象内心的真实想法，围绕服务对象的危机确定解决问题的方向，使服务对象注重个人形象，改正以前不爱干净的习惯。同时，使服务对象摆脱了自己以往被动的局面，在社工的帮助下，与对方面对面交换了内心的想法，双方达成共识，并步入各自的新生活。至此，服务对象放下了一直压在心里的大石，远离了经常伤害自己的人，不再提心吊胆地生活。

通过本次个案可以看出，家庭暴力危害妇女人身安全的同时影响家庭和谐，社工在接触家暴个案中，需要情理并重，给予服务对象更多的情感支持，让服务对象感受到社工可以为其提供帮助，增强服务对象解决问题的动力，使服务对象不再孤单一人面对问题。此外，社工提供双方静下心来交流的机会，希望双方通过交流的方式达成共识，此前就是因为双方一直沟通不成，才导致问题无法得到解决而进一步恶化，所以社工这样的做法显得十分有必要。在这个过程中，社工需要注意保持中立的态度，尽量让双方决定如何解决问题，帮助双方清楚地表明自己的态度，最后达成共识。除了介入服务对象家庭，社工还可以在社区内倡导非暴力沟通以及宣传家暴的法律后果，避免家暴行为愈演愈烈。

第四节　逃离暴力，求助与维权之路

一、案件基本情况

晶晶结婚3年，已有一个2岁的儿子，目前正在怀孕期间。结婚后晶晶经常遭受丈夫小刘的家暴，每次小刘都向她承诺下次不再动手。晶晶怀孕期间小刘的确比平时少动手，但是依然发生了几次家暴，最激烈的一次，晶晶为了保护胎儿而报了警，但都是协调后就没有进展，甚至没有带晶晶去验伤。晶晶一直处于恐惧中，同时害怕因这次报警小刘怀恨在心会对其变本加厉，所以带着2岁的儿子逃离了家。即使离开了家，晶晶也整天提心吊胆。她记得之前摔坏了手机后，小刘给了自己一部新的手机，以往每次出逃都能被小刘跟踪到，所以这次她扔了手机。她不敢躲到朋友亲戚家，担心他们会受到小刘的骚扰和恐吓，所以她租了房子自己住，但是怀着孕没有生活来源的她感觉撑不了多久。晶晶从朋友那得知，小刘报警声称晶晶失踪，派出所已经开始调查，晶晶担心小刘很快找到自己，担心自己和孩子的生命会受到威胁。

二、案主问题分析与资源分析

（一）案主问题分析

《中华人民共和国反家庭暴力法》第二条规定，家庭暴力是指家庭成员之间以殴打、捆绑、残害、限制人身自由以及经常性谩骂、恐吓等方式实施的身体、精神等侵害行为。就该案而言，小刘频繁家暴后承诺下次不再动手，加上晶晶思想传统以及考虑到年幼的孩子，因此对小刘的暴力行为忍气吞声，使小刘的家暴行为具有隐蔽性。小刘的暴力行为长期以来没有被揭发，使小刘习惯于使用暴力，从而形成家暴发生的周期性规律。

根据案例背景，社工对晶晶的状况进行初步预估分析，得出以下初步判断。

（1）晶晶目前承受着孕期+家暴的双重压力，生理、心理均处于高压状态。

（2）小刘具有较严重的暴力倾向，自我控制能力弱。

（3）晶晶目前无稳定的经济来源，很难寻求安置住所。

（4）晶晶需要照顾年幼的儿子且对小刘高度恐惧，心理压力很大。

（二）案主资源分析

（1）晶晶的亲戚朋友。

（2）社会资源（如心理咨询、法律咨询、妇女组织等）。

三、理论依据

（一）危险评估量表

社工应当将晶晶的生命健康权放在第一位。通过测量和前期对晶晶情况的初步分析可知，若晶晶面临较大的危险，社工需要先直接干预以确保晶晶的生命不受到威胁，之后通过其他一系列行动帮助晶晶构建社会支持系统，使晶晶的生活重回正常轨道。

（二）社会支持理论

社会支持理论认为，个人所拥有的资源分为个人资源和社会资源，前者包括个人的自我功能和应对能力，后者指个人社会网络中的人所能提供的社会支持。一个人所拥有的社会支持网络越强大，就能够越好地应对各种来自环境的挑战。按照社会支持理论划分，个人的社会支持网络可分为非正式社会支持系统和正式社会支持系统两大类。具体而言，非正式社会支持系统一般指与个人关系较为亲密、联系较为广泛、日常交往较为频繁的生活主体，如父母、兄弟姐妹、邻居、朋友和同事等；正式社会支持系统一般指社会资源较多、能够充分发挥自身职能作用的政府部门、社会组织以及社会团体等，如村（居）委会、妇联、医院、司法机关等。

受虐妇女之所以遭受暴力伤害，很大部分原因正是其社会支持网络不够强大。社会支持理论为受虐妇女提供其所需的支持，拓展其社会关系网络，增强其社会适应能力。

四、介入目标

总目标：帮助晶晶界定问题，分析问题，解决问题。同时，获取解决类似问题的能力，挖掘晶晶的内在潜能，帮助晶晶建立自信，以便有能力应对同类情况的再次发生。

分目标一：小刘立即停止家暴行为，同时协助晶晶找到合适的居所。

分目标二：与妇产科专科医生沟通，就晶晶目前怀孕状态进行评估，为晶晶链接孕产妇所需的医疗支持并协助其申请伤情鉴定（生理、心理）。

分目标三：协助晶晶构建社会支持系统，多方面协助晶晶恢复独自解决问题的功能。

分目标四：与小刘进行沟通，协助晶晶与小刘处理二人关系。

分目标五：为晶晶及其儿子提供情绪疏导。

五、服务过程

（一）评估家暴行为的危险程度

本案中，社工可以通过量表测量的方式评估晶晶的情况。本案使用的量表为危险评估量表。表中包含 15 道题目供受暴妇女填写，便于社工了解受暴妇女的危险系数。危险评估量表中的内容包括家庭暴力的表现形式、家庭暴力的次数、家庭暴力的严重程度等。

考虑到晶晶目前存在的惊恐、紧张等情绪，社工建议晶晶的朋友或亲属先陪同暂住，以减轻其恐惧感。

通过沟通，社工发现晶晶曾有报警的举动，但报警回执很可能已经被小刘销毁，晶晶表示自己有一些受伤的照片存在手机中，社工建议保存好以便作为证据。确认了晶晶的基本情况后，社工联系了晶晶目前居住地的社区居委会以及社工站，希望他们能给予协助。

（二）为案主及其年幼儿子寻找合适的居所

晶晶目前处于孕期且其儿子尚年幼，小刘的暴力倾向未完全消除，且晶晶有搬离原住所单独居住的要求。社工与律师方面积极沟通，评估了解目前能否就禁止小刘的滋扰行为向法院申请人身安全保护令，确保晶晶不受伤害。

社工协助晶晶与亲人取得联系，看是否可以暂居。此外，社工与相关部门联系，看能否为其提供庇护住所。

（三）链接医疗资源

与晶晶的妇产科主管医生取得联系，了解晶晶目前怀孕的相关情况及是否需要额外医疗资源的帮助。同时，为晶晶及其年幼的儿子申请司法伤情鉴定，留存好证据。

（四）疏导服务对象的不良情绪，增强自我认知

由于长期遭受家暴的侵害，加上怀孕会使情绪产生较大的不稳定性，社工为晶晶链接专业的心理咨询师进行系统的心理治疗。同时，社工扮演陪伴者的角色，运用澄清等技巧与晶晶保持沟通，引导晶晶表达内心想法，从中找到一些关键信息从而有针对性地计划后续的服务内容。

晶晶是一位母亲，社会工作者可以适当从这一角度出发，以“母亲”这一社会角色鼓励晶晶坚强面对目前的困境，用孩子的力量鼓励晶晶振作。

晶晶的儿子虽年幼，但对于父亲的家暴行为已经有印象，社工向幼儿心理研究相关专家寻求专业意见，看能否通过沙盘等方式对晶晶的儿子进行一定程度的心理干预。

（五）构建社会支持网络

晶晶的亲戚朋友作为晶晶重要的非正式支持资源，可以为晶晶从多方面提供帮助，社工可以协助晶晶与亲戚朋友进行积极联系，争取其对晶晶的支持。

同时，在取得晶晶知情同意的前提下以及保障晶晶保密权的情况下，将晶晶的相关情况上报，为晶晶链接妇联以及所在街道、居委会的相关支持资源。

社工在这一阶段注重培养晶晶运用资源解决自身问题的能力，使晶晶懂得运用资源解决问题。

（六）协助晶晶与小刘进行沟通，对往后的安排进行初步协商

在晶晶情绪或身体状况基本稳定后，社工与晶晶沟通是否与小刘面谈。晶晶对社工提起小刘仍是感到不安与害怕，晶晶暂时仍不希望见面；当社工问及是否考虑过离婚时，晶晶表示目前只想安心将孩子生下来，社工尊重晶

晶的决定。

（七）结案

考虑到目前晶晶的人身安全和社会支持的需求已基本达成，社工与晶晶协商结案，向晶晶介绍了紧急求助的方式，同时与晶晶居住地的相关组织建立了基本的沟通关系，跟踪晶晶的后续情况。

六、小结

本案中，社工了解到晶晶与孩子的生命受到了威胁，以及晶晶生理和心理处于十分高压的状态，社工利用危险评估量表分析了晶晶目前的危险系数，同时直接干预确保晶晶的生命不受到威胁。社工帮助晶晶构建社会支持网络，联系她的家人、亲戚、朋友等资源，帮助她寻找合适的居住场所。社工帮助晶晶链接医疗资源，针对晶晶目前怀孕的状态申请帮助。以上帮助在取得晶晶认可的情况下，社工与晶晶共同商讨可行的方法，并且在共同努力下，晶晶得到了保护，在整个过程中社工践行了以人为本、自决、个别化等价值伦理。

第五节 跨越黑暗枷锁的自救之旅

一、案件基本情况

小杨跟丈夫结婚 30 多年，育有一个儿子和一个女儿。在这 30 多年的婚姻中，丈夫家暴、出轨……但是小杨都因为家庭隐忍了下来。最近，小杨无意间发现丈夫在外跟第三者还育有一个 9 岁的孩子。小杨意识到这么多年的委曲求全根本换不来一个完整的家庭，她对丈夫从失望变成了绝望。2022 年 8 月，小杨的丈夫因为一件小事再次对小杨进行家暴，小杨被丈夫殴打得不能动弹，幸好邻居及时报警，警察上门，才制止了其丈夫进一步的家暴行为。警察的后续跟进工作却被小杨的女儿以家事为由进行阻拦。

此事过后，小杨通过各种渠道想要了解如何离婚、如何办理诉讼离婚，但是收效甚微。其间，她跟子女们透露自己想离婚的想法，但是小杨的子女一直都不知道小杨遭受家暴，在他们眼里，小杨过着幸福富裕的生活。子女们认为，如果母亲诉讼离婚，一定会把家里丑事弄得尽人皆知。

自己的想法没有得到孩子们的支持让小杨觉得孤立无援。小杨甚至产生了轻生的念头，并且扬言要和丈夫一起死。子女们得知小杨长期遭受家暴后，都很支持小杨维权和离婚。

二、案主需求分析与曾做出的努力

（一）案主需求分析

（1）人身安全保障的需求。小杨丈夫对小杨的家暴行为威胁到了小杨的人身安全。

（2）身心问题解决的需求。小杨一直受到丈夫家暴，生理和心理均受到伤害。

（3）结束不良婚姻关系的需求。通过合法有效的维权方式维护自己的合法地位，保障自己的人身自由和安全。

（4）心理支持的需求。子女反对离婚，小杨缺乏心理支持，负面情绪无处宣泄。

（二）案主曾做出的努力

（1）为了维护家庭完整，面对丈夫出轨、家暴等行为，小杨选择调整自我认知忍气吞声。

（2）小杨曾尝试寻求他人帮助。

（3）小杨向儿女们提出离婚想法，主动倾诉，积极争取家庭成员的支持。

综合上述对小杨进行的需求分析可知，小杨最迫切需要解决的问题是结束不良婚姻关系，阻断家暴带来的身心伤害，争取有效渠道维护自身的合法权益。综合评估小杨面对问题所采取的措施，社工认为小杨虽然存在消极应对情绪，但是她有争取权益的主动意识。

三、理论依据

（一）危机干预理论

危机干预理论是一种通过调动处于危机之中的个体自身潜能来重新建立或恢复危机爆发前的心理平衡状态的模式。本案中，小杨处于家暴的危机中，危机干预可以借用简单心理治疗的手段，帮助小杨处理迫在眉睫的问题，恢复其心理平衡，避免危害生命的极端行为出现，使其安全度过家暴危机。

（二）赋权理论

赋权理论是一种协助个人、家庭、团体和社区获取发展能力的社会工作理论。赋权理论认为，小杨的生活之所以出现问题，是因为权能不足，因此，社工以增强权能的观点来帮助小杨建立自信和提高自我控制能力，并且使小杨相信自己有能力改变现状，通过具体的行动来改善处境，逐渐走出家暴的阴影。

四、介入目标

总目标：解除不良婚姻关系，维护小杨的合法权益，减轻小杨的身心伤害，最终摆脱家暴的不良影响。

分目标一：为小杨提供情绪支撑，及时评估小杨的危机情况并对其进行干预。

分目标二：帮助小杨链接支持资源，提升小杨解决家庭暴力的能力，使其了解离婚相关知识。

分目标三：帮助小杨与子女加强沟通，获得子女的支持。

五、服务策略

服务策略一：及时进行危机干预，评估小杨的受家暴状况，当家暴对小杨的人身安全构成致命威胁时，充分调动各有关管理部门，为小杨寻找庇护场所。

服务策略二：签订个案会谈契约，全面了解小杨的个人信息、家庭和社会关系网络支持情况、需求情况，和小杨共同制定介入方案。

服务策略三：在个案工作中，需要和小杨建立相互信任的关系，做好沟通与协调，恰当使用同理心、回应、倾听等技巧。

服务策略四：做好准备工作，为小杨整合婚姻律师顾问、社区、妇联、政府部门、公安及法庭等各方面资源，增强小杨的自我保护意识，构建正式的社会支持网络。

服务策略五：协助小杨和子女进一步沟通，提供安静的环境让小杨和子女进行交流，让子女理解小杨的身心创伤并支持小杨合法维权。

服务策略六：在提供服务的同时注意监督执行进度，当小杨出现危机时要及时协助处理。

六、服务过程

（一）危机干预，疏导小杨的情绪，为小杨联系庇护场所

社工运用个案服务技巧帮助小杨宣泄负面情绪，稳定小杨的情绪，并联系有关部门为其提供帮助。接着，社工尝试和小杨丈夫电联，但小杨丈夫拒绝社工的约谈，说外人无权插手他的家务事，并斥责妻子到处造谣，扬言等妻子回家要对其大打出手。社工继续安抚小杨恐慌的情绪，在征得小杨同意后，对接小杨居住地内相关组织提供的安全庇护所，使小杨暂时不用再回到原来的住所，确保小杨的人身安全。

（二）建立专业关系，为小杨增能

首先，社工与小杨建立平等互信的专业关系，帮助小杨敞开心扉，并相信自己有能力解决问题。其次，社工为小杨搭建支持体系，形成同辈互助网络。社工通过链接律师、心理咨询师，为小杨提供法律咨询、情绪疏导。在确保小杨人身安全的前提下，社工鼓励其参加社工机构联动社区组织的线上和线下反暴力家庭讲座、反暴力支持性小组等，引导小杨建立与社会支持网络的联系，提高小杨解决问题的能力，消除小杨在受家暴后所产生的无力感。

（三）帮助小杨梳理和整合多方维权渠道

在服务过程中，社工扮演资源链接整合者、指导者角色，帮助小杨整合更多合法维权渠道，并链接政府部门、社区居委会、心理咨询辅导、妇女家暴公益救助机构、当地家庭调解组织等部门和组织解决小杨的各方面需求。此外，社工积极与公安、妇联以及法庭进行多方联席会议，最大限度维护小杨的合法权益。

（四）协助小杨与子女进行深入沟通，增加小杨的情感非正式支持

社工在保证小杨安全的环境中，协助小杨和子女进行交谈，协助小杨子女倾听小杨的倾诉，查看家暴证据，加上相关案例介绍、社会对“家暴问题不是家丑”的观念转变、法律对反家暴的保护等，促进小杨子女理解并认同小杨的选择，让小杨离婚和维权的信心大大提升。

（五）针对个案目标完成度，社工与小杨协商结案

回顾小杨的需求，目前小杨已摆脱家暴的不良影响，也获得了子女的理解和支持，懂得如何获取法律援助，目前小杨能自己跟进诉讼离婚问题，也在庇护所的保护中集中精力处理官司问题。综上所述，个案目标已完成，已实现阶段式的落实，小杨同意结案。

七、小结

本案在危机干预理论、赋权理论的指导下开展工作，以危机解决为中心任务，为小杨增能，提高小杨应对家暴及解决问题的能力。在尝试介入小杨丈夫的过程中，社工面临较大挑战性，小杨丈夫拒绝约谈，使社工无法为小杨创造夫妻双方平等深入对话的可能。但是，在社工的指引下，小杨目标明

确，对自己的处境具有清晰的判断和选择能力，选择以诉讼的方式提出离婚。是什么造成小杨多年都在忍受丈夫的家暴？为什么子女反对母亲诉讼离婚？为什么小杨丈夫对相关的反家暴法律条文始终采取漠视态度？背后深层的原因，需要社工从社会根源反思。在处理类似的妇女受家暴问题时，社工不仅要对小杨直接介入，也要侧重小杨所在环境的间接干预，即应当多发挥社工作为倡导者、政策影响者等的角色，根据自己的专业和经验优势，对有关反家暴的政策及法律提供建议，并在平时的社区工作中，通过多种方式向社区居民宣导相关法律条文和妇女求助渠道。

第六节　善良的反抗，新生的抗争与希望

一、案件基本情况

29 岁的小谭前来求助社工，自述昨日遭到丈夫小张家暴。事情的起因是小谭和小张闹矛盾，小谭不理睬小张拨打过来的电话，小张在楼下截住小谭，对她施以暴力行为，并且没收了她的手机强硬拉扯小谭跟其回家。小谭害怕小张回家后对其再次实施家暴，因此拒绝回家，小张气急，在街角再次和小谭发生争执，将小谭逼到街道角落，用双手紧掐她的脖子，与小谭同行的朋友见状，即刻对小张进行阻拦，小张才放开了小谭。小谭朋友试图开车带她逃离现场，但小张恐吓小谭："你要是不下车，我就开车撞你朋友的车，撞死你们。"为了避免朋友受到伤害，小谭选择跟小张离开，并请求朋友帮忙报警。随后警方找到小谭与小张，进行了问话以及要求小张就损耗的物品进行赔偿。警方告知小谭损耗赔偿资金超过 2000 元可进行拘留处理，但是小谭担心小张留下案底会对孩子的未来产生影响，便选择了私下调解。小谭表示自己与小张结婚以来，一直遭到小张家暴。最近小张实施的家暴行为变本加厉，甚至威胁到了她身边的朋友，小谭希望找到途径减轻家暴对自己的伤害。

二、案主问题分析与需求分析

（一）案主问题分析

（1）人身安全问题：小谭长期遭受家庭暴力，人身安全受到威胁。

（2）心理情绪问题：小谭既害怕小张再次发难，又需要为了孩子忍气吞声，双重压力下，小谭陷入困境，主要表现为恐惧、担忧、焦虑等情绪。

（3）夫妻关系问题：小谭夫妻关系出现裂痕。

（二）案主需求分析

针对目前发现的小谭的问题，梳理出了以下需求。

（1）自我保护需求：包括小谭应如何自我保护、如何避免家庭暴力、如何求助、如何保留证据等。

（2）精神支持需求：小谭长期遭受家暴，精神时常紧绷且处于高压状态，急需社工介入提供支持。

（3）改善夫妻关系需求：长期的家暴行为和孩子的家庭期待，使小谭迫切希望尽快修正夫妻关系。

三、理论依据

本案引用家庭危机介入模式以开展个案工作。家庭危机介入模式指出，家庭中出现的危机会打破家庭原有的稳定，给家庭和家庭成员带来心理和生活方面的压力。针对家庭危机的解决，社工需要以家庭危机为中心，注重不同服务介入技巧的综合运用，目的是在有限的时间内快速、有效地摆脱危机的影响。

本案中，小谭的家庭危机主要是小张的家暴，长期的家暴已经对小谭产生极大的伤害，阻碍了家庭的正常发展，甚至影响了其他家庭成员的身心健康。

四、介入目标

根据整理的问题和需求评估，综合得出以下介入目标。

目标一：确保小谭的人身安全。

目标二：教授小谭交流沟通的技巧、处于家暴时的自我保护技巧、求助技巧以及证据保留等知识。

目标三：增强小谭面对家庭压力的力量，提升其处理家暴问题的信心。

目标四：改善夫妻关系，减少小张家庭暴力行为发生的次数。

目标五：强化小谭的支持网络。

五、服务策略

服务策略一：厘清小谭当前的情况，保护小谭的人身安全。

服务策略二：强化小谭的反家暴知识，包括法律、心理、自我保护等方面的知识。

服务策略三：开展家庭危机介入，了解家暴发生的背后原因以及改善夫妻关系。

服务策略四：强化小谭的社会支持功能。

六、服务过程

（一）和小谭建立初步的信任关系

初次会谈时，社工鼓励支持小谭说明事件原委并且及时安抚小谭的情绪，另外，社工还和小谭确认目前的身体状况，小谭表示目前身体并无大碍。之后，社工简单介绍了机构的服务，并且就小谭陈述的事件和小谭一一确认问题和需求。据社工了解，目前小谭并没有离婚的念头，而是希望能将家暴对自己产生的伤害降到最低。根据陈述，社工建议小谭暂时离开住所，等双方冷静下来后再见面。社工强调小谭一定要注意自身安全，必要时可以通过报警保护自己。另外，社工还建议小谭与邻居做好约定，一旦再次遭受家暴行为，小谭大声呼救，请邻居代为报警。鉴于小谭的人身安全，社工还为其提供了人身安全保护令的申请办法。

会谈后，社工向小谭询问是否成立个案，小谭答应后，社工和小谭约定了下一次的会谈时间。

（二）在了解需求的基础上共同制定介入计划

第二次会谈中，社工与小谭就目前梳理好的小谭的问题、需求，以及已知的基本信息进行沟通，并且社工还与小谭共同参与制定介入计划。小谭说自己在遭受家暴期间时常感到疲惫和迷茫，但暂时不想离婚，希望社工能帮助她的家庭调整状态。社工向小谭建议利用家庭危机的介入模式。

（三）开展家庭危机介入

第一，社工向小谭简单介绍了家庭危机介入，并解释采用这种介入的原因，根据小谭的陈述，社工认为这次较为严重的家暴事件，既是家庭关系面临的挑战，也是家庭关系调和的机遇，可以将这次事件看作家庭面对的一次危机事件。

第二，社工和小谭共同将那天楼下发生的暴力行为事件界定为危机事件。

第三，探讨以往出现类似事件的反应，找出有作为的方法。小谭告知社工，在以往的家暴中，小张会在其他人的劝阻下，或者在小谭报警后稳定一段时间，不再对小谭做出过分的行为。由分析得知，以上皆为较为有用的方法，但是随着时间推移，这些方法就会失效，小谭希望能有新的方法介入。社工表示，其实小谭愿意求助，就是在尝试新的方法。接下来，社工希望小谭以及小张都能参与到服务中，在每件小事中体现改变。

第四，社工和小谭共同规划小任务。包括参加反家暴小组活动、预约家庭会谈。

（四）鼓励小谭参与社工开展的反家暴小组活动

社工邀请小谭参加反家暴小组活动，让小谭在活动中学习自我保护的知识。活动结束后，社工还邀请小谭在会谈中分享心得，小谭认为这些活动补充了她在法律知识方面的缺漏，开始觉得遭受家庭伤害是不应该隐忍的。

（五）邀请小张参与家庭会谈，讨论家暴背后的原因

经过反家暴知识的学习后，社工向小谭表达了希望夫妻能坐下来好好地谈一下的想法。社工建议先由小谭联系小张，如果小张不愿意，再改由社工联系小张。最后经过社工的努力，小张答应参加一次家庭会谈。

在会谈中，社工和小谭夫妻双方共同就那天的危机事件探讨原因，通过现场观察，发现家暴的发生和两人的情绪失控有很大的关系。即使有社工参与，小张也在言语中表露出气愤、愤慨等情绪，认为小谭不配合，小谭想离开家庭。对于小张的这些想法，社工引导小谭表达出她其实在极力保护着这个家，同时社工适当参与会谈，指出小张长期的家暴行为已危及小谭的人身安全，但是小谭并没有因安全问题而执意离婚，可见她对这个家庭的重视程度。

虽然会谈最后在无声中结束，但事后小谭表示小张的态度和言语已经有所缓和。

（六）帮助小谭搭建基本的社会支持网络

小谭之前在参加反家暴小组活动中结识了一些相同经历的朋友，社工建议小谭和她们共同讨论如何排解情绪。此外，社工将反家暴求助的方式给了小谭，并附上相关部门、街道、居委会等的联系电话，告知小谭可以通过这些渠道进行自我保护。

（七）基本结案

个案目标基本完成，小谭表示在这次服务中获得了很多，向社工提出了结案，并且表示已经通过自己的努力成功申请了人身安全保护令，下一步会考虑离婚，之后会跟律师咨询相关事宜。

七、小结

针对小谭发生严重家暴的情况，社工首要考虑的是小谭本身以及其孩子的安全，如果小谭暂时是安全的，下一步应该向小谭提出自我保护的建议，以避免下一次家暴发生带来的伤害。

社工在介入因家暴前来求助的服务对象的问题和需求时，及时地采用家庭危机干预模式是较正确的做法，在具体介入中社工应为案主优先推荐小组活动，通过小组活动使案主能在同类群体中感受到支持与温暖。另外，社工应在介入的过程中不断地给予案主支持和温暖，并助力其重建对生活的积极态度和信心等。

第七节 无声的求助，敲响隐秘的大门

一、案件基本情况

小天的姑姑最近发现小天变瘦了，身上还有一些不明显的淤青，姑姑询问小天淤青来源也未得到回复。自从小天的父母离婚后，小天就不太爱说话，当时还担心她患上了孤独症，姑姑带她去医院检查后发现并无大碍。新保姆告诉小天姑姑，小天最近几天没有吃饭，只吃些零食果腹，由于新保姆只负责打扫家里卫生，并没有被要求做饭，因此对具体情况不是很了解。小天的姑姑，找到离职不久的保姆了解情况，不断追问下保姆才将小天遭受暴力的情况告知姑姑：有次亲眼看到小天被她父亲的朋友暴力殴打。姑姑听完后感觉十分惊心，而小天父亲陈先生经常不在家，很少管这种事情。小天姑姑联系陈先生了解情况，陈先生矢口否认，姑姑想接走小天自己抚养，但是陈先生坚决不肯。小天姑姑十分担心小天的情况，认为目前小天的家庭情况比较复杂，如果不采取行动阻止，小天可能会受到更大的伤害。

二、案主问题分析

在与案主建立专业关系的基础上，社工从多个方面收集案主小天的相关资料。首先，了解小天的基本情况，如籍贯、年龄、性别、家庭状况、学校状况等；其次，了解小天生理方面的情况，主要是身体健康状况，如身体是否受过伤害，有无生理障碍、病史、医疗史等；再次，了解小天心理方面的情况，包括个性特征、兴趣爱好，对家长、老师、同学及玩伴的评价等；最后，收集小天的社会关系状况，包括与家长、老师、同学、朋友等的关系，了解各种社会关系为小天提供的帮助或造成了何种影响。

在对现有资料进行分析后，社工对案主小天的情况做出以下基本诊断：

（1）小天是单亲家庭的孩子，在父母离异后跟随父亲生活。

（2）小天性格较为内向，自我表达意愿较弱，心理状况需要关注（具体成因需要在后续工作中深入研究）。

（3）小天身体出现淤青和体重减轻情况（偏向病态），生理状况不良。

（4）小天父亲的监护职责严重缺失。

（5）小天现有最有力的支持资源为其姑姑。

（6）小天保姆是小天父亲失职的人证。

（7）案主不局限于小天个人，还包括陈先生、小天姑姑。陈先生朋友的施暴行为在具体工作时需关注。

三、理论依据

危机介入模式是围绕着案主的危机状态而展开的调适和治疗的方法，目的是在有限的时间内通过密集的方式快速有效地帮助案主摆脱危机的影响。危机介入有六项基本原则：及时处理、限定目标、输入希望、提供支持、恢复自尊以及培养自主能力。从危机介入模式来看，社工不仅要关注案主的内部心理挑战，帮助案主克服内心困扰，也要注重运用案主的外部资源克服生活压力。本案中，小天被暴力殴打，社工需要及时介入，关注其生理及心理状况，同时协助小天利用外部支持网络应对危机。

四、介入目标

计划的内容包括需达到的目标、采取的措施和实施的步骤等。这个过程要明确规定社工与案主的责任，同时明确目标能够回应案主（或案主的申请人）需求，目标清楚明了、易于测量、具体可行。此外，计划中的步骤及方法要具有可操作性。

在对小天的基本情况进行诊断后，社工充分尊重小天的主观能动性，并与小天及其姑姑共同制定服务目标与介入计划。

（1）基于案主的生命健康权为第一要义的伦理原则，使小天不再受到家暴的伤害，并就小天的生理伤害进行专业治疗，关注小天的心理健康，防止小天出现自杀等非理性信念。

（2）社工提供必要的资源与帮助，协助小天发掘个人潜能，鼓励小天发挥个人能动性积极参与社会活动和学习各项技能，促进小天个人全面发展。

五、服务过程

在完成接案、资料收集与诊断、目标制定后，进入治疗阶段。结合案主的问题，本案在危机介入模式指导下开展服务，帮助案主小天提升应对危机的能力。

（一）及时制止家暴行为，为小天寻求管护照料所

（1）社工分别与小天及其姑姑进行会谈，征得同意后链接医疗机构资源，由专业医护工作者评估小天的伤势并制定治疗计划。医生诊断小天的生理健康状况稳定，没有立即性危险。

（2）社工评估小天的精神状况，在其精神状态比较稳定的情况下寻找专业心理咨询师或精神科医生为其提供专业评估与治疗。使用青少年心理健康测试量表等进行初步评估，为个案评估提供前测数据。

（3）小天父亲存在纵容家暴的行为，在生命健康权至上的原则下，社工与小天及其姑姑商量对小天的安置安排，让小天与父亲暂时分开生活，如果小天父亲坚决反对且仍存在家暴行为，必要时请警方或官方相关机构介入。

（二）及时疏导小天情绪，纠正小天父亲的非理性信念

①小天由于长时间受到其父亲纵容暴力行为的影响，会产生严重的心理阴影，处于无助状态。社工通过陪伴、倾听、同理心、尊重、鼓励等会谈技巧给予小天充分的负面情绪宣泄渠道，以此稳定小天的情绪，并告知小天社工将与其一同面对问题，给予小天信心。由于小天姑姑面对的一方是有纵容暴力行为的亲人，另一方是作为受害者的侄女，因此社工需要了解姑姑的想法，对于姑姑可能存在的矛盾心理进行疏导和安慰。

②纠正小天父亲纵容暴力发泄情绪的非理性行为。社工尝试与小天父亲进行沟通，了解其父亲纵容暴力行为的原因，发现其父亲对于亲情关系的理解较为浅薄，对于“父亲”身份的定位模糊，亲职照顾的责任意识不强。社工链接了家庭教育的相关培训老师，在社区居委会、街道的协助下，让小天的父亲接受社区的家长教育。

（三）增强小天的支持网络，增加小天应对问题的信心

社工着重构建小天家庭的社会支持网络，努力争取基层机构、政府机构

和社工机构等社会支持，同时着重发展小天的亲友同学等非正式社会支持，并分析这些支持实现的可能性与效果。此外，社工鼓励小天走出压抑的家庭环境，积极参与社会活动，并结合个人兴趣学习技能，加强社会联系，促进个人全面发展。

（四）寻找合适时机结束个案，并沟通对接好后续跟进服务

经过一系列介入后，小天的情况有所好转，恐惧的情绪减少，体重上升，目前和姑姑住在一起。该事件由于涉及未成年人保护，纵容家暴的父亲被强制安排参加社区家庭教育，其朋友由于实施暴力已经被公安机关拘留。

社工在评估了小天的情况后，和小天的姑姑商量结案。目前小天整体状态良好，但社工建议小天家属定期找社工安排心理咨询师为小天做心理监测。此外，社工将继续做好后续追踪辅导，例如了解小天是否还会受到暴力对待、小天的社会适应能力如何，并约定后续回访安排。

六、小结

本案中，主要关注小天生理及心理危机的解除，并协助小天提升应对危机的能力。当家庭暴力发生时，大多数受害者和周围人员可能无法及时识别或回应，此时，社工需要具备敏感思维，适时为案主找到需求点，协助案主摆脱暴力的伤害。

社工需要提高社会资源整合度及利用率，充分发挥多主体的优势和力量。本案中，社工链接医疗机构、社区居委会、基层政府等有效资源开展服务。同时，小天父亲纵容家暴的行为反映了亲职教育的缺位，因此社工链接相关资源让其接受家长教育，希望增进小天父亲的教养行为及正确认知，避免小天被虐待。

第三章 老年父母与成年子女的亲子关系

老年父母与成年子女的亲子关系作为人生中最为独特且复杂的关系之一，往往承载着深厚的情感与相应的义务责任。随着时间的推移，财产纠葛、情感矛盾等问题逐渐浮现，给这种关系带来了挑战。通过本章汇集的案件，一方面想让读者了解这类亲子关系中可能出现的冲突矛盾，了解如何在家庭内部选择正确的交流方式；另一方面可以了解社会工作如何通过沟通、协商或法律途径解决这些问题。亲子关系面临的挑战与每个人生命周期经历的事项相关，亲密的亲子关系为何会走到绝境？如何才能突破绝境？希望你能在这章中找到答案。

第一节 重逢灯塔，寻找安全港

一、案件基本情况

小方今年 10 岁，跟随父亲在 G 市生活，就读于 G 市的一所中学。小方父母在其 2 岁时就离婚了，小方之前一直跟母亲和外婆生活在另一个城市，7 岁那年，妈妈因为组建新家庭决定让小方和小方父亲一起住，所以小方转学到了 G 市的学校。小方很早就知道爸爸也有了新家庭，很担忧融入不进去。刚开始时，爸爸的新家庭对小方很好，但小方有一次和弟弟玩耍时，与弟弟发生了一些不愉快，继母就动手打了小方，在爸爸的调解下，这次矛盾就当作家庭中的管教。但是后来继母打小方的次数越来越多，小方告诉爸爸，爸爸说继母情绪不好，要对她多点宽容，小方忍了下来，但会经常偷偷给妈妈打电话。妈妈因为已经有了一个 8 个月大的孩子，没有精力去帮助小方。小方的爸爸妈妈也曾协商，如果接小方回妈妈家，就需要小方爸爸每月提供 3500 元的生活费，小方爸爸拒绝了这个请求。

二、案主需求分析

（1）安全需求。遭受家庭暴力的小方，在面谈过程中表现得小心翼翼，对继母很害怕，但自己的妈妈又无法提供实质性的帮助，所以很缺乏安全感，经常觉得自己是多余的，需要社工对小方的恐惧情绪进行安抚。

（2）人际交往需求。家庭暴力不仅给小方的身体造成了严重的伤害，对于小方的内心来说，这也剥夺了他和父亲之间、继母之间的情感联结。继母的暴力行为阻断了小方与父母的联结，也阻断了小方与自己的联结，小方不仅不信任他人，也不信任自己，因此出现了自卑和低自尊的倾向，需要社工多多帮助小方获得安全感，多交朋友，多与父母沟通。

三、理论依据

（一）危机干预理论

危机干预理论发端于心理分析学，强调压力事件与情绪反应之间的关系，主要目的在于处理或缓解危机之后的情感后果，是一种通过调动处于危机之中的个体自身潜能来重新建立或恢复危机爆发前的心理平衡状态的模式。社工在危机干预模式下将会提供紧急援助服务，包括紧急情况处理、危机支持、危机干预、资源系统搭建与环境改造等。目前，影响最大的是多元模式下的危机干预，该模式强调包括个体（生理和心理）、家庭、团体、社区等的多层次介入，注重建立服务输送系统与危机评估机制。

（二）沟通理论

沟通理论是指以社会心理学、人类学和社会语言学中有关人际沟通的一些理论为基础而形成的一种社会工作理论。该理论认为人际沟通在人际关系中起着重要作用，许多人的行为问题出在人际沟通方面。人们通常根据自己接收的若干信息而行动。人们在处理信息时，会给予信息发出者反馈，以便让他们了解自己是如何处理信息的，但人们又都有处理信息的内在规则，以引导人们选择某些自认为重要的信息。沟通理论认为，许多问题的出现，是因为人们没有恰当地接收、选择与评估信息，或者没有很好地给予或接收信息反馈。社会工作的一个基本任务就是帮助人们消除这些沟通过程中的障碍，使人们的相互沟通顺利完成。

本案中，从亲子沟通系统理论来看，小方与继母之所以会发生这些冲突，是因为母子沟通冲突，小方在 7 岁之前由妈妈和外婆抚养，与爸爸和继母相处较少，与继母的交流更少。

四、介入目标

总目标：解决小方与继母之间关系疏离的问题，以及他们之间沟通的问题。通过增加互动、丰富沟通内容等方式，缓和小方与继母的冲突，改善他们之间的关系。

分目标一：帮助小方学习抵抗家庭暴力的方法，并及时运用法律武器保护小方不受家庭暴力的威胁。

分目标二：缓和小方与继母间的冲突，增进两人之间的理解和交流。

分目标三：帮助小方增强沟通意识，掌握沟通技巧，提高沟通能力，改善小方与继母之间疏离的继母子关系，使继母子二人能融洽相处。

五、服务过程

（一）建立信任关系，明确继母子关系疏离问题

社工在取得小方及其家庭的同意后，与小方约定了第一次访谈。刚开始，小方比较拘谨，为了保证约谈的顺利，社工在首次会谈中营造了宽松、信任的谈话氛围，小方对社工逐渐放下戒备，开始融入与社工的谈话中，自由地表达自己的看法和感受。谈话中，社工首先向小方实事求是地介绍了机构的政策和社工的角色，完全以小方的需要作为工作的出发点，关注小方目前的处境。其次，社工向小方传达了希望协助他摆脱困境的意愿。最后，社工积极主动地向小方表达了他们的关心，促进了双方的沟通，减轻了小方的紧张情绪。最终，社工通过初次会谈与小方建立了专业的服务关系。

（二）引导小方的父亲成为继母子矛盾的协调者

在该重组家庭中，小方父亲作为连接小方与继母关系的家庭成员，在改善家庭关系中起到特别重要的作用。因此，在这一阶段，社工的主要任务是通过和小方父亲的会谈，使其充分了解小方与其继母关系疏离的现状，引导他意识到自身对改善小方与其继母关系的作用，引发小方父亲的重视，从而成为小方与继母之间矛盾的协调者。

（三）缓和继母子间的冲突，增加继母与小方之间的互动

随着小方与继母之间矛盾的增加，两人之间的关系越来越疏远，已经影响到了两人的正常生活。因此，这一阶段主要是帮助小方正视与继母之间的冲突，正确看待与继母之间存在的问题，协助小方增进继母子间的理解和交流。通过本次面谈，社工了解到小方曾经对改善他与继母之间的关系做出过努力，但结果适得其反。小方只是对他与继母之间的矛盾有一个表面的认识，并采取了沟通、关心等方法来试图拉近两人之间的关系，并没有深入了解两人之间的矛盾，又缺乏改善继母子关系的技巧，往往只关注于某个问题的解决。而社工介入小方与继母关系的优势就在于社工能够秉持社会工作专业价值理念，帮助小方与继母认识到他们之间的主要问题及影响因素，从而协助小方发掘自身及其家庭资源，学习改善继母子关系的技巧，进而改善继母子关系。

（四）帮助案主家庭学习沟通技巧，重建沟通模式

本次介入主要运用了亲子沟通理论，分别从元素、关系和系统三个层面来考察案主家庭继母子沟通状况。①在沟通的元素层面，主要考察沟通中各沟通主体（父亲、母亲、孩子）的沟通能力；②在沟通的关系层面，分别考察父子沟通质量和母子沟通质量；③在沟通的系统层面，主要关注父子沟通和母子沟通的协调或一致性。

（五）巩固继母子关系，做好结案准备

从这次家访可以看出，小方和继母之间的关系有了明显的改善，家里的气氛也比之前活跃了很多，两人之间的沟通越发密切。社工对于小方和继母的改变给予了充分的肯定，并希望他们能够继续保持下去，学会更好地跟对方相处。在最后一次个案介入服务中，社工告知小方即将结案，并与其家人

一起回顾了小方和继母之间关系改善的过程。同时，此次介入是为了评估小方与其继母各方面的改变以及他们之间关系改善的具体结果。小方能够积极主动地与继母互动交流，也能够冷静地看待与继母之间的矛盾，和继母之间的关系已经得到了明显的改善，伴随着服务对象与继母之间冲突次数减少，沟通互动增加，社工认为在接案时与小方共同制定的服务目标已经达成，所以在和机构督导商量后，决定结案。

六、小结

本案主要在于对继母子关系问题的介入，使小方与其继母减少冲突发生次数，彼此能够有效合理地沟通，进而改善两人之间疏离的继母子关系，使继母子二人能融洽相处。从结果评估和过程评估来看，短期内取得了一定成效，但总结本次个案工作进程，仍有以下两个方面的不足：一是小方继母在介入的前期有些抵触情绪，这就会打乱原本的介入计划，需要社工提前做好预计困难解决方案；二是重组家庭亲子关系比较复杂，尤其是案例中这种年轻的重组家庭，涉及社会、案主心理、感情基础等因素，更增加了介入的难度。

第二节 迷失的信任，亲情背后的矛盾

一、案件基本情况

蓉婆婆今年 80 多岁，最近被孩子的家庭财产问题困扰。蓉婆婆六个孩子中，一个女儿在加拿大定居，一个儿子已经离世，其余四个女儿都在广州生活，三女儿小柔和蓉婆婆联系最为密切。最近蓉婆婆卖了一处房产，但她说卖掉的钱都被小柔拿走了，之前还借过很多钱给小柔，但只有 27 万元打了欠条。蓉婆婆还说之前跟小柔住在一起的时候，小柔就经常精神虐待她，后来还将她赶回乡下，现在已经联系不上了。之前小柔说过卖了房子后会好好照顾她，但现在却把她赶走，甚至还杳无音信，蓉婆婆不知如何是好，于是对外求助。社工帮忙找到了小柔，但她的说辞和蓉婆婆截然相反。小柔表示她对蓉婆婆的照顾尽心尽力，之前蓉婆婆也说过谁照顾自己比较多，就将房子送给谁，不过小柔认为虽然自己跟蓉婆婆生活的时间比较长，但自认不敢居功，所以建议蓉婆婆跟其他女儿商量，别这么快做决定，但蓉婆婆最后还是选择了自己。而这几个月蓉婆婆突然出尔反尔，说是小柔逼她将房子进行转让，并以此挑拨其他姐妹和小柔的关系，小柔表示对母亲很失望，现在已经不想管母亲，而母亲说的事情她一概不知。社工联系了蓉婆婆的其他女儿，她们对小柔以前的照顾工作都很肯定，对蓉婆婆的性子都比较了解，都认为是母亲自身的问题。而目前房款下落不明，蓉婆婆的求助让社工陷入两难。

二、案主问题分析

蓉婆婆子女众多，当前除了儿子已离世、另一个移居国外的女儿对老人的照顾可能较少，其余四位女儿均是蓉婆婆重要的照顾支持资源。蓉婆婆拥有一定的经济基础，有一定能力可以负担个人生活所需的物质条件。蓉婆婆的四位女儿对其看法无较大差别且与蓉婆婆自身说辞相差较大。因此，社工

可以从蓉婆婆与其女儿们之间的关系开始介入，同时要了解女儿们之间的感情状况，修复蓉婆婆的家庭关系，恢复家庭功能。另外，本案可以采用“身心社灵”（身体、心理、社会、灵性）进行介入恢复。

社工通过前期预估分析，初步判断蓉婆婆的情况如下：

（1）蓉婆婆与其三女儿存在经济上的纠纷，具体情况有待进一步厘清。

（2）蓉婆婆与女儿们的关系目前存在隔阂，需要改善家庭成员之间的关系。

（3）蓉婆婆受到经济和亲子关系等问题的困扰，在心理层面需要进行疏导。

（4）蓉婆婆年龄较大，身体状况每况愈下。

三、理论依据

家庭系统理论有三个基本观点：一是家庭成员的问题是由整个家庭不良的沟通方式导致的；二是家庭所面临的危机既是机会，也是挑战；三是因“问题”而导致的家庭功能失调能够得到有效的解决。从系统的角度来说，家庭冲突并非单纯的、孤立的个人问题，而是一个属于这个系统的整体性问题，所以针对此案，我们不能单纯地将家庭问题归因于蓉婆婆个人或者子女们。系统论的视角提醒我们，寻找问题的症结只是解决问题的一个思路，而不是其他成员推卸责任的借口。每一个成员都要从整体性、系统论的角度负有自己的责任。以个人为本位、孤立的善恶对错有时候只会导致无休止的矛盾。因此，要解决蓉婆婆的家庭问题，必须从系统的角度出发，寻求构建新的和谐关系，而不是从孤立的、僵化教条的角度去居高临下地批评任何人。所以，社工在解决蓉婆婆的家庭问题时，一方面要加强家庭成员之间的沟通交流，另一方面要转变家庭成员之间的交流方式。同时，社工要对每一位成员给予足够的同理心，给予最大的理解和同情，以构建和谐的家庭关系。

四、服务过程

在接案阶段，社工与蓉婆婆及与其密切相关的人员（女儿们）建立专业关系，通过与各方沟通了解基本信息，从多个角度尽量较为客观地了解问题。

身体方面：蓉婆婆年龄较大，需要向专业医疗工作者寻求专业医疗建议，评估蓉婆婆的基础疾病状况。社工需要在介入过程中时刻关注蓉婆婆的身体状况，将生命健康权放在第一位，关注蓉婆婆的日常照顾状况。

心理方面：蓉婆婆当前受到家庭问题（家庭关系、财产问题）的困扰，情况较为严重。蓉婆婆的女儿们作为其当前重要的支持资源，却与蓉婆婆处于对立关系。社工可以运用一些量表或心理测量方法对其心理状况进行预估，一方面为其链接心理咨询师跟进蓉婆婆的心理状况，另一方面与女儿们进行沟通，协助双方解决分歧缓和关系，进而缓解蓉婆婆目前的困扰状态。

社会方面：增强蓉婆婆的社会支持网络。在非正式支持网络方面，社工要协助蓉婆婆改善与家人之间的关系，可以将家人当前的矛盾或分歧作为一个契机让家人互相加深了解，使关系更加融洽。此外，在合适的情况下鼓励蓉婆婆参加小组活动或社工中心适合蓉婆婆的活动，例如老年人活动小组、老年人学习小组等，扩大蓉婆婆的社会交流圈，以此增强蓉婆婆的非正式支持网络。在正式支持网络方面，社工可以协助蓉婆婆与街道、居委会或其他相关部门取得联系，增强正式支持网络。针对蓉婆婆目前财产方面的问题，社工在有需要时可以协助其链接法律咨询资源。

开展个案工作后，社工主动与蓉婆婆进行会谈，了解蓉婆婆眼中与四个女儿的关系。蓉婆婆表示小柔曾经对自己很好，可能是因为知道了自己要将房子留给她，她就变了。社工追问“变了”是什么意思，蓉婆婆表示小柔不再像以前那样细心、耐心地照顾自己，有一次甚至忘记煮饭给她吃。社工询问是否有单独跟小柔进行沟通，蓉婆婆说：“她不听教的，没法说话。”被问及房产问题，蓉婆婆表示小柔卖了房子，取走了钱，现在还要赶自己回乡下。社工安抚蓉婆婆的情绪，并告知其之后可能会安排家庭会议，让小柔和其他三个女儿一同面谈，蓉婆婆十分抗拒。

社工与蓉婆婆聊完后，约了蓉婆婆的二女儿小芳和三女儿小柔进行会谈，并将蓉婆婆传达的信息讲述给她们听。小柔表示房子还未过户给自己，所以房子是不是卖了，自己也不清楚，更别说拿到钱了。提到赶蓉婆婆回乡下，小柔说可能是因为蓉婆婆那天跟自己吵架，当时她说现在就卖了房子，小柔就说了“那就只能回乡下住了”之类的话，所以蓉婆婆就记在了心里。二女儿也表示可以做证。

社工了解了蓉婆婆和小柔的大致情况后，拟召开一场家庭会谈，希望蓉婆婆、小柔、小芳都能参加。在当地社区居委会和基层妇联的协助下，蓉婆婆答应参与会谈。会谈一开始，蓉婆婆并不配合，表现出十分不耐烦的神情。社工表示今天的会谈没有对错，只有真诚，让蓉婆婆可以直接对两个女儿说出今后生活的需求，社工和其他在场的人都会做证；小柔和小芳也都可以说出自己的需求，并就需求进行沟通。蓉婆婆表示还是希望小柔回来照顾自己，但现在房子卖了，这笔钱她不想给任何人；小柔表示可以照顾蓉婆婆，但是她没办法和蓉婆婆一同居住，并且表示自己需要外出工作，小芳也可以协调照顾。在社工和调解员的协助下，最后达成了初步共识：蓉婆婆将卖房的钱每个月拿出一部分租房用，其余由女儿补足，两个女儿轮流照顾蓉婆婆。社工指出，家庭成员沟通时要相互尊重，切忌冲动行事（蓉婆婆冲动之下卖掉了房子，小柔冲动之下言辞激烈）。

这次会谈后，社工又安排了三次会谈，让她们独处，围绕专门话题进行讨论，加深家庭的沟通互动，改变家庭的沟通模式，社工在此过程中关注家庭成员的沟通情绪，邀请大家沟通结束后分享感受。

五、小结

随着蓉婆婆和女儿们的关系有所缓和，经济上的纠纷也随之解决，这意味着社会工作目标的实现，社工与蓉婆婆沟通后决定结束个案，并表示以后发生这类情况时可以先利用这几次会谈中总结的经验改善交流方式，不要被冲动蒙蔽了双眼。同时社工和女儿们强调蓉婆婆已经年老，而性格又是长期的生活经历所塑造，作为后辈应适当体谅。

第三节 亲情与产权的博弈

一、案件基本情况

陈阿姨的儿女长大后都有了各自的家庭和生活，之前她买了一套经济适用房，写在了自己和女儿小惠的名下，首付款由自己支付，房贷由小惠供付。可是两年后小惠因为失业等经济问题无力供付房贷，就向哥哥小达借了12万元，将后面的供付款项完结并将房子进行了装修。目前房子的归属在儿女之间产生了很大的纠纷，小达认为如果不是自己，母亲和妹妹就没地方居住，除非妹妹能支付当年的12万元并加上折兑的目前房价归还，否则他应占有大部分的产权。小惠则认为自己不用还这么多钱，12万元只是借款，也承诺了哥哥会按月归还，但是哥哥不顾家庭情感逼迫自己还钱，还给自己增添利息。陈阿姨认为不应该过分计较，小达虽然没有跟自己住在一起，但每个月都有给养老费，而小惠一直照顾自己，觉得儿女各占50%是最适合的，但是这个建议没有得到儿女的支持。陈阿姨也想过在房产证上加上小达的名字，但因为是经济适用房，房产证上的名字不得变更，但如果卖掉房子，自己和小惠就没地方住了。面对儿女之间的矛盾纠纷，陈阿姨既烦恼又无力。

二、案主需求分析

通过对陈阿姨的资料进行整理与分析得知，陈阿姨及其家庭的需求如下。

1. 陈阿姨情绪疏导

陈阿姨的儿女因房子产权归属产生了纠纷，她的建议也没能得到支持，导致陈阿姨产生情绪压力，我们要对陈阿姨进行相应的心理疏导。

2. 房子产权归属

陈阿姨及其儿女对房子产权的归属有不同看法，这是需要解决的主要问题，需要通过法律咨询让小达对产权有明确的认知。

3. **家庭沟通关系**

萨提亚家庭治疗模式着眼于家庭问题，面对陈阿姨及其儿女沟通不畅的问题，社工需要通过访谈协助他们看清问题并共同解决，将不良的旧的家庭沟通姿态暴露出来，在社工的引导下重塑家庭沟通姿态，学习健康的沟通方式，建立良好的家庭关系。

三、理论依据

本案将采用萨提亚家庭治疗模式，以家庭系统理论为支持，改变家庭原有的沟通姿态，促进良好的沟通以解决问题。

萨提亚家庭治疗模式的目的之一就是使每个家庭成员都能表达自己的真情实感，帮助家庭成员意识到沟通中的问题，有效提高自身价值感。本案中，要教会陈阿姨和儿女们使用良好的沟通姿态，避免在沟通中产生矛盾，帮助陈阿姨家庭解决因沟通所产生的问题，进而促进家庭和谐。

家庭系统理论认为，家庭是一个处于不断运转过程中的主系统，由每个家庭成员相互组成的不同子系统构成，每一个子系统之间既存在联系又相互约束。在家庭系统中的陈阿姨和儿女们以及他们的生活环境是由相互影响的各种因素构成的一个整体，协调和均衡是维持家庭系统有效运转的基本条件，也是个体成长和发展所具备的基本条件。

四、介入目标

总目标：改善家庭成员之间的沟通方式，促进家庭和谐。

分目标一：为陈阿姨提供情绪支撑，在倾诉和宣泄中缓解情绪问题，从而更好地思考情绪背后的需求。

分目标二：通过法律咨询明确房子的产权归属问题。

分目标三：运用萨提亚家庭治疗模式促进陈阿姨和儿女之间的沟通，让彼此认识到自身的问题，学习正确的沟通交流方式。

五、服务过程

通过对陈阿姨的家庭资料进行分析，初步掌握问题产生的根源，运用萨提亚家庭治疗模式，通过三阶段的介入，实现预期目标，解决问题。

（一）接触期

1. 建立专业关系

社工第一次服务要营造一种舒适的聊天环境，通过轻松的话题引入主题，收集更多信息。陈阿姨的儿子是第一个坐下并回答问题的，他认为如果不是他，房子早没了。由此可以看出，小达是萨提亚沟通姿态中的指责型人格，忽视他人和情境，只考虑自己。在整个会谈过程中，基本上是儿女回答问题，陈阿姨附和，陈阿姨表现出讨好型的沟通姿态。

2. 构画冰山模型，树立自我概念

根据萨提亚冰山模型，个体的主观感受是行为和应对方面的下一层，只有个人自身才能感知，因此社工开始挖掘小达真实的想法，探寻其为何要妹妹现在折兑目前房价归还欠款，引导他对内心深处的渴望做出表达。

3. 法律咨询，厘定房产的归属

房子产权的归属需咨询律师，让陈阿姨和其儿女了解法律上的分配方式。

律师表示儿子的诉求不成立。首先，小惠向小达借的钱属于民间借贷，如有纠纷，可向法院起诉，没有借款协议视为没有利息；其次，小惠对房子拥有的是所有权，小达对小惠的借款拥有的是债权，不能将二者混淆，即使小达向法院起诉要求小惠偿还借款，法院也只能将其房子进行拍卖变卖；最后，这个房子是陈阿姨和其女儿共有，小达赡养陈阿姨是他应尽的义务，不能因此将房子分配给小达，且经济适用房不能转卖或者增加所有权人。鉴于律师的回应，社工可以考虑协助陈阿姨和其儿女达成还款约定。

（二）蜕变期

1. 家庭成员共同访谈，暴露不良沟通

要让家庭成员认识到沟通中存在的问题。陈阿姨的儿子在家庭沟通中占主导地位，他在沟通中只关注自己，忽视情境和他人，属于萨提亚沟通姿态中的指责型沟通，和妹妹的沟通属于压制型沟通。陈阿姨则是讨好型沟通，她以一种乞求的姿态希望小达能够从亲情的角度帮助家人，因此与儿女的沟通效果都不佳。萨提亚沟通模式中的表里一致型沟通姿态是最健康的，因此帮助家庭成员认识到沟通中存在的问题、提升自我价值感、改善家庭沟通方式、实现表里一致型沟通姿态是本阶段的主要目标。

2. **重建沟通姿态，表里一致**

社工主要通过塑造沟通姿态，将不良的家庭沟通姿态暴露出来，让他们知晓家庭冲突的产生与沟通方式密切相关，构建表里一致型沟通方式，形成家庭的良好互动。社工引导陈阿姨及其儿女还原日常以及关于房产归属讨论的对话姿态，并说出此时的感受，共同商量还款约定，也保证陈阿姨及其儿女的权益。

沟通节选如下。

陈阿姨：房子你和妹妹各占50%行吗？虽然向你借了钱，但妹妹一直在照顾我，她也应该有，而且你有房，妹妹没有，要是卖了房我跟她就无家可归。

小达：要不是我出钱，你们早就没有地方住了，况且我每个月都有支付赡养费给你。

小惠：房子现在就是在妈和我的名下，加不了你名字，你逼我也没办法，我只能按月把钱还给你。

（三）巩固期

通过还原家庭沟通的场景，引导陈阿姨和其子女发现沟通过程中的偏差，了解这种姿态对沟通的影响，并学习萨提亚沟通模式中的表里一致型沟通方式，陈阿姨和其儿女认为这种沟通方式是高效且能实际解决问题的，并表示愿意在日后学习这种沟通方式。为了督促陈阿姨家庭养成新的沟通习惯，社工与其约定下次社区活动邀请他们分享学习新沟通方式后的心得体会。

（四）结案

社工通过评估陈阿姨需求的满足和服务目标的完成情况发现，房子产权的归属问题通过法律咨询得到了解决，家庭的沟通方式也在一定程度上得到了改善，于是经陈阿姨同意便提出了结案。陈阿姨和儿女都有了很大的改变，社工协助陈阿姨更好地看待与家庭成员的关系，使家庭成员能够相互关爱和支持，强化了沟通改善的决心。在今后的生活中，家庭成员还需要坚持良好的沟通方式和互动模式，促进家庭关系更好地向前发展。

六、小结

（1）治疗的有效性还有待考究。本案虽然解决了陈阿姨的需求，帮助家庭学习了新的沟通方式，但是家庭日后是否能保持并继续使用这种沟通方式还是未知数，社工后期也无法督促和跟踪新沟通方式的巩固与运用。

（2）萨提亚家庭治疗模式中的冰山模型主要是剖析服务对象的原生家庭、挖掘服务对象内心深处的真实表达并找到问题的根源，陈阿姨自我意识很强，对别人探索自己的内心有一定的排斥行为，这加大了工作的难度。

第四节　亲情的试炼，夹缝中的爱与利益

一、案件基本情况

许老伯夫妻已退休多年，本来想着安度晚年，最近却被独生儿子小许扰得心烦意乱，甚至因情绪伤了身子。许老伯那一代贯彻独生子女政策，因此对儿子呵护备至。在小许18岁那年，许老伯夫妻将他送出国读书，回国后许老伯通过自己的关系给小许安排了一份稳定的工作，但小许想创业，擅自辞了工作。温室里长大的花朵容易骄纵，当夫妻俩意识到这个问题后小许的性格已形成。小许没有经费创业，多次向父母索要钱财，而许老伯夫妻已退休，给不了小许想要的资金。小许觉得自从回国后父母就变了，他心中甚至产生了怨恨，多次和父母产生矛盾。许老伯向小许坦明目前家中的剩余财产只有夫妻二人的退休金，小许却说卖掉房子，等公司步入正轨后就可以赚钱回来。然而许老伯根本不看好小许所谓的创业，小许遭到多次拒绝后，开始用言语辱骂父母，并利用恐吓等方式威胁父母，最激烈的一次是扬言烧掉父母的房子，虽然最后并没有成功，但许老伯受到了很大的惊吓。由于跟小许的关系一直得不到缓和，一见面就吵架，因此许老伯虽然想让小许回来多陪陪家人，但一想到一见面就争吵，许老伯就只能作罢。

二、案主需求分析

前来求助的许老伯是一位老人，其表征性问题较为明显，小许因经济问题几次向许老伯开口拿钱，许老伯无法满足后，小许试图采用恐吓的办法。潜在性问题指出，家庭关系存在问题具有多方面的原因：一是代际的影响。小许和许老伯存在一定的代沟，因此在沟通交流中容易埋下冲突的隐患，可以探究许老伯和小许的交流，如果较为缺乏，就侧面证明他们的代沟问题。二是文化影响。小许在国外留学多年，国外文化与国内文化有出入，因此需

要关注小许受到的文化影响。三是家庭教育和系统的问题。从许老伯的陈述中不难看出，小许从小被宠爱包围，这也就造就了小许较为骄纵的个性。

因此，本案表面是关于财产的纠纷，实质是家庭关系及亲子关系问题。

许老伯的需求有：

（1）平缓因小许近期索要钱财产生的不良情绪。

（2）希望能缓和与小许的关系，让双方不再处于这种冲突中。希望小许能够踏实找一份工作，其他事情他不会多管。另外在金钱方面，他没办法给予小许太多的支持。

三、理论依据

许老伯和小许的问题属于家庭内部冲突。在社会冲突理论看来，社会、家庭和人际关系中的冲突是自然的，由此推动了社会、家庭和人际关系的改变，外部因素是导致冲突的主要动力，例如在本案中，冲突最直接的来源就是经济、文化因素。在社会冲突理论看来，低激烈程度的小型家庭冲突可以释放家庭内蕴藏的紧张能量，许老伯家庭中这种冲突的出现避免了破坏性强的冲突的爆发，也能让家庭成员以最直接的方式了解彼此的观点、情感和行为模式，加速彼此适应的过程。所以，从一定程度来说，小规模的家庭冲突也是一件好事，因此，在对许老伯的引导上可以将此理念进行传达。

四、介入目标

目标一：帮助许老伯夫妇缓解忧虑心情和受到恐吓的焦虑情绪，使许老伯夫妇重归正常生活。

目标二：帮助许老伯家庭调和内部关系，让许老伯与小许有机会进行交流，了解双方的内心需求和情感。

五、服务过程

（一）接案，与许老伯建立信任关系，了解基本情况

许老伯主动前来求助，初步讲述遭遇小许放火烧房子的恐吓，以及与小许关系僵化下的伤心，社工表示同理，劝说许老伯不要被情绪影响到身体，并且希望许老伯可以和妻子一起接受服务。社工梳理了服务需求，并表示社

工只是一个使能者，最终缓解关系还得依靠许老伯自己。希望通过提前摆正角色关系，调动许老伯自我解决问题的能力。

（二）和许老伯开展深入会谈，探索事件的起因

许老伯带上妻子参与服务。社工向许老伯说明了本次会谈的目的，希望能了解更多关于家庭的信息，尤其是关家庭生命周期。在这个过程中，社工适时地反馈，表达尊重。

通过许老伯的讲述，社工了解到许老伯因为工作繁忙很少跟小许互动，所以觉得亏欠了他，不知不觉小许的性格就这样了。小许的性格形成有其历史原因，许老伯认为自身负有一定的责任，社工表达这些事情只是一部分原因，并且是过去式，希望许老伯能把注意力放在关系问题上。许老伯的初衷和动机并没有错，所以也无须过分自责。

社工提议以家庭会谈的方式探讨矛盾关系缓解的可能，许老伯表示同意。

（三）开展第一次家庭会谈：从自由讨论看互动模式

经许老伯提议，第一次家庭会谈场地选在了比较幽静的餐厅包厢，邀请小许前来参与。社工则扮演观察者的角色，并不是主角。

社工在开展家庭会谈前，和许老伯确认了一份交谈提纲，按照提纲社工抛出一个有争论性的话题——关于小许创业。小许开始讲述，许老伯之后也发表了自己的看法，不支持小许创业，而许老伯妻子则很少讲话。随着小许的情绪逐渐激烈，社工主动将话题引开。接着社工抛出了国外生活的话题。许老伯觉得小许在外面没有干过正经事情，许老伯妻子说小许也不怎么和家里联系，小许表示自己做的事情父母都不理解，本来不想回国，因为他觉得国外更自由，许老伯情绪有些激动，交谈再次陷入僵局。

社工在这次会谈中观察总结，不评论对错，只陈述家庭成员的互动沟通，发现了以下几点问题：母亲很少参与，几乎不发表意见；许老伯很少对小许进行鼓励与支持，可以理解为怕儿子误入歧途，但方式过于严苛；许老伯对小许的表达存在批判性，带有强烈的主观看法；小许和父亲一样，也是在谈话中对许老伯带有主观偏见，例如认为他不理解，在表达的时候也缺少基本的尊重。社工让许老伯和其他家庭成员沟通这些发现，也聊聊自己在交流时存在的问题。

（四）开展第二次家庭会谈：提供机会让成员发表想法

围绕上次谈话，社工让他们讨论为什么会选择这样的表达。例如母亲为什么不表达，说出背后的原因，由许老伯和其他成员共同了解表达的动机。

讨论之后，社工和许老伯家庭成员们发现，其实大家的动机都是善意的。例如母亲是担忧自己加入争论会让争论升温，她不知道应该站在哪边，所以沉默；而父亲则是希望小许能够脚踏实地。小许在本次会谈中表示，因为父母不给资金，所以自己只好这样表达，但当社工指出其实这样表达更难达到目的时，小许沉默了。

通过这一次动机表达，社工提出下一次可以尝试换另一种方式去表达。

（五）开展第三次家庭会谈：模拟矛盾冲突进行互动

社工模拟了一次家庭矛盾的场景。矛盾发生在饭桌上，大概情况借鉴了许老伯求助的事件。要求每人必须完成一个沟通任务，例如：母亲必须参与争论；父亲的表达要和蔼可亲；儿子则要解释自己的情况给父母听，不能发脾气。社工在模拟之前声明可以将这次模拟当作一场戏，之后大家要分享自己的感受。

最终每个人都完成了任务，虽然小许配合度不高，但是许老伯夫妻都认为换一种沟通方式是可取的。

（六）鼓励家庭成员从中吸取经验

许老伯和社工诉说这几场会谈让他记忆深刻，虽然目前亲子关系还需要时间缓和，但是他学会了另一种沟通方式，自己的很多情绪和冲动的行为得到了控制。

社工鼓励许老伯多尝试这种沟通方式，例如邀请小许回家吃饭，谈谈近况。

（七）结案

一段时间后，社工的服务基本完成，许老伯也没再主动联系社工，社工结束个案。

六、小结

本案中，家庭冲突解决需要放置到家庭这个场景中，通过场景的模拟、互动沟通，从中发现交流的问题。作为旁观者，社工应该具备敏锐发现沟通问题症结的能力，再给出适当的建议。许老伯夫妻和儿子都有了很大的改变，社工协助许老伯和儿子更好地看待与家庭成员的关系，使他们能够相互关爱和支持。在今后的生活中，家庭成员还需要坚持良好的沟通方式和互动模式，促进家庭关系更好地向前发展。

第四章 父母与未成年子女的亲子关系

父母是未成年人的第一任老师，家长与儿童的关系是否和谐往往在于家长是否过度地使用家长权威以及权利。儿童的成长离不开家长的引导，儿童学习的来源也是家长。亲子关系分为多种形式，包括民主型、权威型、专制型、溺爱型和放任型亲子关系，而民主型亲子关系是父母与孩子相处最舒服的方式。本章汇集了两个典型案件，涉及家庭关爱的缺失、早恋问题等方面，能够帮助家庭建立和改善亲子关系，突破亲子关系难题，促进未成年人健康成长。

第一节 亲情失职下的心灵困境

一、案件基本情况

小林今年 17 岁，从小和奶奶一起生活，小升初的时候被接回父母家中抚养。父母家中还有养姐和弟弟，小林到了新家庭后与父母的关系并不和谐，与养姐关系较好，与弟弟相处经常发生矛盾，渐渐地小林跟父母的关系变得很僵，父母无暇顾及家庭事务，只靠养姐一人支撑。小林表达出厌恶父母的情绪，并且经常逃学，想要外出打工帮助养姐，但实际却经常流连网吧。在一次家庭冲突中，小林表示不想上学，父母口头答应了并发话“再也不管你”。小林离开了家，扬言要跟父母断绝关系。小林的生活一方面靠着养姐接济，另一方面靠借钱，小林在这段时间通过不明渠道借了很多钱，都是养姐替他偿还的。小林还经常和学校的同学以及邻居发生冲突。父母觉得小林的情况不太对，便带他去医院检查，医生给出双相情感障碍的诊断，需要结合药物和心理辅导进行治疗。看病之前，小林认为自己十分正常，但是诊断后，他开始怀疑自己的精神状态，甚至因此怨恨上了父母，并且产生如果不是他们，自己不会得精神病的想法。小林还透露父母经常打骂他，但对弟弟就不会；他感觉父母经常监视他，他想逃离这个家庭。

亲子关系是个人最早接触到的社会关系，对个人未来社会关系网络的建立和个人的人格发展具有重要影响。

二、青少年亲子关系问题成因分析

（一）个人因素

随着青少年不断成长，其心智也逐渐趋于成熟，独立性增强，同时行为方式、思想观念也发生极大的变化，主要表现在以下四个方面。

首先，心理表现出闭锁性。他们开始封闭自己的精神世界，对父母也很少吐露真情。其次，他们较容易冲动，不善于控制情绪，往往因为小事发生冲突。再次，其挑战权威的欲望逐渐增强。皮亚杰的认知发展理论指出，“青少年在认知上进入成人思考阶段。他们不再盲目服从权威，对自己的观点和能力有较高的评价，而且开始认识到道德规范的相对性，对独立自主有较高的要求，希望亲子间的关系是平等的。如果父母不能理解，就容易因为不平等的关系和不一致的需求而产生激烈冲突”。最后，他们思考问题具有片面性和表面性，他们对父母缺乏理解和宽容，不懂得换位思考，尤其当发现父母不能满足他们的要求时，会出现愤怒情绪和极端心理。

（二）家庭因素

家庭是由家庭全体成员及成员间的互动关系组成的一个动态系统。因此，亲子之间的问题就不能简单地视为子女一方的问题。比如家庭成员间的沟通方式、家庭结构、父母的受教育程度等均会对亲子关系产生影响。

萨提亚家庭治疗模式认为，家庭成员之间的互动大部分是通过沟通来进行的，因此家庭的沟通方式会产生极大的影响。良性的沟通方式是表里一致的，会让孩子获得正确的自我意识，形成较高的自尊，并且认清自己在家庭中所处的重要地位，形成与之相匹配的责任感，而不良的沟通方式恰好与之相反。

家庭结构，是指由全体家庭成员相互作用和相互联系所组成的稳定的整体性关系模式和维系机制。健全的家庭结构能够使家庭良性运转和家庭稳定，进而对青少年的发展产生积极的作用，而病态的家庭结构则相反。

三、案件基本情况分析

社会治疗模式认为个体的发展受生理、心理和社会三个因素的影响，这三个因素相互作用，共同影响服务对象的成长过程。

本案中，小林正处于青少年期，是性格塑造、心理发展的关键阶段。因为小林的情况受到各种外界因素的影响，所以该案需要采用综合方法进行介入。

（1）小林 17 岁，正处于心理、生理快速发展阶段，情绪行为易出现不稳定情况。

（2）生活环境出现重大转变，小林尚未建立正面积极的相处态度。

（3）小林父母没有正确处理好子女间的关系，导致子女间的矛盾激化。

（4）小林父母由于工作原因对家庭缺少关注。

（5）小林有厌学倾向并沉迷网络。

（6）小林患有精神上的疾病，严重影响其日常人际关系。

（7）小林养姐承担较大的家庭负担，压力较大，与小林关系较好，是后续重要的资源。

综合以上对于该案基本情况的分析，其中既有普遍性问题，又有特殊性问题。在介入计划制定以及介入过程中，除了运用青少年家庭社会工作的一般方法，还需要注意对于其他资源的链接应用。

四、理论依据

在实践过程中，社工根据“情绪 ABC 理论”展开案例服务程序。

具体分析如下：

A 激发事件：①弟弟逃避责任，并得到父母更多的偏爱。②被父母强迫看精神病科。③父母的打骂式教育方式。④父母无暇顾及家庭事务。

B 信念想法：对父母产生厌恶情绪、排斥上学、对自己的精神状态产生怀疑并认为是父母造成其精神不正常。

C 行为反应：逃学且迷恋网吧、一家人关系不好、难以与他人建立良好的人际关系。

五、介入目标

青少年个案目标通常可分为两个层次：一是解决当前具体的问题；二是挖掘青少年的潜能。

就本案而言，通过社工的分析预估以及与小林及其监护人的充分沟通可知，有以下两个需要达成的目标：①协助小林配合医生进行治疗，缓解病情。监督小林停止不良行为，协调小林寻找安全的居住环境。②缓解小林与家人的关系，建立良好的沟通渠道与方式。引导小林与邻居、同学等友好相处，建立社会支持网络。

六、服务过程

（一）与小林建立专业关系，多方面深入了解小林的有关情况

（1）遵循社会工作中的非评判原则，以平等的态度与小林进行沟通相处，尽量先了解并详细记录小林的想法，对于危险行为进行及时干预。在与小林进行数次沟通后，向小林明确保密等个案原则，向小林提供社工的工作联系方式等信息。

（2）与小林父母进行详细沟通，了解小林父母的管教态度、管教方式，以及对于服务目标结果的期望。同小林弟弟、养姐等进行沟通，了解小林的日常行为及他们对小林的看法。

（3）与小林的邻居、同学等进行沟通，了解小林的日常行为。与负责小林病情的医生进行沟通，了解小林目前的病情状况以及所需的治疗。

（二）落实小林的临时安置问题，并帮助小林积极接受精神治疗

（1）基于小林目前的情况，协调小林寻找临时住所。

（2）基于医生对小林病情的评估，耐心进行沟通。通过向小林讲解有关

心理问题的普遍性或过往案例，使小林正视自己的病情，从而缓解病耻感，接受治疗。

（三）缓解小林与父母、兄弟间的关系，构建良好的亲子关系和兄弟关系

（1）基于小林反映的父母偏爱弟弟的情况，社工与小林父母进行沟通，指出一视同仁对待子女的重要性，改变父母“棍棒底下出孝子”的偏差观念，同时提出父母要倾听子女的想法。

（2）与小林进行沟通，引导小林通过与养姐进行沟通或者主动寻求学校、社区、社工的帮助，理性发泄情绪。

（3）与养姐和弟弟进行面谈，在征得小林和小林父母同意的前提下有限度地向小林弟弟透露小林的情况，希望弟弟理解。同时，对于养姐对小林的帮助与爱护表示支持和肯定，同时指出不能一味容忍与盲目地为其收拾烂摊子。

（4）组织双方面谈，社工扮演中介人的角色协调双方的沟通。通过双方沟通，增进双方的理解与信任。

（四）让小林学习与人相处的基本技巧，重新构建社会人际网络

（1）鼓励小林与他人进行社会交往，使小林从心理上不排斥参与社会交往。

（2）向小林推荐有关青少年人际交往的资料，使小林学习如何与他人相处，鼓励小林学习并对学习效果给予肯定与表扬，同时对困惑进行回应，为下一步引导小林回到学校学习做好铺垫。

（3）鼓励小林主动与邻居或者同辈群体进行交流互动，鼓励小林参加多项活动。

（五）鼓励小林重返校园，适时结束个案并安排后续回访

（1）协助小林、小林父母与学校老师等进行基本情况的沟通，希望教师对小林多加关注，保持家校沟通。

（2）引导小林发现自己的潜力以及长处，并向其说明可以向家长、老师等寻求支持和帮助。

评估目标的完成情况，与小林及其父母协商在适当情况下提出结束个案。

注意处理好小林可能会出现的不舍与依赖的心理，给予小林积极的暗示，表明小林现在已经有信心、有能力克服眼前的困难，并协商好后续跟进回访的安排以及如果有特殊情况可以寻求帮助的途径。

七、小结

在本次展开个案服务的过程中，社工与小林建立了专业关系，并且通过小林的家庭成员及老师、同学等社会支持网络，了解到了小林的有关信息。同时，运用理性情绪疗法，让小林学习基本的人际交往技巧，帮助小林重构自己的社会支持网络，缓解小林与父母、兄弟和同学等人之间的关系，并且鼓励小林主动与邻居或者同辈群体进行交流互动，参与多项活动。在整个过程中，社工与小林包括其家庭成员合力，努力帮助小林解决心理、情绪上的问题，包括重构社会支持网络，最终使小林达到比较健康积极的状态，引导小林今后发挥自己的潜力及长处。

第二节 错位早恋的边界与重量

一、案件基本情况

男生小何今年只有 15 岁，在一次校运会中认识了在同校就读初一的佳佳，不断接触后两人渐渐互生好感，进而建立了恋爱关系。

在佳佳生日时，小何邀请佳佳到自己的家中为佳佳庆祝生日，并于当日发生了性关系。后来，因为佳佳在家里频繁地关注手机，被其父母发现了她早恋的行为。父母非常愤怒并没收了她的手机，禁止她和小何继续联系。在佳佳父母翻看女儿手机的聊天记录时，发现女儿居然已经和小何偷尝了禁果，遂再也不让佳佳去上学。

之后佳佳母亲跟踪佳佳，发现佳佳与小何竟然在家附近的河边偷偷会面，就上前与小何发生争执，继而相互厮打。在双方争执过程中，佳佳跑到河边欲用跳河自杀来阻拦母亲与小何的肢体冲突。佳佳最后受到母亲的言语刺激，一时冲动跳入了河中。佳佳母亲马上报警，幸好救援队及时到达现场将佳佳救起，佳佳才没有生命危险。在派出所里，佳佳的父母坚持女儿才 12 岁不会自愿发生性行为，小何属于强奸，要求小何退学不要再接近佳佳，并且赔偿精神损失。小何感到十分委屈，认为自己和佳佳是恋人关系，双方是自愿发生性关系的，自己没有强奸。小何的父母得知后不知如何是好。

二、案主需求分析与资源分析

（一）案主需求分析

（1）心理疏导的需求。此次事件让佳佳父母既担心又愤怒，需要社工引导其做心理宣泄，同时对其进行适当的心理疏导及言语宽慰。

（2）维护佳佳正当权益的需求。佳佳父母认为小何的行为已经构成强奸，希望维护女儿的合法权益。

（3）缓和佳佳父母与女儿关系的需求。佳佳因为早恋事件与父母关系紧张，拒绝与父母进行沟通。

（4）帮助佳佳走出早恋事件影响的需求。佳佳因父母将此事闹了出去，使自己的同学、朋友戴着“有色眼镜”看待自己，自尊心受伤让她变得情绪不稳定、焦虑、失眠、恐惧、脾气暴躁。

（二）案主资源分析

（1）个人层面。佳佳父母发现女儿早恋并制止两个孩子继续往来，是对女儿的一种保护。要求小何不要再接近佳佳，并且赔偿精神损失也是合情合理的诉求。社工需要积极对接当地妇联、学校及儿童保护组织，协助佳佳父母做好维权，帮助佳佳早日走出这段经历。

（2）学校层面。处于青春期的孩子对男女之情充满好奇，学校应该采取更加人性化的教育理念，加强对学生心理动态的了解。

通过对案主需求进行分析可知，佳佳父母认为小何的行为构成强奸，小何与其监护人应当为此做出赔偿。让小何和佳佳断绝往来，让佳佳能够正确认识这段早恋的危害，早日回归正常的学习生活。

三、理论依据

本案中，采用认知行为理论和沟通理论来提供服务。

认知行为理论是认知理论与行为疗法的综合。该理论强调除直接改变认知外，还需要修正行为，将认知与行为视为不可分割的整体。社工在具体实践中将协助案主了解问题所在，在此基础上改变案主既有的认知、情绪、价值观与行为，强化并激励案主尽快转变并予以维持。

沟通理论认为人们通常根据自己接收的若干信息（如事实、情感和记忆等）而行动。许多案主在沟通上有问题就是因为他们没有恰当地接收、选择与评估信息，或者没有很好地给予或接收信息反馈。社会工作的一个基本任务就是帮助人们消除这些沟通障碍，使人们的相互沟通得以顺利完成。

四、介入目标

总目标：协助佳佳父母帮助女儿走出早恋的影响，并争取精神损失赔偿。

分目标一：运用沟通理论，让双方敞开心扉，倾听彼此，缓和佳佳父母与女儿的关系。

分目标二：在妇联和公安部门的介入帮助下，佳佳父母与小何的监护人取得联系，并商议佳佳的精神损失赔偿问题。

分目标三：通过监护人的沟通，让佳佳与小何结束早恋，并认识到这件事情的危险性，各自回归正常的学习生活。

五、服务策略

服务策略一：运用个案工作方法，耐心倾听佳佳父母的顾虑，接纳案主，缓解其负面情绪，建立良好的工作关系。

服务策略二：在与佳佳父母的沟通中，肯定他们对女儿的关心，肯定他们及时发现并制止女儿早恋的做法。

服务策略三：经过佳佳父母的同意，社工与他们的女儿进行沟通，倾听孩子内心的真实想法，并给予安慰和鼓励，帮助其早日恢复正常的学习生活。

服务策略四：在妇联和公安部门的介入帮助下，组织双方监护人见面会谈，并商议佳佳的精神赔偿问题。

六、服务过程

（一）初期建立关系阶段

佳佳父母向社工求助后，前期与社工确立以下服务内容：①情绪疏导，缓解佳佳父母对于孩子的焦虑、担忧情绪。②让小何的监护人赔偿精神损失。③帮助佳佳早日恢复正常的学习生活。在此过程中，社工协助佳佳父母与妇联和公安部门沟通，了解未成年人保护相关法律法规，以及佳佳与小何的事情是否构成强奸及如何赔偿，同时向佳佳父母普及与未成年人沟通的技巧。佳佳父母逐渐与社工建立了信任关系。

在初步建立关系的基础上，运用心理社会模式评估佳佳父母现状，佳佳父母在孩子早恋事件被披露初期，经常责备孩子。佳佳得不到父母足够的尊重、理解、陪伴和支持，亲子之间的情感链接降低，亲子关系恶化。

（二）中期发展阶段

服务中期，社工用共情、尊重、积极关注的态度顺利地与佳佳建立起良好的信任关系，全面了解佳佳早恋的细节。社工耐心地告诉佳佳，他们所谓的喜欢是一种在青春期出现的正常的心理表现，但不是一种成熟的感情，佳佳应该学会保护自己，重新思考对小何的喜欢，以及如何处理自己的感情。

佳佳表示，平时父母对她的教育非常严格。发现她早恋后，父母没收了她的手机并不允许她再去学校，佳佳感到十分委屈。在她与小何见面时，母亲突然出现并与小何发生争执，让佳佳十分害怕，阻拦无效后才通过此等极端行为阻止母亲。这件事情给她带来了很大的心理压力。

（三）后期变化阶段

由于小何尚未达到法定刑事责任年龄，公安无法立案处理。多方协商后决定由检察官牵头召开联动会议，出席人员有社工、检察官、民警、书记员等。在社工的帮助下，双方监护人进行沟通，并就小何的行为是否属于强奸展开了激烈的争论。专业人士表示，强奸罪是指行为人违反我国刑法的相关规定，违背被害人的意愿，采用暴力、威胁、伤害或其他手段，强迫被害人进行性行为从而构成的犯罪。《中华人民共和国刑法》第 236 条规定，奸淫不满十四周岁的幼女的，以强奸论，从重处罚。这说明与未满十四周岁的幼女发生性行为的，不论行为人是否采用了暴力、胁迫等手段，也不论对方是否表示同意，均应以强奸论。犯罪主体方面，《中华人民共和国刑法》第 17 条规定，已满十四周岁不满十六周岁的人犯强奸罪的，应当负刑事责任。所以，单从《中华人民共和国刑法》的规定来看，小何的行为构成强奸罪。但是，《最高人民法院、最高人民检察院、公安部、司法部关于依法惩治性侵害未成年人犯罪的意见》第 27 小点规定："已满十四周岁不满十六周岁的人偶尔与幼女发生性关系，情节轻微、未造成严重后果的，不认为是犯罪。"考虑到佳佳与小何早恋，因情侣情不自禁而发生性关系，因此不认定小何的行为构成强奸罪。

最终，双方各退一步，由小何的监护人对佳佳进行了一定的经济补偿，并承诺为小何办理转学，不再影响佳佳的生活。

（四）结案

事后，佳佳重返校园，学习和生活回归正轨，并认清自己的感情，走出早恋的影响。在社工多次与佳佳父母沟通后，佳佳父母也学着改变与女儿的沟通方式。社工鼓励佳佳父母积极建立亲子关系，给予女儿温馨的陪伴、温暖的关怀，主动表达对她的爱。在后期回访中，得知佳佳父母与女儿关系逐步融洽。

七、小结

本案是一起未成年人因早恋发生性关系，因父母及时发现，并找到社工寻求帮助而得到妥善解决的案例。社工在与佳佳建立专业关系的过程中，充分认识到未成年人的特点，运用共情、尊重、积极关注的态度与佳佳进行沟通交流，打开佳佳的内心世界，为后续工作奠定了坚实的基础。在整个服务过程中，社工从佳佳的家庭入手，逐步打开佳佳父母和佳佳的内心，与他们建立专业关系，帮助他们改变认知，改善沟通，最终解决问题，促进家庭和睦。

第五章 离婚后的关系处理

离婚不意味着结束，或许是双方获得新生活，或许是踏入了另一场争斗与困境。大部分有离婚倾向的女性会对离婚这个决定犹豫不决，因为她们设想到了离婚后的各种困难。在离婚过程中可能会碰到抚养费争议、孩子探视权争取、财产纷争及其他矛盾，但这些问题并非无解。本章挑选了个别经典案件展示社工如何帮助案主处理离婚过程中争论不休的问题，每个个案不一定有完美的解法，但希望能为正处于困境或者想要帮助他人解决困境的你提供一些启发和思考。

第一节　当机立断与缓慢治愈

一、案件基本情况

小秦和前夫小沈诉讼离婚后，女儿的抚养权归小秦所有，前夫需要一直支付抚养费到女儿成年。目前，女儿已经成年，但是由于有智力残疾，又长期服药留下了许多后遗症，无法正常就业。这让原本经济条件就不好的家庭变得更加拮据。据小秦介绍，自己除了照顾女儿，还有一位老母亲需要照顾，但是自己的工资微薄，难以支撑起这个三口之家。

后来小秦发现，前夫有谎报实际经济收入以此减少向女儿支付抚养费的嫌疑。小秦认为，前夫每月支付的抚养费不足以支撑女儿成长所需的实际开支，许多费用的缺口需要自己来填补。小秦主张：现在自己的经济状况比较拮据，而女儿仍然需要花钱治疗，前夫需要承担起一定的责任，支付相应的医药费。但是前夫小沈没有同意小秦的主张，他认为自己已经完成了对女儿的全部责任。他指出，小秦的母亲每月都有退休金，之前积累的家产也足够支付女儿继续就医的费用，自己没有承担责任的必要；况且自己目前的经济条件也不好，如果要长期承担女儿的医药费是不可能的。

围绕女儿医药费的问题，小秦与前夫小沈争执不下。

二、案主需求分析

（1）舒缓消极情绪的需求。小秦面临比较大的家庭经济压力和家人照顾压力，感到身心俱疲。这需要社工耐心倾听小秦的诉求，同理小秦的感受，给予其一定的心理支持，帮助其舒缓内心的消极情绪，树立对于未来生活的信心。

（2）缓解经济压力的需求。小秦的家庭面临比较大的经济压力，女儿又需要医药费以持续治疗，小秦希望前夫可以承担女儿一部分医药费用。这需要社工为小秦链接专业的法律咨询资源，并协助其与前夫进行平等协商。

三、理论依据

本案中，社工采用赋能理论和社会支持理论，通过为小秦链接适当的救助资源，同时注重发展小秦应对各种问题的能力，从而帮助其满足自身的需要。

赋能理论又称赋权理论，是一种协助个人、家庭、团体和社区获取发展能力的社会工作理论。该理论认为，弱势群体之所以处于弱势状态，是因为缺乏生活能力、表达自我价值的能力、与他人合作的能力和控制公共生活各领域的能力。要改善弱势群体的状况，就必须赋予弱势群体成员各种正面或积极的权力和能力。

社会支持理论认为人与人之间的相互支持对于维持正常的社会生活是必不可少的，而人们生活中所遇到的许多问题往往也是由于缺少必要的社会支持而产生的。按照社会支持的来源，可以将其分为正式社会支持和非正式社会支持。社工作为一种正式的社会支持力量，应该协助案主链接社会支持资源，提升自身构建社会支持网络的力量。

本案中，社工要改善小秦面对问题时的无力状态，除了增强小秦解决问题的自信心，还需要为小秦链接资源，为其提供适当的社会支持，从个人、人际关系、社会环境三个方面为小秦赋能，从而提升小秦对生活事务的掌控能力。

四、介入目标

总目标：在赋能理论指导下，协助小秦舒缓家庭经济压力和照顾压力，提升小秦自身解决问题的能力，以及增强小秦对于未来生活的信心。

分目标一：恢复心理层面的平衡，使小秦内心的压力得到舒缓。

分目标二：协助小秦与其前夫就女儿的医药费用问题达成协议，舒缓小秦的家庭经济压力。

五、服务过程

（一）安抚情绪，澄清需求，并与其建立专业关系

在前期的接触中，社工发现，小秦具有很强的戒备心理，性格也比较敏感。在初次会谈前，社工首先向小秦介绍自己的角色和工作职责，并表示对于小秦在服务过程中所透露的信息将会严格保密。在初次会谈时，社工为小秦营造安全的环境，让其可以充分地表达出内心的感受和情绪。在社工的鼓励和支持下，小秦逐渐向社工敞开心扉。小秦在会谈过程中情绪波动比较大，在谈及女儿的抚养问题时，小秦向社工哭诉前夫 10 多年来种种不负责的行为，同时抱怨这些年来自己独自承担家庭压力。社工适当安抚小秦的情绪，肯定了小秦这些年来在照顾家庭方面的努力，理解其现在面对的生活压力。社工进一步询问小秦的工作、家庭等信息，与小秦澄清彼此的期待。同时，社工表示如果小秦的问题在自己的服务范围之内，自己将会全心全意地协助小秦解决相关的问题。小秦感谢社工给予的鼓励和支持，对于社工的专业服务态度表示肯定，同时希望接下来可以继续得到社工的帮助。

社工对小秦的问题与需要进行预估后，认为小秦的问题在自己的服务范围之内，需要对其给予一定的帮扶。于是，社工再一次约见小秦，再次澄清彼此的期待，与其制定服务目标并签订服务协议。

（二）链接法律资源，解答抚养问题方面的疑惑

社工与小秦共同认为，小秦的当务之急是为女儿争取到医药费用，使得女儿可以持续接受药物治疗，同时舒缓家庭的经济压力。社工建议小秦通过法律渠道了解向前夫争取女儿医药费用的手段。于是，小秦在社工的陪同下咨询了专业的律师。在听完小秦的叙述之后，律师建议小秦以女儿的特殊状况和现实情况的变化向法庭申请修改原有的抚养费判决，但是小秦需要提供女儿的病症诊断、就医记录以及医药花销等证明。对于前夫存在的谎报实际经济收入的嫌疑，律师建议小秦收集相关的证据。律师认为，考虑到小秦女儿的特殊情况，法庭可能会同意小秦的诉求，增加前夫的抚养费支付金额。

通过专业的法律咨询，小秦表示对该事件有了新的认识。社工也表示，是否通过诉讼手段解决该问题的决定权在小秦，社工将会尊重她的决定。

（三）提供适当的支持，增强案主的生活信心、抗压能力

社工引导小秦理性看待生活中的压力，鼓励小秦自强自立，为其提供必要的心理支持。另外，社工根据小秦家庭的真实情况，通过相关社会募捐项目为小秦链接到了一笔救助金，可以暂时支付小秦女儿的医药费用。

社工也为小秦分析了采取法律诉讼手段向前夫争取医药费用的利与弊，同时表示尊重小秦的决定。社工表示如果小秦不考虑采取诉讼手段，也可以采用第三方介入调解的方式。针对小秦家庭经济条件较差的问题，社工为小秦链接了就业平台和就业培训课程，建议小秦可以进一步提升自己的职业能力，从而增加自身的工资收入。

（四）跟进情况，评估改变，顺利结案

社工持续跟进小秦的问题解决进度，同时给予其适当的支持。社工了解到，小秦没有选择向法院起诉前夫，而是选择了在街道和社区的介入下与前夫进行协商。最终通过协商，前夫同意增加对女儿的抚养费用。社工尊重小秦的选择，对其顺利争取到女儿的医药费用表示祝贺。

在结案时，社工与小秦通过回顾整个服务过程，总结了小秦所做出的正向改变，巩固了小秦应对压力的经验和技巧，并鼓励其更加勇敢地面对生活。

六、小结

本案中，我们可以发现，案主在求助时往往仍具备很强的戒备心理，特

别是当案主曾经遭受一定的伤害时。因此，在初步接触时，案主会将自己的遭遇和感受有所保留。这会影响社工对于案主问题与需要的预估，也会影响社工与案主专业关系的建立。如果社工不能准确预估案主的问题与需要，就不能准确地提供专业的服务。如果社工不能有效地与案主建立信任的专业关系，就无法开展专业服务。

因此，在此阶段，社工必须以尊重、平等、非批判的态度接纳案主的遭遇，同理案主的感受，为案主营造安全的倾诉环境。本案中，社工十分重视接案阶段。社工为案主营造安全的环境，同理和接纳案主的遭遇和感受，同时适当地肯定和鼓励案主。在此基础上，社工准确预估了案主的问题与需要，并同其建立了信任的专业关系，以便进一步开展下一阶段的服务。

第二节　抚弄离心弦，漂泊的探视之路

一、案件基本情况

小幸和前夫小吴皆为二婚，两人生育了一儿一女。然而，婚后夫妻关系逐渐恶化，他们选择了分居。离婚后，儿子的抚养权归小吴，女儿的抚养权归小幸。在此后一个月的时间里，小幸想要探视儿子，却一直联络不上前夫。无奈之下，小幸在儿子放学之后强行将其带回家中，儿子在此过程中并不是很配合。

根据小吴的表述，儿子不太愿意与小幸一同生活。他还提供了相关录音以证明孩子的意愿，并称自己的做法不仅尊重儿子的意愿而且符合判决书的要求。小幸则认为儿子变成这样是由于小吴的教唆，小吴不能拒绝自己探视孩子的请求。同时，小幸认为自己的抢人行为是在迫于无奈的情况下才采取的。小幸与小吴二人围绕儿子的探视权争执不下，只好求助于社工。

二、案主需求分析

（1）心理调适的需求。小幸在离婚后一直没有机会探视儿子，对儿子的思念之情日益浓厚。由于日夜思念儿子，小幸产生了紧张、焦虑的情绪，并且影响到了睡眠状况。小幸需要合理地舒缓自身的负面情绪。

（2）情感寄托的需求。作为一位母亲，小幸对儿子有着深厚的情感。由于小幸一直没有探视儿子的机会，且儿子对于小幸的接触采取抗拒姿态，因此小幸对儿子的情感无法得到寄托，小幸渴望探视儿子，需要与儿子进行接触从而寄托内心深处的情感。

（3）探望孩子的需求。离婚后，小吴屡屡拒绝小幸对于儿子的合法探视，侵犯了小幸对儿子的探视权。小幸希望与小吴进行调解，落实探视权。

三、理论依据

（1）认知行为理论。该理论认为，在认知、情绪和行为中，认知起着中介和协调的作用；认知对个人的行动进行解读，这种解读直接影响着个体是否采取最终行动。本案中，社工将采用理性情绪疗法帮助小幸认识到其自身的消极的心理状态和不良的生理反应是由于她的认知所产生的。社工既要帮助小幸舒缓消极情绪，也要帮助小幸用一种理性的、客观的态度看待和处理外部危机。

（2）社会支持理论。该理论认为，人与人之间的相互支持对于维持正常的社会生活是必不可少的，人们生活中所遇到的许多问题往往也是由于缺少必要的社会支持而产生的；按照社会支持的来源，可以将其分为正式社会支持和非正式社会支持。本案中，社工作为一种正式的社会支持资源可以直接为小幸提供心理层面的支持，社工可以为小幸改善其与前夫小吴、儿子的关系，拓展小幸的社会支持网络，满足小幸探视儿子的需要。

四、介入目标

总目标：协助小幸处理由探视儿子而导致的纠纷，维护小幸的合法权益，改善小幸的不良生理和心理状态。

分目标一：给予小幸理性层面上的支持，舒缓其不良情绪；运用理性情绪疗法，改善小幸对于事件的不合理认知，提升小幸应对和处理问题的能力。

分目标二：帮助小幸与其前夫小吴就儿子的探视权进行协商，缓和双方关系，落实小幸的探视权，进而寻求改善小幸与儿子的关系。

五、服务过程

（一）接案阶段

在接到求助之后，社工分别约见了小幸及其前夫小吴。一方面，社工运用倾听、同理心、澄清等技巧分别了解双方对于问题的看法和诉求；另一方面，社工对小幸的情绪进行安抚，协助小幸舒缓内心紧张、焦虑的情绪。

在同时约见小幸及小吴的过程中，社工秉持中立的原则，向小幸及小吴澄清了双方的意见。在此过程中，社工发现小幸及小吴之间对于对方行为的看法都存在没有根据的非理性信念。社工也向小幸及小吴普及了关于离异子女抚养的法律规定，并分别指出双方的不合法行为。

社工表示，孩子的成长离不开父母双方的共同陪伴，父母之间良好的关系有利于孩子的成长；虽然婚姻关系已经解除，但是彼此对于孩子的爱没有改变；因此，为了避免矛盾的进一步扩大从而影响到孩子的成长和发展，双方最好通过协商的方式解决纠纷。对此，小幸及小吴都表示有继续保持沟通的意愿。

（二）预估阶段

社工分别约见了小幸及小吴，进一步了解小幸和小吴在离婚前后的关系情况。通过访谈，社工了解到，离婚后小幸和小吴之间的关系逐渐趋于紧张且彼此一直缺乏一定的信任，存在一定的偏见和误解。小幸认为儿子与自己疏离是由于小吴的挑唆；而小吴认为，小幸与其他男子处于同居状态，可能有再婚的打算，所以小幸不应该与其争夺儿子的抚养权。

通过多次访谈，社工了解了整个事件的具体情况。社工认为，本次纠纷之所以产生，是因为小幸与小吴彼此之间缺乏信任和理解，同时缺乏有效的沟通渠道澄清彼此的误解和偏见。

（三）计划阶段

社工与小幸共同分析产生纠纷的原因，也协助小幸发现其对于纠纷和小吴存在的一些不合理信念。小幸承认其与前夫小吴之间存在一些误解和偏见。

社工与小幸共同制定服务计划。小幸接受社工对其心理层面的辅导，消除自身存在的一些非理性信念。小幸也愿意在社工的协助下，与前夫小吴和平地处理纠纷，共同促进孩子成长。

社工也向小吴传达了案主小幸的意愿和计划。小吴表示，只要对孩子有利，自己愿意与小幸进行沟通，相互解开内心的疙瘩。

（四）介入阶段

首先是非理性信念的清除。通过清除一些非理性信念，有助于消除彼此之间的误解和偏见，增进双方的信任。围绕探视权的纠纷，社工收集了小幸及其前夫小吴彼此对于事件本身以及对方行为的看法，并要求双方提供一定的证据。社工将对方的看法和证据相互交换，并要求双方给予彼此反馈。通过彼此举证和辩论，小幸和小吴意识到非理性信念对于彼此关系的危害，同时相互澄清了彼此的误解。

其次是沟通方式的搭建。社工引导小幸及其前夫小吴共同探索彼此之间有效的沟通方式，共同找到双方都可以接受的共同模式。同时，社工鼓励小幸主动就儿子的探视权问题与小吴进行协商，共同找到双方都可以接受的方案。

（五）评估与结案阶段

通过与小幸的多次访谈，社工发现，小幸与其前夫小吴的关系有所改善，彼此对对方的态度也有所改观。双方通过协商找到了彼此可以接受的照顾孩子的模式和沟通方式。小幸和小吴计划通过外出游玩等方式改善彼此的关系，同时增进与孩子的感情。小幸表示有意愿和能力继续同小吴合作，为孩子营造更好的成长环境。

到此，小幸的需求基本得到满足，同时其具备了一定的处理和掌控问题的能力，因此社工结束了与小幸的专业服务关系。

六、小结

本案中，改善案主与其前夫的关系是所有问题解决的关键，而双方关系改善的关键在于彼此之间可以消除误解和偏见。在认知行为理论视角下，认知的转变对于情绪和行为的改变起到调节的作用。因此，社工首先运用“举证—辩论”模式指出和澄清案主及其前夫小吴彼此存在的误解和偏见，进而消除双方对于该事件的非理性信念，增进彼此保持沟通协商的意愿。

协助案主与周围人进行沟通协商是社工在服务过程中经常遇到的任务。合理回应各方关切和需要是推进矛盾纠纷解决的关键所在。本案中，社工抓住案主及其前夫小吴都对孩子十分关心和关爱的情感共同点，建议双方能够从有利孩子的角度出发和平地解决纠纷。同时，由于本案实际涉及未成年人抚养问题，因此，为了保护未成年人的利益，也为了实现案主以及其他各方利益的最大化，社工在了解案情和案主意愿的基础上，建议案主及其前夫小吴采用协商的方式来处理彼此的纠纷。这既避免了双方矛盾的进一步加深，也进一步避免了对未成年人、案主及其前夫小吴造成物质或精神层面的二次伤害。

第三节 夫妻角斗场，抚养离合曲

一、案件基本情况

丈夫小吴以妻子小赵出轨为由提出离婚，小赵认为，小吴对自己的出轨指控是没有根据的，是对自己的污蔑，因此小赵拒绝协议离婚，于是两人转而开始了诉讼离婚的程序。夫妻二人的孩子目前 2 岁，刚开始分居的时候，孩子由小赵负责照料，但是一段时间后，小吴派人将孩子接走并且单方面制定了探视规则。按照探视规则，小赵每天只能在丈夫居住的小区花园里探望孩子两小时。在此期间，小吴还会安排保安和保姆在旁监视小赵。小赵觉得自己探望孩子受到限制，认为小吴没有权利制定这样的探视规则。小赵找到相关部门出面调解甚至诉诸法院，但是丈夫都表示不会配合。

在小吴看来，小赵的父亲正在服刑，而小赵现在又处于无业状态，根本没办法带好孩子。他认为，自己的经济条件比较好，能够为孩子提供较好的生活条件，同时正值疫情防控，小吴担心孩子会染疫，所以才将孩子接过来同住。小赵则表示，自己当时辞去工作也是为了照顾家庭，现在正在计划开一家餐厅；自身经济条件虽然比不上丈夫，但完全有能力抚养孩子。小赵表示，丈夫在分居前就有出轨迹象，这对于孩子的成长不利。小赵还担忧自己离婚后无法取得孩子的抚养权，永远失去探视孩子的自由。为此，小赵陷入紧张、焦虑的情绪状态。

二、案主需求分析

（1）心理层面的需求。通过与小赵的会谈，社工发现小赵的情绪非常低落、紧张和焦虑，极度缺乏安全感。社工需要运用倾听、同理心、鼓励等技巧引导小赵宣泄内心的负面情绪，同时需要与小赵建立信任的专业关系，给予小赵心理层面的支持。

（2）能力提升的需求。小赵处于无业状态，需要重新就业，这需要社工为其链接相关的就业帮扶资源，提升小赵的就业能力。小赵想要争取孩子的抚养权，但是缺乏相关法律知识，需要社工为小赵链接相关的法律援助资源，强化小赵对于相关法律的了解，满足小赵提升法律知识的需要。

（3）维护权益的需求。在法院做出判决之前，小赵的丈夫单方面制定探视规制，这限制了小赵探视孩子的自由。这些规则不是在双方平等协商的基础上建立的，也未尊重小赵的意见和权利，另外，小吴态度强硬，拒绝调解。这需要社工联合社区居委会、妇联、法院等，满足小赵探视孩子的合法需要。

三、理论依据

（1）赋能理论又称赋权理论，是一种协助个人、家庭、团体和社区获取发展能力的社会工作理论。该理论认为，弱势群体之所以处于弱势状态，是因为缺乏生活能力、表达自我价值的能力、与他人合作的能力和控制公共生活各领域的能力。要改善弱势群体的状况，就必须赋予弱势群体成员各种正面或积极的权力和能力。本案中，小赵长期作为家庭主妇，缺乏一定的就业能力；小赵法律知识匮乏，再加上丈夫态度强硬又具有一定的经济优势，使得小赵缺乏平等争取自身合法权益的能力。社工将在与小赵建立信任的专业关系的基础上，为小赵链接相关的帮扶资源，提升小赵的就业能力和权利争取能力。

（2）社会支持理论认为，社会支持是由社区、社会网络和亲密伙伴所提供的感知的和实际的工具性或表达性支持。个体所拥有的社会支持越多，越有利于应对各种问题。本案中，婚姻出现变故、父亲入狱服刑使小赵的社会支持网络受到暂时性破坏。在面对丈夫小吴不平等的探视规则时，小赵虽然求助于正式的社会支持，但是丈夫的强硬态度使小赵的探视权没有得到有效维护。社工作为一种正式的社会支持力量，要运用自身掌握的资源为小赵提供直接的支持，同时要链接资源，为小赵补充和扩展社会支持网络。

本案中，小赵个人能力的提升和社会支持网络的构建相辅相成，在提升小赵个人能力的同时扩展了其社会支持网络，在扩展社会支持网络的同时有利于提升小赵的能力。

四、介入目标

总目标：提升小赵的能力，增强小赵的正式社会支持，回应小赵探视孩子的合法需要，帮助其树立对于未来生活的信心。

分目标一：使小赵摆脱负面情绪的影响，从而更加理性、从容地对待问题。

分目标二：提升小赵的维权能力和社会生活能力，回应小赵在抚养权问题上的关切。

分目标三：增强小赵的正式社会支持，使小赵能够在平等的基础上与丈夫重新协商探视规则。

五、服务过程

（一）建立专业关系阶段

在初次访谈中，小赵一度出现情绪崩溃的状态。社工首先安抚小赵的情绪，待小赵情绪稳定后，采用倾听、同理心、接纳、鼓励等技巧引导小赵继续说出自己的遭遇。社工肯定了小赵为家庭做出的牺牲和贡献以及其对于孩子的情感依赖，同时指出小赵现在的状态不利于身体健康以及对问题的处理。

在同小赵分析完问题之后，社工介绍了自身的角色和职责，澄清了小赵对社工的期待，确定了服务目标并同服务对象签订服务协议。

（二）介入阶段

1. 链接法律咨询资源，普及相关法律规定

小赵及小吴在法律上都存在成为孩子抚养人的可能。小赵希望争取孩子的抚养权，但是不了解相关的法律规定。为此，社工为其链接了专业律师进行法律咨询。

律师认为，法院的判决会以孩子的最佳利益为考量，而小赵现在的情况可能会在判决中处于劣势。律师认为，首先，小赵的父亲目前处于服刑状态，其次，小赵目前处于失业状态，最后，小赵对于小吴的出轨指控缺乏证据，这些因素都可能让小赵在争夺抚养权过程中处于劣势。

在咨询完律师后，小赵的情绪较为失落，认为要争取到孩子抚养权的可

能性并不大。社工安抚好小赵的情绪后，建议小赵听从律师的建议，收集相关的证据和证明。

2. **多部门联合介入，回应小赵的探视需要**

社工协同调解员、当地居委会工作人员上门约见小赵的丈夫小吴，协调孩子的探视问题。社工阐释小赵的合法诉求，同时从最有利于孩子成长的条件出发，建议双方进行平等的协商。经过双方的协商和社工的调解，丈夫同意减少对小赵探视孩子的限制。

3. **探讨职业规划，链接就业帮扶资源**

经过法院的判决，孩子的抚养权最终归小吴所有。由于前期多部门的介入，小赵可以自由地探视孩子。小赵接受了法院的判决，同时表示自己可以依据经济能力给予孩子抚养费用。

小赵希望给予孩子更好的经济条件，提出希望和社工共同探讨未来职业生涯发展的想法。小赵表示未来想开设一家餐厅。社工对小赵的想法表示尊重，并且为其链接相关培训资源，帮助小赵掌握开设餐厅的相关流程及技能等。

此后，社工持续跟进小赵的情况。一段时间后，社工认为，小赵的需要已经基本得到满足，同时其具备了一定的解决问题的能力，于是社工与小赵结束了专业关系。

六、小结

本案中，社工准确把握了自身的角色和职责。社工是案主的支持者、使能者和同行伙伴。社工既要尊重案主的意愿，避免操纵和控制案主，又要在自身的能力范围之内真诚地回应案主的问题与需要。虽然案主有争取孩子抚养权的意愿，但是案主是否可以获得孩子的抚养权需要法院最终进行公正的判决。同时，案主与丈夫的纠纷涉及未成年人权益问题，孩子抚养权的最终归属应该最大限度地满足孩子的成长需要，案主自身的条件不一定最有利于孩子的成长，如果社工直接帮助案主争夺孩子的抚养权，有可能会干扰法院的判决，最终也可能会侵犯孩子的权益，使得社工陷入伦理困境中。

因此，社工与案主澄清的服务目标不是帮助其争取到抚养权，而是避免案主在争取抚养权过程中受到伤害，同时提升案主处理自身事务的能力。社工也从各方利益最大化的角度出发，通过协商的方式处理了纠纷。这既避免了社工的介入与法律相冲突，也体现了社工对于公平正义的维护，体现了社工服务的专业性。

第四节 离散之争，自我重建之路

一、案件基本情况

小梁和丈夫小余于2019年登记结婚，起初，他们一家三口住在外面的房子里，夫妻关系融洽。然而，在孩子还不满一岁的时候，小余的父母希望小梁全家搬回与他们同住，以便照顾他们。小余未经小梁同意，便私自退租了目前住的房子，一家三口搬回了小余父母的家。虽然小梁当时并不愿意，但最后还是妥协。时间久了，由于生活习惯、育儿观念的不同，小梁和公婆的争吵愈演愈烈，双方矛盾越积越深。当孩子上了幼儿园后，公婆开始不让小梁接触孩子，小梁报警求助无果。

2022年4月，小梁收到法院的传票，她被小余起诉离婚。目前，公婆要求小梁立即搬离自己的家，小梁在本地没有房子，婚后一直照顾家庭，没有任何经济来源，此前因为生活开支而借债，有8万元的债务尚未偿还。目前，小梁希望通过手上的证据，增加自己获得抚养权的机会。社工初步分析小梁的需求，结合社工的经验，计划通过个案服务回应她的需求。

二、案主问题分析与需求分析

（一）案主问题分析

通过梳理小梁的陈述，可以看出目前小梁存在以下明显问题：

（1）孩子的抚养权、探视权问题。小余提出与小梁离婚，并且不让小梁接触孩子，这导致小梁与孩子分离的现状。

（2）经济问题。小梁在结婚后没有工作，背负债务，生活费用完全依靠小余及公婆，家庭矛盾的加剧导致小梁失去唯一的经济来源。

（3）无助感的积累和对家庭生活的失望。首先，小梁长期处于与公婆的争吵中，对小余的不作为感到失望。其次，对报警后未能得到有效处理感到无助。

（二）案主需求分析

对问题进行评估后，发现目前小梁具有以下比较迫切的需求：

（1）小梁需要了解相关法律知识，以解决与小余离婚以及孩子探视权、抚养权问题。了解自己的权益和合法的维权途径，了解小余是否有还贷的责任。

（2）小梁需要外界注入力量与信念，以唤醒她的个人潜能和自信心，改变目前的消极状态。

三、理论依据

根据小梁的情况，本个案在服务过程中可以借鉴社会性别理论作为指导。社会性别是指在特定社会环境中，男性和女性所具有的群体特征、角色、活动和责任等，这些特征是由社会构建形成的，代表了一种社会关系和权力关系。传统的社会观念给予男性和女性不同的发展路径，同时，男性优越于女性的性别刻板印象限制了女性的成长。因此，在服务中，社工应引导小梁认识到自身的独特性和多样性，打破传统性别认知的束缚，帮助小梁发现自己拥有无限的潜力与可能性。

四、介入目标

结合社会性别理论，社工和小梁共同制定了以下目标：

目标一：使小梁了解家庭关系纠纷、家庭财产纠纷的处理方法。社工将向小梁提供相关的知识和信息，帮助她了解家庭关系纠纷和家庭财产纠纷的背景、法律规定和解决途径。

目标二：协助小梁构建正确的社会性别观念。社工与小梁一起探讨和批判性思考社会性别观念，帮助她认识到性别不应限制个体的能力和发展，促进她在决策中更加独立和自信。

目标三：引导小梁依靠自我力量解决问题。社工将引导小梁发掘和发展内在的自我力量，帮助她认识到自己具备解决问题的能力。

五、服务策略

服务策略一：在与小梁的会谈中激发小梁改变现状的动力，引导小梁意识到解决家庭关系矛盾只是表象问题，应该关注问题背后女性独立的能力体现。

服务策略二：协助小梁获取专业法律资源，解答她在诉讼离婚过程中可能遇到的问题，如探视权、抚养权以及家庭财产等方面的疑问。

服务策略三：与基层妇联、街道和居委会合作，共同帮助小梁解决居住困难，为其提供一个短期居住地，帮助小梁走出目前的困境。

六、服务过程

（一）建立关系前的倾听

小梁最初通过电话向社工求助，在电话中，小梁情绪低落，担忧孩子的归属等问题。社工耐心倾听，给予小梁支持和鼓励，以人身安全为首要原则。同时，社工向小梁介绍了服务机构和社工的职责，希望她亲自来社工站详细面谈，以便社工能更好地跟进小梁的情况。通过电话，小梁与社工建立了初步的信任关系，经过后续的进一步了解，社工与小梁共同梳理了目前所面临的问题和需求，经过小梁确认后，社工决定与小梁建立专业的个案服务关系。

（二）制定个案计划和目标

在详细了解小梁的情况后，社工与小梁一起制定了个案计划和目标，协助小梁应对离婚过程中的各种问题和需求。首先，社工与小梁共同梳理了目前所面临的问题。社工倾听了小梁的顾虑，并向她解释了相关法律程序和权益保护措施。其次，社工意识到小梁在情感和心理方面需要支持。社工提供了情绪支持和心理辅导，帮助小梁减轻压力、减少焦虑和情绪波动，同时鼓励她积极面对挑战、寻找解决问题的方式，约定在整个服务过程中保持密切的沟通和支持。

（三）协助小梁认识到传统性别角色问题背后的困难

在了解小梁的需求后，社工意识到问题的根源在于小梁受到传统性别角色的压迫。因此，社工邀请小梁一起探讨男女平等的重要性，希望小梁重新思考“女性”和“男性”的定义，意识到女性可以是支柱，男性可以在家中照顾孩子。社工表示希望小梁能突破传统性别观念，勇敢面对未来的困难和挑战。为了帮助小梁认识到自己的优点，社工布置了一个作业，要求小梁列举至少10个自己的优点。

（四）激发小梁改变现状的动力

在第三次见面中，小梁提交了社工上次布置的作业，写下了自己的10个优点，社工总结了小梁写的这些优点，发现大部分优点与小梁为家庭做出的贡献有关，社工对小梁表示了肯定，表示这些是非常重要的特质。随后，社工了解到小梁曾经为他人提供过帮助，表明小梁曾经拥有自己的社交圈子。因此，社工鼓励小梁从现在开始重新寻回这些宝贵的人际关系。小梁一开始比较犹豫，后来慢慢意识到自己需要多与外界保持联系，重新获得支持和帮助。

（五）协助小梁对接专业律师资源开展咨询

针对抚养权归属问题，社工协助小梁向公益律师进行咨询。法院会根据法律、有利于孩子成长并且结合夫妻双方的条件做出裁量判决，因此律师建议小梁多展现自己的优势。律师分别从个人角度、家庭角度给予了小梁建议，而在债务方面，小梁在借款时没有与小余商量，但只要小梁能提供证据证明这笔借款主要用于家庭日常开销，那么这部分债务应当属于夫妻共同债务，如此则小余有义务与小梁共同偿还这笔债务。小梁表示已经清晰如何争取权益，无论如何都将争取孩子的抚养权。

（六）为小梁链接资源寻找暂时居所

社工与小梁所在社区的基层妇联、街道办事处和居民委员会进行了联系，详细说明了小梁目前的住房困境，希望可以获得临时住所。经过社工的努力争取，社区的相关部门对小梁的情况表示关切。最终，在多方努力下成功找到了一处合适的住所，不仅能够满足小梁的基本生活需求，租金也很低，小梁暂时解决了住房困难问题。

（七）小梁的问题基本解决，结案

之后，小梁需要集中精力处理离婚诉讼，因此申请结案。社工在评估个案目标的达成情况以及小梁的变化后认为，小梁已经做出了积极的转变，相信小梁已经具备了独立面对生活的能力，不会再受到家庭的束缚，可以开启自己新的人生篇章。在社工对小梁进行了 1~2 次的个案跟踪回访后，社工决定结案。

七、小结

本案中，小梁主动寻求帮助时，非常明确自己想要咨询的问题，但不清晰自己的问题背后的需求。通过社工的评估和分析，发现小梁长期以来一直专注于家庭照顾，较少接触社会，缺乏自信，一旦依赖的家庭关系瓦解，往往会陷入无所适从的困境。

针对这种情况，社工需要激发小梁自我改变和自主决策的动力，让她意识到自己是独立的个体，不能只依赖家庭。社工可以通过以下方式来达到这个目标：①帮助小梁重新认识自己的价值和能力。②提供情感支持和鼓励。③提供信息和资源。④培养社会支持网络。通过这些措施，社工可以帮助小梁逐渐摆脱对家庭的依赖，激发她自主改变的动力，意识到自己作为独立的个体具备自主权利和决策能力。这将有助于小梁建立自信，迈向更加独立、自主和充实的人生。

第五节 残留的爱与欠款，法律下的房产债权游戏

一、案件基本情况

小甄和丈夫小胡通过起诉离婚，小胡名下的一处房产判给了小甄，但是房贷还没有还清，房产无法过户。因为房产最终判给了小甄，小胡就之前还的房贷向女方讨债，认为房产既然属于小甄，那之前的房贷也应该由小甄承担，因此向法院提出了诉讼。小甄没有钱继续还房贷，目前被银行起诉，在被追债的日子里寝食难安。银行起诉了小甄和小胡，但是小胡已再婚，拒绝和小甄一同还房贷。这处房产的房产证上写着小胡的名字，离婚没多久小胡就注销了房本，导致这处房产目前无法拍卖、无法过户。目前银行通过法院起诉了小甄，并查封了她的房子，导致小甄也无法卖房还钱。小甄目前表示很迷茫，虽然房子被判给了自己，但是债务难道只有自己一人承担吗？针对目前银行的追债行为，她不知道如何才能通过其他渠道筹钱。

二、案主问题分析与需求分析

（一）案主问题分析

1. 表征问题

问题一：小甄在与小胡离婚之后，由于房子过户问题产生纠纷，牵扯到了双方的财产利益以及小甄的财产安全。

问题二：小甄面临还房贷的问题，愁于筹集还款资金，对于小胡是否有义务参与还房贷很疑惑。

问题三：面对巨大的债款，小甄出现影响生活的情绪问题。

2. 潜在问题

问题一：缺乏相关的法律知识补充，未能及时就财产分割问题达成协商，导致面临被诉讼的被动状态，使自己处于被追债的不利地位。

问题二：房子分割问题出现之初，没能及时找到合适的解决方法，留下隐患。

小甄的问题的爆发点在于，双方就房子产权问题达成共识，但是房贷的偿还方面，小胡希望小甄能够补偿其之前所付出的房贷费用，并且拒绝与小甄共同偿还之后的房贷及利息。小甄想明确房产还债的责任方，从而改善目前的被动状态。初步判断，小甄的合理要求与小胡的严词拒绝之间发生了较大的矛盾和冲突。

小甄目前主要是想通过法律明确房产还贷责任方，尽快处理该事件。一方面是因为小甄目前处于被追债状态，其正常生活和合法权益受到了影响；另一方面是小胡已经再婚，不想再有纠葛。社工初步评估该矛盾的发生是由于在诉讼离婚之后，小甄对小胡仍有一定的信任，没有及时就财产分割问题咨询相关的律师团队，导致自己最终陷入被动状态。

（二）案主需求分析

针对目前小甄十分强烈要求明确房产还债责任方的意愿，社工整理的小甄需求有以下几个方面：

（1）明晰房产还债责任方。小甄希望小胡能够承担部分房产债务，并且就房贷问题进行合理界定。

（2）用合理手段撤销法院诉讼，尽快筹钱还清贷款，提高在相关财产问题界定时，进行自我保护的能力。

三、理论依据

本案中，小甄对于财产分割关系和房产债务的责任界定问题没有太清楚的认知，因此在面临小胡拒绝负担房贷，并要求其偿还部分债务款项时，陷入了被动状态。根据人本主义理论，社工需要与小甄进行交流，以小甄本人的利益作为出发点，帮助小甄厘清关键点，尽快解决债务纠纷问题，帮助小甄实现目标。

因此，根据本案情况，社工决定采用人本主义理论。该范式下的社会工作强调人的价值和人格发展，主张以服务对象为中心的实践伦理。人本观点不仅是人本取向社会工作的逻辑出发点，也是社会工作专业的重要价值基础，并提出了社会工作专业服务中的几个基本原则，即诚实和真诚、温暖、尊重和接纳、同理心。社工基于人本主义，一是运用真诚、同感、无条件接纳、不批判等技巧与服务对象建立合作关系，营造融洽、信任的个案辅导环境，鼓励小甄探索自己的真实需要；二是引导小甄相信人性是善良的、仁慈的，相信每个人都有潜能，也有改变的权利与可能，从而直面房产还债责任方问题；三是尊重小甄的独立性，支持小甄依据自己的真实意愿去解决问题，并且帮助小甄对接专业资源咨询，最终妥善解决当前困境。

四、介入目标

总目标：帮助小甄厘清有关房产债务的分割问题，补充相应的法律保障知识，同时协助小甄处理好与小胡之间的情感和财产纠纷，提升保护自身合法权益的能力。

分目标一：了解小甄与小胡的真实财务状况，寻找证据证明债务不应由小甄单独偿还，协助小甄处理好与小胡之间的情感纠纷和财产纠纷。

分目标二：提供专业的法律咨询和律师团队的帮助，协助小甄更加理性和妥善地处理有关房产债务的分割问题，帮助小甄尽快摆脱被追债和被诉讼的境地。

分目标三：向小甄普及有关离婚所涉及房子债务分割问题的知识，提醒小甄在夫妻关系中学会保护自己的合法权益，在诉讼离婚之后要及时就产权问题进行公证或协商，用法律手段保护自己的合法权益。

五、服务过程

（一）及时沟通，明确小甄的需求与目的

小甄只身一人前来求助时，整体情绪较为低落。小甄在表达自身需求的过程中存在较为沮丧的语言，举止方面也较为内敛和消极，因此社工要安抚好小甄的情绪，同时让小甄澄清自身的需求和明晰事情的来龙去脉。

经过不断了解，小甄表达了自己对债务问题的担忧与自身的困惑，认为自己在与小胡离婚时，通过诉讼手段已经明确了房子的产权归属问题，但是由于小胡索要之前的房贷费用，并拒绝共同偿还后续的房贷及利息，也不愿意通过法律途径实现房子产权过户，因此自己陷入如今被诉讼和被追债的处境。小甄十分困扰和担忧，其日常生活已经受到这些情绪的影响。

社工首先认可小甄前来求助的意识，表达了理解，对于小甄提出的疑问，社工表示这属于法律范畴的知识，小甄求助的表述有其合理之处，但社工需要建立个案后才能与小甄深入探讨问题的介入方案，小甄表示同意。社工鼓励小甄振作起来，表示可以协助小甄厘清房产债务的责任界定问题，但是最终小甄要自己作为执行人来进行下一步的操作，小甄表示非常理解和感谢。

（二）对接专业资源进行咨询

针对目前小甄的需求，社工为小甄链接了专业律师团队进行深入沟通，并制定了合理的解决方案。律师协助小甄厘清基本情况，按照法律，小胡应该协助小甄完成房产过户的问题，而之前的判决书可以作为小甄的证据之一。另外，咨询律师协助小甄分析房贷责任，如果小胡未能按照法院判决承担房贷责任，小甄可以拿起法律武器捍卫自己的权利。

小甄表示，小胡目前态度坚决，拒绝与其共同偿还房贷并且向法院提起诉讼，目前小甄已经在找律师以应对诉讼。小甄表示经过这次律师咨询，心里比较有底，认为自身有一定的概率胜诉。社工对其做出鼓励，并且以其诉讼离婚为例子，鼓励小甄做出自我选择，积极应对问题。

（三）总结复盘，结束个案

自从上一次咨询后，很长一段时间小甄并未再主动联系社工，直到社工到了本案最后会谈时间，社工主动联系才联系上了小甄。小甄反馈目前参与起诉的过程较为顺利，这段时间也找到了贷款的渠道暂时还债，因此没有再与社工联系，不希望打扰社工工作。社工表示恭喜，同时表明这一次了解情况后，社工将会结案。同时，社工提醒小甄不要相信非法的借款渠道，小心陷阱，小甄表示感谢。

六、小结

从最初的诉讼离婚，到帮助小甄与小胡进行协商，再到最后社工协助小甄对接专业的律师团队，社工始终客观地帮助小甄合理地解决问题，厘清责任方。在处于被动的情况下，不是消极对待，而是寻找小甄的需求点，运用合理合法的证据，在取得当事人同意后，共同商讨可行的办法。正是在社工和小甄的共同努力下，个案才能够得到妥善处理。

第六节　失和的边缘，亲情与权益的交锋

一、案件基本情况

小梅与小张经熟人介绍相识后，随即确立了恋爱关系。两人如胶似漆，很快便到了谈婚论嫁的程度。2020 年 1 月，小张家庭付了 8 万多元给小梅家庭作为彩礼。但因小梅和小张都未达到法定婚龄，无法办理结婚登记手续。双方家庭商量后决定按照当地风俗，让两人先举行结婚仪式，待日后条件成熟后再补办结婚登记手续。之后，双方家庭就大摆筵席宴请了很多亲朋好友“喝喜酒”，在众人对这对新人美好的祝福与期盼中，两人以夫妻名义开始了同居生活。小梅过门后和小张生育了一个女儿，但小张受重男轻女观念影响，一直想要一个儿子，于是多次劝说小梅尽快生育二胎。小梅生育女儿之后，认为现在只靠小张的工资收入根本不能养育两个孩子，而且自己也没有精力同时照顾两个孩子，现在只想把女儿好好地养大成人。为此，夫妻关系产生裂痕。2022 年 5 月，在一次激烈争执后，小梅一气之下带着女儿回了娘家，之后就再也没有回来。双方至今未办理结婚手续。两人的矛盾愈演愈烈无法调和，小张认为二人再无和好可能，遂向法院提起诉讼，坚持要求小梅返还彩礼和放弃女儿的抚养权。小梅认为自女儿出生后一直是由自己照顾，自己抚养将更有利于孩子健康成长；另外，据小梅陈述，小张此前提及的彩礼钱，已全部用于置办嫁妆、摆酒席，以及双方婚后共同生活期间的日常花销等，所以不应该再返还给小张。

二、案主问题分析与需求分析

（一）案主问题分析

小梅和小张虽然没有办理结婚登记，但双方已经举行了相应的婚姻仪式，并且同居、生育了女儿。此前，双方因二胎产生分歧，从而并未补办结婚登

记，无论是对孩子还是对小梅，都产生很大影响。

案主目前存在的问题有：

(1) 小梅和小张同居多年且生育了女儿，但因小梅与小张未进行婚姻登记，所以小梅与小张的纠纷可能难以得到法律的相应保护。

(2) 小梅和小张关系破裂，二人产生了财产赔偿的纠纷和抚养权纠纷。

(二) 案主需求分析

案主的需求有以下几点：

(1) 小梅希望得到法律的保护，包括获得女儿的抚养权和小张的赡养费。

(2) 小梅希望小张停止财产赔偿的要求。

(3) 清晰定义双方关系的需求。

本案中，小梅清楚并已明确地向社工表达了自己的问题和需求。小梅向社工表示不希望继续维持这段婚姻。据小梅对问题和需求的看法和陈述，社工决定采用任务中心理论满足小梅的服务需求。

三、理论依据

任务中心理论假设案主本身具备解决问题的能力与潜能，任何问题的产生往往是因为个人能力短缺，社工需要的是和案主探讨问题的阻力和助力，协助案主在界定清楚问题之后，为案主引入提高能力的资源，在短期内为案主所定下的目标制定相应的计划，并共同推进完成。

本案的建立会遵循 5 个原则，即介入时间有限、介入目标清晰、介入服务简要、介入过程精密、服务效果明显。鉴于案主已经能较为清晰地界定自己所遭遇的问题，因此社工下一步需要和案主共同界定问题的目标并落实任务。

四、介入目标

目标一：引导小梅收集和整理小张拖延婚姻登记的证据。

目标二：为小梅链接相应的律师资源，厘清小梅所需承担的责任和应有的权益。

五、服务策略

服务策略一：了解小梅的基本信息，向小梅提供可以采取的办法。

服务策略二：链接专业律师资源解答小梅的疑惑与问题。

服务策略三：向小梅征询是否愿意以调解的方式解决问题，为小梅链接专业的调解人员开展调解会。

六、服务过程

（一）接案并与小梅建立信任关系

社工耐心倾听小梅的诉说并及时给予回应。据了解，小张在一周之前向小梅提出赔偿要求并强调小梅需退出抚养权之争，因当时小张说得言之凿凿，小梅听后比较焦虑。之后，小梅经过一周的网络搜索及咨询法律朋友，了解到自身的真实情况和相关的法律知识，焦躁情绪得到了缓和。但小梅仍表示担心，因为根据网络搜索结果，他们的婚姻不受法律保护。

社工对小梅的遭遇表示同理，社工表示，如果小梅有需要的话，法律部分的疑问可交由专业人士进行解答。另外，社工还向小梅简单介绍了自身的工作范围，并就工作范围及能力与小梅达成一致意见，之后社工为小梅建立了个案档案，并表示之后会详细梳理小梅的需求和情况从而采取相应的措施，小梅表示感谢。

（二）了解小梅的相关信息并界定问题

通过与小梅上一次的交谈，社工发现小梅在处理问题上具有较强的积极性，并且小梅对自身利益也十分关切。鉴于此，社工和小梅再次展开了一次会谈，重点梳理了小梅目前的需求，并制定了相应的目标，阐述了社工的职责所在。社工指出，在问题解决的过程中，小梅才是关键，并指明目前小梅已经拥有了解决问题的动力，缺少的是方法和途径，之后社工会尽可能地为小梅链接资源，帮助小梅找到解决问题的最优方法。当个案目标基本达成以后，个案也会相应结束，小梅了解清楚后和社工达成共识，并共同制定了计划。

（三）与小梅共同制定介入计划

根据任务中心理论，社工主要以任务的方式与小梅制定介入计划。社工在经过和小梅商讨并借鉴之前相关个案的经验后，建议小梅搜索及整理相关证据。因此，第一个任务是小梅整理这些年负责照顾家庭的证据；第二个任务是小梅搜索和整理小张不愿办理结婚登记的相关证据；第三个任务是希望小梅能够将案件情况和需要咨询律师的问题整理成清单，方便面对面提问；第四个任务是协同社工约见小张并达成协商，一同参与调解会。

（四）安排小梅与专业律师对接，解答疑惑

在小梅完成此前约定的第一、第二、第三个任务后，社工安排小梅和法律专业人士进行了一对一的咨询会谈，由社工、律师和小梅共同探寻解决问题的方向。咨询会谈结束后，社工进行记录并归档。

小梅表示经过这次咨询暂时有了方向，但不清楚是否能达到自己想要的目标，因此询问社工是否还有机会向律师咨询，社工表示可以再次咨询，并且告知小梅该工作人员的值班时间，希望本案始终能由同一个律师对接。

（五）应小梅需要开展调解会

前面的任务基本完成，个案刚开始设定的目标也基本实现。一开始，小张拒绝前来参加调解会，但社工向小梅表示可以尝试从成本角度跟小张沟通，说明调解会相比法律途径成本更低，还能面对面促成双方达成共识，对小梅和小张其实都比较有利。经过较为艰难的协商，小梅和小张最终参加了调解会，社工也请来了专业的调解人员就小梅和小张的赔偿问题和抚养权问题进行调解。

在调解过程中，小梅和小张都愿意做出相应的让步，小张表示可以放弃抚养权，但是继续执着要求小梅赔偿相应数额的财产。调解结束后小梅表示为了女儿愿意答应小张的条件，也希望这件事情早日得到解决。

（六）结案

调解结束后的一周，小梅和社工就个案的进展情况进行讨论，双方就结案一事达成一致意见。经过这次事件后，小梅反馈自己有所成长，认为这也算是人生中一次深刻的经历。社工问小梅未来有哪些打算，小梅表示会将女儿带回家交给母亲先带着，自己出去找份工作，因为太久没有参加工作了，她觉得自己需要一段时间适应。社工对此表示支持，并且相信小梅可以达到自己的目标。

七、小结

本案中，案主对自己的目标非常明确，这使得社工能够协助案主快速定位问题并且展开介入策略。在解决案主问题的过程中，社工采取的是任务中心理论，社工明确其从来都不是主导者，只是案主的使能者、资源的链接者，这些工作职责和角色分配需要社工在与案主开展个案之初以及个案推进的过程中反复强调，实际上问题能否解决更多地取决于案主个人的能力。另外，社工在介入的过程中要自我反思，注意自身的条件或经历是否会影响案主问题解决的效果，社工不能在听取案主的描述后深陷同情之中。

第二篇

社会关系的解锁方程式

第一章 职场的困境突围

随着经济的快速发展，劳动市场的供需关系不断变化，劳动者的权益保障问题也日益凸显。每天都有无数的劳动者在为生活奔波，为工作付出。女性在劳动市场中占据重要的地位，然而，她们在就业、薪酬、职业发展等方面仍然面临诸多困境和挑战。本章汇集了多种女性在职场中会碰到的困境，包括工资拖欠、工伤赔偿、产假申请及劳动权益被侵害等问题。面对这些问题，社工会怎么做？普通职场女性可以怎样做？或许在这里可以找到答案。

第一节　挑战与坚守，为自己而战

一、案件基本情况

案主小章的公司近几年发展不景气，她按公司要求加班，但是公司允诺的加班报酬却迟迟未发。小章找主管理论，主管声称会尽快下发该部分劳动报酬，但是小章等了几天仍然没有收到主管承诺的薪水。某天，小章再一次找到主管追问这笔加班费，正当她和主管理论时，突然有几个人闯入办公室，将小章推到地上殴打，小章慌忙报了警。经调查，肇事者是公司的 3 名员工，小章被鉴定为轻微伤。无故遭受殴打，小章既气愤又无奈，公司的领导和同事劝小章忍让，说肇事者有心理疾病，但小章认为公司在包庇肇事员工的过错，并且不愿承担相应责任。小章想要维护自己的合法权益，于是保留了报警回执和验伤单。虽然在警察的调解下，小章和殴打者达成了私下的调解协议，并得到应有的赔偿，但小章希望公司能对无故拖欠加班薪酬以及自己的员工在工作期间受到伤害负相应责任。

二、案主需求分析与资源分析

（一）案主需求分析

（1）心理支持需求。通过和小章的直接接触，发现小章遭受殴打后心理压力比较大，需要社工引导其宣泄，同时要对其进行适当的心理疏导，让其情绪能够平复稳定，摆脱因无故被殴打而产生的心理阴影。

（2）身体安全需求。小章被殴打，被医生鉴定为轻微伤，社工需要关注其伤势恢复状况，必要时链接医护资源协助其恢复生理健康。

（3）维护权益需求。小章想要追回公司无故拖欠的加班费，并认为公司应对合理限度范围内的安全保障负相应的责任。社工可以为小章介绍法律援助律师提供法律咨询，使其准备充分与公司进行协商沟通，鼓励小章继续与公司交涉，维护自己的合法权益。

（二）案主资源分析

（1）个人层面：小章长期稳定就职于公司，与领导、同事相处融洽，在公司不景气的情况下，依然愿意加班，具备很强的团队精神。小章主动寻求维权综合服务中心的帮助，也说明了小章想要通过更加缓和的方式维护自己的合法权益，并在今后的工作中得到人身安全保障。

（2）公司层面：社工通过走访发现，公司对员工个人情况了解不充分，对于保障员工人身安全方面缺乏紧急预案；公司在保障员工合法权益方面缺乏主观能动性。社工倡导相关部门继续加大宣传力度，确保劳动者的合法权益得到保障。

（3）社会层面：越来越多的劳动者拥有捍卫合法权益的意识，社工在服务中要加强相关法律知识的宣传，支持劳动者捍卫自身的合法权益。

三、理论依据

社会支持理论认为个人所拥有的资源分为个人资源和社会资源，前者包括个人的自我功能和应对能力，后者指个人社会网络中的人所能提供的社会支持。社会支持网络指的是一组个人之间的接触，通过这些接触，个人得以维持社会身份并且获得情绪支持、物质援助、服务和新的社会接触。社会支持理论取向的社会工作强调通过干预个人的社会网络来改变其在个人生活中的作用，帮助他们扩大社会网络资源，提高其利用社会网络的能力。本案中，社工运用社会支持理论开展服务，为小章提供无形支持（如心理安慰、与上司商谈技巧）以及有形支持（如同事支持、律师资源、专业组织），协助小章维权。

四、介入目标

总目标：通过向案主提供资源协助，支持案主满足自我诉求，消除案主因遭受人身伤害所带来的心理阴影。

分目标一：通过心理会谈技巧，疏导案主小章恐惧、焦虑的情绪，协助案主恢复生理和心理健康。

分目标二：协助小章向公司讨要加班费；公司未尽合理限度范围内保障对员工安全责任，由此给小章带来伤害，公司应进行道歉与赔偿。

五、服务策略

服务策略一：通过探访，跟进案主的生理健康状况，并通过个案会谈耐心倾听案主的困扰，接纳案主，缓解其负面情绪，建立良好的专业关系。

服务策略二：在与案主面谈过程中，肯定小章寻求帮助的行为和态度，肯定小章在遭遇困难及挫折后能坚持积极应对。

服务策略三：告知案主劳动法相关法律知识，协助小章与公司协商，鼓励其维护自身的合法权益。

六、服务过程

（一）初期建立关系阶段

社工在小章求助后做好立案准备，告知小章服务双方的责任，并对小章的相关资料通过回顾、探查和咨询进行收集整理。社工根据生命健康首要原则，多次探望小章，了解其伤势，并表示可以根据案主需要提供医疗资源，小章表示目前身体状况良好。社工基于案主的需求在前期与小章确立以下服务内容：①情绪疏导，缓解小章的恐惧情绪。②了解获得加班费权益的渠道。③协助案主与公司沟通协商，针对公司因未能尽到上班期间保护员工人身安全责任导致小章遭受殴打这一事件，要求公司向小章道歉并进行相应赔偿。社工在与案主初步建立关系的基础上，运用心理社会模式评估小章的现状，小章因在工作中遭受不合理对待，产生了焦虑、恐惧的心理状态，自述经常失眠、易怒等，社工协助小章从消极、失落、愤怒的情绪中抽离，重拾应对困境的信心。通过社工多次对案主进行情绪疏导，小章的情绪逐渐稳定，身体的伤势也恢复良好。

（二）中期发展阶段

在社工的陪同下，小章与法律援助律师进行面谈。小章诉说事发经过时情绪比较激动，陈述过程冗长反复，社工及时舒缓小章的情绪，通过对焦的技巧引导小章提炼出关键的内容和诉求，并将律师所说的解决方案通过摘要的技巧向小章陈述，确保小章能够理解，在平复情绪后，做出理智正确的选择。同时，社工在征得小章同意后，与小章的同事取得联系，通过沟通交流，了解肇事员工的有关情况，并委婉询问他们劝说小章忍让的原因，向他们普及公司有责任在工作期间保障员工安全的相关法律常识，呼吁大家在今后的工作中保护好自己，并在力所能及的范围内共同维护良好的工作环境。

（三）后期变化阶段

在社工的协助下，小章与公司相关负责人进行协商，商定加班费的具体发放时间，由社工向公司普及其应该承担的法律责任。倡导公司应当依据相关法律法规履行保障员工人身安全的责任，并商议相关赔偿事项。公司负责人表示，由于公司管理的失误，以及对于相关法律法规缺乏学习，给小章带来了巨大的身体和精神伤害，深表歉意，今后将加强管理，杜绝此类事件再次发生。公司也将加强人文关怀，营造更加团结友爱的工作氛围。

（四）结案阶段

小章经过休养后，伤情恢复，重新返回工作岗位，拿回了应得的加班报酬和公司给予的赔偿。在社工后续的服务跟进中，发现小章已经克服心理恐惧和焦虑，能够正常工作和生活了。社工对案主小章在遭受人身伤害后能够及时报警并保留证据的行为给予肯定，也鼓励小章在今后的生活中如遇到不公正待遇，要继续坚定信心维护自身的合法权益。小章表示自己已经恢复了从前的生活状态，并对社工的帮助表达感谢。至此结案，在服务期间，社工尽职尽责，努力链接各方资源为小章提供支持与帮助，并在小章情绪低落时给予心理疏导，小章的诉求也得到妥善解决。

七、小结

社工在服务中需要掌握多学科知识。在企业社会工作中，社工不仅需要掌握社工专业知识、心理学技巧，也需要掌握国家劳动法规和员工权益保障知识，以便更好地介入服务。通过本案，折射出社会中存在的讨薪难问题，社工需要做的是链接各方资源为案主寻求合法的援助，疏导小章的心理压力，稳定其情绪。

社工在服务中需要发挥好角色作用。本案中，社工扮演了政策倡导者的角色，一方面呼吁劳动者多了解劳动法，坚定捍卫自己的合法权益；另一方面倡导雇用方遵守劳动法，保障劳动者的合法权益。此外，社工发挥了协调者的积极作用，协调服务对象与用人单位的关系，不仅让服务对象感受到社工的关怀，更为服务对象争取到了更多资源开展优质服务。

第二节 行走在指尖上的劳动权益保障

一、案件基本情况

小芝是一名怀孕 5 个月的准妈妈，目前处于在职状态，近日小芝发现公司总是有意无意地计算她的错处，并且有意增加其工作量，这让小芝感觉公司是在有意逼迫自己离职。但是小芝是公司老员工，她并不想放弃这份工作；同时小芝认为自己对待工作勤勤恳恳，从未有过明显过错，她怀疑公司是因为怀孕一事而想逼迫她主动辞职。此外，小芝发现最近公司似乎更换了一种策略，公司领导跟她约谈，并向她传达出公司可能要倒闭的信息，希望小芝能自动辞退。但是小芝理性分析认为，公司具有一定的经济基础且是老牌公司，不至于倒闭；在此之后，小芝又向领导了解是否有其他裁员计划，领导回复含糊其词，且小芝在与同事交流时并未发现有其他同事接收到辞退的信息。小芝认为自己的权益受到了侵害，坚决不主动提出辞职，但是最近公司的行为似乎变本加厉。怀孕的小芝一方面要面对工作上的压力，另一方面要应对被辞退的风险，只好寻找维权的渠道。

二、案主问题分析与曾做出的努力

（一）案主问题分析

（1）就业问题。据小芝陈述，小芝公司希望以最低成本逼迫小芝离开公司，小芝面临工作危机困境。失去工作对于小芝来说，一方面意味着失去了部分经济支撑；另一方面，小芝在公司上班时间已久，属于老员工，被辞退后对小芝的职业生涯也会造成一定的影响。

（2）心理问题。分析小芝的情况后发现，小芝因公司安排感到不安和焦虑，时常精神紧绷。

（二）案主曾做出的努力

据社工了解，小芝的丈夫小张曾劝她主动辞职回家休息，但是小芝认为自己仍能坚持；另外，小芝也曾找公司已退休领导并向其求助但无果，至于其他求助渠道小芝表示不清楚，所以目前没有继续求助他人。

综上所述，根据小芝的需求和曾做出的努力，小芝目前需要清楚地认识到应如何才能维护自己的合法权益和舒缓压力。

三、理论依据

本案中，社工扮演的角色更多的是陪伴者和资源链接者，最主要的问题是关注小芝的压力来源，共同剖析压力背后的深层原因，并且引导小芝从被动地释放压力到自己主动地释放压力，因此引入了压力相关理论。小芝由于压力较大并感到压力对自身的改变所以前来求助。根据压力刺激学说，压力是外部力量作用于个体，当个体无法承受这些力量时，就会引起生理上的紧张、恐惧，而心理压力更多是环境造成的。

据了解，小芝的压力可分为工作和精神两大方面。在工作层面，小芝的压力表现为持续性的高强度工作和不确定的就业环境；在精神层面，小芝的压力表现为怀孕后的焦虑和对未来经济的担忧焦虑。

四、介入目标

总目标：助力小芝树立积极的人生态度，摆脱精神和工作的压力困境。

分目标一：强化小芝对劳动权益方面的认识，帮助小芝了解工作申诉的渠道。

分目标二：和小芝一同挖掘压力来源，学会掌握不少于两种压力缓解的方法。

五、服务策略

服务策略一：链接律师资源助力小芝厘清当前劳动权益保障的问题，并为小芝提供解决问题的建议。

服务策略二：定位压力源头，击破源头达到解放压力的效果。

服务策略三：教授小芝缓解压力的小技巧，提高小芝此后应对此类需求的能力。

服务策略四：告知小芝及其家庭成员关于孕期的注意事项，包括生理注意事项以及心理关怀等。

六、服务过程

（一）接案，向小芝厘清社工的职责

社工接到该案后，通过和小芝接触，了解到小芝的劳动权益正在受到侵害，同时小芝表示希望公司不要逼迫她辞职，她很想保留这份工作。社工首先向小芝厘清自身的工作职责，表示自己无法直接达到小芝“保留这份工作”的需求，同时社工无法强制要求小芝的公司按照小芝的意愿办事。社工的服务主要是帮助小芝认识到其劳动权益正在受到侵害且可采取怎样的措施应对，其他情况社工视实际情况提供帮助。小芝对于社工的工作范围表示了解且理解。

（二）深入会谈，了解小芝内心真实的担忧

在接案后，社工和小芝建立了初步的信任关系，也从中获取到更多的信息。社工了解到小芝对于目前这份工作较为满意，并且小芝也对公司有较深厚的感情。但是自从新冠疫情发生以来，公司更换了部分高层领导，小芝觉得工作要求提高了很多，有时候感到力不从心，这时候也正是小芝怀孕初期。社工表示这不一定是小芝的能力出现了问题，有可能是受到生理的影响，其实按照国家对妇女职工劳动权益的保护，针对处于孕期的妇女，公司应该适当调整工作量。

小芝赞成社工的说法，也明确表示随着工作量的增加，她觉得自己的压力也有所增大，身体经常感到不适。社工询问小芝是否去医院做过检查，小芝表示近期没有做过检查，社工建议小芝去医院做一个身体检查，如果医生有诊断可以将其当作相关的证明来使用。

通过与小芝的深入会谈，社工发现小芝的主要压力源来自工作，一是担心失去工作，二是无法完成目前的工作量。社工引导小芝关注自身的特殊性，当在工作中感觉身体不适或者心情不适时，应适当停下来做整顿休息，使紧绷的状态放松下来，例如倒一杯热茶，或者看看窗外发呆等；如果担心公司

以此为由辞退自己，之后会安排律师专门解答这部分疑惑，但是小芝必须明白，过大的工作量对自己和孩子都会造成不好的影响。社工表示能理解小芝想要保留这份工作的想法，肯定是希望家庭的经济条件能够支持孩子出生后的生活，但如果这份工作影响到了孩子，就有可能得不偿失。

（三）应小芝需求对接法律资源，了解如何维权

社工应小芝的需求为小芝对接了法律资源，让小芝了解目前公司的做法是否构成侵权，小芝可以采取哪些措施应对公司的这种侵权行为，及如果被辞退，小芝可以获得哪些相应的补偿等。另外，法律明确规定雇主不得因女职工怀孕而予以辞退或歧视，建议小芝收集相关证据以证明公司的实际动机。

（四）和小芝保持线上联系，定期关心其心理状态

社工自从和小芝探讨完背后的压力源，引导小芝多关注自身和孩子之后，与小芝达成了线上经常联系的约定。社工每周都会在线上询问近期小芝的工作情况，让小芝在个案执行期间把社工当作朋友，分享生活，吐槽生活压力源，社工为小芝链接了很多相关的解压活动，以及教授其一些在家就能进行解压的小技巧。小芝表示自从想明白了自己工作是为了家庭，为了孩子之后，她释怀了许多，也表示如果现在这份工作真的不适合自己，她会选择放弃，但也会向公司争取补偿。社工表示支持。

（五）链接相关孕期知识讲解课堂

由于小芝目前正处于孕期状态，在和小芝协商后，社工为小芝推荐了一些线上线下的孕期知识讲堂，涉及生理知识和心理知识的讲解，希望小芝在周末等休息日可以带上先生一同学习，为分娩做好准备，小芝表示感谢。

（六）结案

大概一个月后，社工评估小芝的目标基本达成，小芝目前也处于较为稳定的状态，没有新的问题再发生，社工经同小芝沟通后，双方决定结案，因此社工开始了结案流程。

七、反思

本案中，根据案主的表述，公司是因为案主怀孕而间接地逼迫案主辞职，但公司并没有明目张胆地直接辞退员工，而是变相地为案主增加工作量，从而为案主制造可能出错的机会，以此为理由辞退案主。虽然经过分析，案主面临的压力环境并不复杂，但是在解决问题的过程中，案主和公司的关系处理比较棘手，并且较难通过社工的介入得到解决。针对此类事件，社工在案主来求助后，可以通过及时链接专业律师，根据他们提供的建议处理该类问题；另外，社工也应适时地将压力舒缓技巧穿插在实践过程中，以防止类似问题再次发生而对案主造成压力。

第三节　坚守权益，蔡女士的难产假之争

一、案件基本情况

小蔡是一位新晋妈妈，近日致电社工机构求助。她表示在职公司未能帮自己向社保局争取到难产假的津贴，经咨询社保局后，了解到是因为就诊医院所提供的资料上记录了因小蔡主观原因要求剖宫产，所以社保局认定情况不属于难产范围，不准予获得津贴。此后，小蔡咨询了医院，医院方表示由于资料出具已超 30 天且资料已上传到社保局系统，目前无法更改。对于目前咨询情况，小蔡认为剖宫产并非自我主观上的要求，而是因为胎儿本身指标不符合顺产要求，所以小蔡认为其符合获得难产假津贴的标准。

二、案主需求分析与曾做出的努力

（一）案主需求分析

（1）情绪安抚需求。据接触，小蔡目前的情绪表现为焦躁和愤怒，其对社保局和医院的解决方式感到不满，在情绪上小蔡需要社工介入给予安抚和支持。

（2）获得难产假津贴的需求。据社工了解，小蔡目前的第一需求是获得难产假津贴。这项需求的满足需要医院和社保局配合。

（3）增能的需求。小蔡需要了解并提高关于女性权利申诉维权的程序知识。

（二）案主曾做出的努力

据社工了解，小蔡曾经主动向医院和社保局表达自己的需求，希望自己能够获得难产假津贴。但结果是小蔡的需求被拒，医院仍以处理日期已超 30 天为由，拒绝更改资料，而社保局仍以资料不符合要求拒绝小蔡。

因此，通过对小蔡的需求和努力进行分析，社工了解到小蔡对于问题解决持有积极的态度，且拥有较清晰的解决框架和方法。

三、理论依据

（一）人本主义理论

该理论强调人的价值和人格发展，是主张以小蔡为中心的实践伦理。人本主义社会工作是对原有专家模式下的社会工作的一种修正，从而使得社会工作的服务过程更为民主，也为个性化服务奠定了基础。人本主义理论还提出了社会工作专业服务中应有的几个基本原则，即诚实和真诚、温暖、尊重和接纳、同理心。另外，人本主义社会工作实务的基本价值有以下几点：①强调人的内在价值和能力；②在社会生活中，人们彼此负有责任；③个人具有归属与被包容的权利；④人们具有参与和被聆听的权利；⑤人们具有自由表达的权利；⑥群体成员之间是有差别的，每个人的差别都要得到尊重；

⑦人们具有质疑和挑战专业人员的权利。

（二）增能理论

这是一种主张增强人的权利和能力的社会工作理论。该理论认为，弱势群体之所以处于弱势状态，是因为其缺乏应对问题的权利或能力。要改善弱势群体的状况，就必须赋予弱势群体成员各种正面或积极的权力和能力。社工可以分别从个人层面（强调提高自我形象、重获对自己生命控制的信念）、人际层面（强调人与人之间的平等，建立起与别人共处的能力）和社会环境层面（强调通过学习争取社会资源的平均分配，赋予组织、公民参与社区决策的机会）三个层面来开展赋权理论的实践。

基于以上理论，社工应在实践过程中尊重小蔡的想法和决定，同时对小蔡的想法表达同理心；另外，社工还需在实践过程中分别或同时对小蔡个人、人际和社会环境层面进行介入，使小蔡解决问题的能力得到较大的提升。

四、介入目标

目标一：帮助小蔡稳定情绪，提供支持并增强小蔡解决问题的信心。

目标二：多方联动法律资源，维护小蔡的合法权益。

五、服务策略

服务策略一：给予小蔡宣泄的空间，运用倾听、接纳、适度地自我披露等技巧，助力小蔡释放抑郁情绪。

服务策略二：建立良好的会谈关系，了解小蔡的个人信息、需求和环境资源情况以及问题的具体情况。

服务策略三：对接志愿者律师资源，帮助小蔡了解目前自身所处的情况，并与小蔡一同确立目标和制定介入计划。

六、服务过程

（一）建立专业关系

社工在会谈前收集了小蔡的相关资料，另外还评估了小蔡现在面临的困境及问题并提前阅读了相关案件。会谈后社工多次联络小蔡，并与其建立了良好的专业关系，对于小蔡的倾诉社工认真聆听并给予适当回应，社工做到了接纳小蔡的消极情绪，同理小蔡的处境，让小蔡感觉到自己是被理解、被支持的。此外，社工还向小蔡澄清了其所在机构的工作领域、工作职责和“对案主自觉保密”等相关原则，同时社工表示愿意和小蔡一起努力，商量目标和计划。小蔡了解情况后表示愿意继续接受社工服务。

为了提供精准服务，社工收集并掌握了小蔡更多的信息，包括小蔡的生产情况、医院对于难产情况的界定、社保局关于难产假津贴的补贴标准、小蔡的家庭经济状况等。此外，社工还了解到小蔡目前仍因医院出院小结资料出错导致没有获得难产假津贴而处于情绪激动之中。

（二）加强良性沟通

针对小蔡的需求，社工建议小蔡与医院和社保局尝试建立良性沟通，询问医院和社保局关于难产是如何界定的，并咨询医院更改资料事项。在接触过程中，社工发现小蔡关于医院出具的错误资料感到十分愤怒，每次谈到这件事情，小蔡都会紧皱眉头，表现不满。鉴于此，社工对其情绪及心理状况进行了综合评估，借助回忆叙述法、诉说等方式协助小蔡将积压已久的愤怒情绪发泄出来，从而减轻其心理压力。另外，在此过程中，社工还教授了小蔡各种沟通技巧和方式，借此提高小蔡与医院、社保局的沟通效率，达到三方之间的良性沟通结果。

（三）增强案主维权意识

社工引导小蔡认识到其需要摆正心态，积极面对问题且收集多方证据，在医院和社保局双方不给予协商解决的情况下，通过法律诉讼手段来维护自己的合法权益。社工运用个案工作中的支持性技巧，借助口头和身体言语让小蔡感受到被理解、被接纳；另外，社工还通过多方面说明维护自身合法权益的重要性，且说明法律介入的有效性，使小蔡了解更多的维权知识，掌握合理利用法律武器维护自己切身权益的技巧。

（四）探寻多种解决方式

在基于小蔡接受法律介入的前提下，社工为小蔡多方链接志愿者律师，通过咨询律师使小蔡了解到自身的优劣势以及认识该问题应如何解决。经过与律师的沟通，律师认为小蔡在多次与医院和社保局协商未果的情况下，如果仍坚持要满足需求，可以起诉社保局和医院，要求社保局和医院更正信息，再次核定难产假津贴。小蔡最终决定采取诉讼方式保障权益，在诉讼期间社工积极鼓励小蔡维护自身的合法权益。

（五）顺利结案，疏导离别情绪

在诉讼过程结束后，社工与小蔡共同回顾了这一段时间的服务过程，厘清了整个过程的介入步骤以及提醒小蔡自身发生的变化和成长，借此社工帮助小蔡巩固了服务成效。社工还根据小蔡的实际情况进行了评估和总结，并将结果告知了小蔡，社工与小蔡共同协商决定结案。此外，社工在正式结案之前还为小蔡疏导了情绪，避免小蔡因心理存在落差导致不适，具体介入包括组建小组活动邀请小蔡分享实践过程等。除此之外，结案后社工仍需定期对小蔡进行回访，与她一起解决结案后遇到的困难。

七、小结

在任何情况下，女性都需要提高对法律的认识、对自身权益的理解，要懂得合理利用法律武器保护自己。在本案介入过程中，一是社工联合律师、社区共同解决案主的问题，让案主真实感受到自己的诉求有被重视。二是以案主为中心，牢固树立服务意识，接纳和理解案主，建立平等、尊重的关系。三是清晰服务范围，社工没有接受过难产假相关知识的学习，只能处理案主的情绪问题，同时做好链接资源的工作。四是重视语言和肢体语言的表达性意义，分辨案主是不愿意说还是不会说，耐心、充分地倾听、等待，善于启发和引导案主交流。五是关注环境的安静、身体舒适度、仪容整洁对于案主情绪的影响，稳定案主的情绪。

第四节 流逝的幸福，李先生与妻子的漫长苦旅

一、案件基本情况

小李的妻子为了能够给家庭减轻负担，怀孕后照常去工厂上班，每天负责分拣的工作。小李知道工厂的工作繁重又复杂，时间久了对妻子与胎儿不好，特此叮嘱妻子要将自己的身体情况告知车间主任。妻子将自己的怀孕状况告诉了车间主任，但是工作量并没有减轻，小李发现妻子每天起码工作 10 小时，周末也不能休息。虽然这段时间妻子孕检的结果均为正常，但是小李还是十分担心妻子过度劳累，因此建议妻子请假休息。妻子向领导提出请假的需求，但是领导拒绝了她的请求，并让她周末继续加班。经过周末的持续加班，妻子周一上班时突然下体出血不止，被紧急送往医院，但是孩子已经保不住。小李十分悲痛，因为在此之前，小李和妻子已经育有一个女儿，但因为孩子长期抑郁，在几年前自杀身亡，后来小李和妻子经过艰难抉择，决定让高龄的妻子再次怀孕，想不到还是失去了孩子。为此，小李想通过鉴定工伤的方法要求工厂赔偿。社工综合考虑后，选择小李作为本次个案的案主。

二、案主需求分析与资源分析

（一）案主需求分析

（1）通过与小李夫妇的面谈可知，他们因为失去孩子心情悲痛，需要社工对夫妻俩进行心理安慰，平复伤痛；同时，建议小李的妻子积极配合治疗，养好身体，逐步走出失去孩子的阴霾。

（2）小李想要通过鉴定工伤的方法要求工厂为此事赔偿，希望能够还自己的妻子及未出生的孩子一个公道，社工需要协助小李收集相关证据材料，并联系社会保险行政部门提出工伤认定申请。

（3）小李工作之余一方面要照顾妻子，另一方面要维护妻子的合法权益，

办理工伤鉴定，所以存在一定的生活压力。

（二）案主资源分析

（1）个人层面：小李前来寻求社工的帮助，说明其有很强的维权意识，希望通过合法途径帮助妻子拿到应有的赔偿。社工通过与小李交谈得知，这是他们失去的第二个孩子，给他们带来的伤害非常巨大，他们很自责没有保护好孩子，希望通过法律手段给他们和未出生的孩子一个交代，使生活尽快恢复平静。

（2）社会层面：社工在征得小李同意之后，向外争取妇女儿童保护组织、妇联的支持和帮助，拓展社会支持资源。小李认为车间主任在明知自己妻子怀孕的情况下依然要求妻子加班，导致妻子流产，构成工伤，希望社工能及时予以有效的帮助，协助其进行工伤认定及劳动仲裁，向工厂索赔。

三、理论依据

社工通过小李讲述了解到，小李夫妇处在悲痛中，需要完成工伤认定、依法索赔等步骤，因此社工决定将任务中心理论作为本次个案的理论指导。

任务中心理论是社会工作自身发展出的一套实践理论，起源于20世纪60年代，强调个案过程是一个问题解决的过程。其基本假设是小李有解决问题的能力与潜能，认为人是健康的、有自主能力的个体。任务与问题的关系就是手段与目标的关系，完成有关任务，问题就能得以解决。任务中心理论不讨论问题的起源和发展，而是致力于探知问题的阻力和助力，以协助小李清楚地界定问题，了解问题解决的资源与障碍，在此基础上，社工与小李一起制定相应的工作计划，即个案契约。任务中心理论是一种短期的、带有明确目的的实践理论。

任务中心理论要求社工和小李围绕问题制定短期任务，为了短期任务的完成而开展介入，同时将小李的注意力从问题本身转移到任务上，从而关注解决能力、解决资源和进度等。

四、介入目标与服务策略

总目标：在任务中心理论的介入下，社工陪同小李夫妇完成工伤鉴定，按照劳动仲裁程序，维护劳动者应有的权益，小李夫妇的悲伤情绪得到疏导。

分目标一及服务策略一：疏导小李夫妇失去孩子的悲痛心情，提供小李夫妇情绪上的支持，帮助他们积极面对生活；运用个案工作方法，减轻小李夫妇的伤痛，接纳小李，提供轻松的交谈环境，缓解其负面情绪。

分目标二及服务策略二：拓展小李夫妇的支持网络，帮助他们树立维护自己权益的正确意识；在与小李面谈过程中，与小李一同整合自身的正式支持网络与非正式支持网络，肯定小李寻求帮助的信心和态度，保持小李解决问题的积极性。

分目标三及服务策略三：链接公益律师资源，给小李提供了解维护权益的渠道，协助小李夫妇维护合法权益；社工提前咨询律师，并为小李链接律师资源，结合律师的建议，协助小李做出决定。

五、服务过程

（一）建立专业关系，疏导小李夫妇的情绪

小李向社工求助后，前期与社工确立以下服务内容：①情绪疏导，缓解服务对象的伤痛情绪；②进行工伤鉴定和劳动仲裁，拿到相应的赔偿；③普及劳动者保护法及相关权利。在此过程中，社工协助服务对象积极对接当地人力资源保障部门、劳动者保护协会，了解劳动者保护法、工伤鉴定及劳动仲裁的相关信息，同时为小李提供劳动者保护法及妇女权益保障法的相关知识，以保障小李妻子的合法权益。在协助过程中，发现小李有一定的法律及维权意识，在社工的关心与引导下，服务对象进一步了解了工伤鉴定、劳动仲裁、收集证据的步骤，在这个过程中小李逐渐与社工建立了信任关系。

在初步建立关系的基础上，运用心理社会模式评估服务对象现状。小李因妻子小产十分悲伤，心里十分自责；妻子身体恢复较慢，常常会独自泪流、发呆自责。面对这些情况，社工为其妻子链接了心理咨询师资源，并约定每周的个案跟进时间，关注其妻子的心理情况。同时，社工向小李提出建议，待妻子有所好转，可以让妻子参加社工站妇女小组活动，重拾生活信心。

（二）链接社会支持，维护合法权益

社工为小李链接了法律资源，通过咨询律师，详细了解了申请工伤鉴定的流程及所需材料。小李了解到工伤认定由统筹地区劳动保障行政部门进行

认定。根据属地原则，由用人单位所在地的设区的市级劳动保障行政部门办理。申请工伤认定时应当提交工伤认定申请表、劳动关系证明、医疗诊断证明或者职业病诊断证明等材料。劳动保障行政部门应当自受理工伤认定申请之日起60日内做出工伤认定决定，并书面通知申请人和用人单位。据此，社工协助小李前往医院说明情况并让医生开具相应的诊断证明，推进小李维护合法权益的进程。

（三）尘埃落定，放下心中的大石

按照《工伤保险条例》第17条的规定，由单位在事发后30天内、受伤者或家属在事发后1年内在用人单位所在地统筹地区社会保险行政部门提出工伤认定申请，然后根据认定和鉴定结果，享受相应的工伤待遇。在社工的协助下，小李完成了相关材料的收集，并提交劳动仲裁委员会。经过鉴定，小李妻子的小产属于工伤，社工陪同小李夫妇与妻子所在工厂负责人进行协商，最终小李夫妇拿到了相应的赔偿。

（四）重新出发，展望未来

小李妻子辞去了工厂的工作，安心在家休养身体。经过这次事件，夫妇二人痛定思痛，不再强求将来是否要孩子，最重要的是妻子的身体需要好好休养。聊起未来的计划，小李说会让妻子在家休养，自己负责家庭的经济支出。社工对他们在受到工伤后，积极维护自身权益的做法表示肯定，并邀请他们参与妇女权益保障法的相关讲座，希望他们夫妻能够在今后的生活中保护自己的合法权益，并向身边的亲朋好友普及，让更多的人能够在权益受到侵犯后，拿起法律武器捍卫自己的合法权益，勇于向不公正劳动待遇说“不”。

至此本案结案，在整个个案服务过程中，社工扮演了资源链接者、情绪疏导者的角色，合理设定目标、个案过程回应小李的需求，解决了小李的难题，体现了社工的专业价值。

六、小结

处理此类个案时，社工所需要做的是链接各方资源为服务对象寻求合法的援助，在此之前，社工需要稳定小李夫妇的情绪，疏导小李夫妇的心理压力，避免小李夫妇出现过激的行为。在了解了小李夫妇的需求之后，等待合适的时机与小李讨论解决问题的路径与方法，引导小李夫妇运用正确途径保护自己。此外，社工还需要发挥政策倡导者的作用，一方面呼吁劳动者多了解劳动法，维护自己的合法权益；另一方面倡导雇用方遵守劳动法，遵守法律保障劳动者的合法权益。

第五节　浮云蔽日，我的权益我争取

一、案件基本情况

一天，小戴向社工致电。电话另一端的小戴非常着急与激动，社工让小戴先放松下来，然后把事情讲清楚。小戴平复情绪后，在电话里向社工咨询其妻子在怀孕 3 个月后被所在公司解除劳动合同的情况。小戴表示公司一开始就没有与妻子商量，是靠自己三番五次地去公司讨说法，公司才勉强拿出两种方案搪塞：一是解除劳动合同，补偿 n+1 个月的工资；二是不解除劳动合同，每月按照 G 市最低工资标准发放工资。小戴对此表示难以理解，并不知道是否合理，所以想致电社工了解有没有这方面的帮助。社工了解基本情况后，想约小戴进一步面谈，以补充更多的信息，小戴同意后约定了面谈时间。

二、案主需求分析

社工通过运用倾听、接纳、适度地自我披露等技巧与小戴面谈，总结出小戴存在以下需求：首先，小戴需要情绪疏导，以平复较为愤怒的情绪；其次，小戴认为妻子的合法权益受到侵害，需要联系律师维护合法权益；最后，小戴除工作以外还需要照顾怀孕的妻子，生活压力大。

三、理论依据

社工在接案前的预估阶段分析了小戴目前的需求，经过双方同意，社工与小戴建立了专业服务关系，以社会支持理论为指导开展个案工作。

现实中对社会支持有不同理解，我国学者肖水源认为社会支持包括客观支持、主观支持以及对社会支持的利用程度。客观支持包括物质上的帮助和社会网络、团体关系的参与和存在；主观支持包括情绪上的支持；对社会支持的利用程度则是关注本人利用社会支持的行为。基于此，社工结合小戴的实际需求设计对应介入目标与服务策略。

四、介入目标及服务策略

总目标：在社会工作介入下，小戴与妻子的愤怒心情得到平复，在小戴与妻子冷静后协助他们分析如何缓解与公司的紧张关系；挖掘小戴的社会支持网络，协助小戴寻求律师的帮助，促使他们与公司良好协商，维护自身的合法权益。

分目标一及服务策略一：与小戴建立专业服务关系，运用同理心、接纳、倾听等技巧让小戴合理地宣泄自己的压力；在个案服务的过程中，包括接案阶段，社工需要体现专业技巧。在小戴倾诉时，社工需要抓住重点信息，了解小戴的个人信息、需求情况，耐心倾听，接纳小戴，营造可以舒缓小戴压力的沟通环境。在掌握小戴的情况后，社工与小戴建立专业关系，一起制定个案目标与个案计划。

分目标二及服务策略二：社工链接公益律师资源，为小戴及其妻子提供劳动关系及妇女权益保障法律咨询与资源；在个案服务的过程中，社工为小戴链接公益律师资源，协助小戴夫妇了解关于劳动法、女性员工在孕期的权益等相关法律知识，帮助小戴了解妻子在权益保障方面的情况，以利于小戴根据律师提供的建议维护自身的合法权益。

分目标三及服务策略三：拓展小戴夫妇的社会支持网络，增强小戴夫妇在遭受职场不公时维护自身权益的能力；在个案服务的过程中，社工通过拓展小戴夫妇原有的社会支持网络，缓解小戴的照顾压力，通过链接外部社会资源，增强其解决问题的能力。

五、服务过程

（一）建立专业关系，分析小戴目前面临的困境

小戴主动求助社工，社工接待小戴后，小戴向社工讲述发生在自己身上的事件。社工仔细倾听小戴的表述，通过提取重要信息，社工发现小戴目前最需要解决的就是其妻子孕期被公司辞退的问题。小戴妻子现在怀孕 3 个月，小戴一方面要照顾怀孕的妻子，另一方面要跟妻子的公司进行协商，以维护

自身的合法权益，小戴因此心力交瘁，压力较大，害怕妻子因为这件事情而伤害身体。社工了解基本情况后，对小戴的遭遇表示理解，并且能同理小戴的心情，且向小戴简单介绍了机构的资源和业务，表明对于他的问题后续能够提供专业的咨询，通过认真倾听以及认同点头等细微动作增加小戴对社工的信任感。在初次会谈建立关系后，社工总结了小戴的需求，给予积极调整自我情绪以及解决目前劳动纠纷的建议。

（二）及时进行心理调适，缓解小戴的心理压力

社工与小戴进行第二次面谈时，尽管社工此前已提出小戴要平复自己的心情，但小戴在得知妻子孕期被所在公司单方面解除劳动关系后，仍然深受打击，非常愤怒。社工通过与小戴交谈了解小戴的近况，运用同理心和支持的技巧，对小戴的倾诉给予积极的回应，以此舒缓小戴的情绪。在社工专业的情绪疏导下，小戴的情绪得以恢复。并且社工表示在平时会密切关注小戴的情绪状态，跟进小戴目前的问题处理情况，如通过电话、微信等联系方式保持联系。希望通过社工的协助、关心、支持，慢慢缓解小戴面对的压力。

（三）链接法律资源，维护小戴及其妻子的合法权益

此前社工了解到小戴妻子的公司提出了两种解决方案：一是解除劳动合同，给予小戴妻子 n+1 个月的工资；二是不解除劳动合同，但每月发放本地最低工资。对于这两种方案，小戴与其妻子表示不能接受。社工首先咨询了公益律师关于劳动法的规定，律师表示：《中华人民共和国劳动合同法》规定，不能因为经济性裁员等非员工过错情况，解除孕、产、哺乳期内员工的劳动合同，如解除，属于违法解除。员工可要求公司支付赔偿金，即 2n 个月的工资。如不解除，公司不得降低员工的基本工资。一般情况下，劳动者自愿辞职后没有权利向用人单位主张经济补偿金，所以用人单位为逃避因解除劳动合同而应支付给劳动者的经济补偿，往往会采取一些非法的欺诈手段迫使劳动者自行提出解除劳动合同，此种情况下劳动者“自愿离职”可以要求用人单位支付经济补偿金。但是，必须有证据能够证明劳动者在协议中写明的“主动自愿离职”并不是劳动者的真实意思表示，不然很难得到补偿。律师建议小戴和单位协商解决问题，如果无法协商一致可以先找劳动部门反映情况，如果仍然无法解决就需要到单位所在地的仲裁委员会申请仲裁以维护自己的合法权益。小戴夫妇对社工这次的资源链接表示十分感谢。

（四）尘埃落定，小戴如愿争取到合法权益

一段时间后，社工再次上门与小戴及其妻子面谈，进一步了解他们目前问题的进展，帮助小戴分析当前的处境以及可以采取的解决办法等，向小戴列出了相关的资源以及可以提供帮助的渠道，并鼓励小戴积极向现有的渠道请求帮助，拓宽小戴夫妇的社会支持网络。在这一阶段，社工结合自身、机构可以链接的资源，协助小戴进行维权以及自我决定。社工向小戴分享了成功的孕期解雇维权案例，为其推荐有关孕期解雇知识的公众号，使其持续关注了解这方面的信息。同时，社工建议小戴在公司不给协商的情况下寻求劳动保障相关部门的帮助，或拨打劳动与社会保障热线进行维权。经过社工与小戴夫妇的努力，最后获得了公司补偿。

六、小结

在面对怀孕与工作稳定之间的矛盾时，孕期妇女容易出现情绪波动而引起身体不适。孕期妇女在遇到公司劳动纠纷问题时，首先要保重好自己的身体，保持情绪平稳，平稳的情绪有助于孕期妇女的身心健康和胎儿的稳定。而孕期妇女的家人此时需要起到关键的支持作用。经过社工综合考虑后，本次个案工作选择以孕期妇女的丈夫小戴为案主，首先平复小戴的情绪状态，其次稳定其妻子的状态，最后协助他们冷静地分析如何解决面对的难题。若在社工未介入时，与公司协商不能达成一致的情况下，建议孕期妇女还是以身体为主，在家人陪同下寻求劳动保障相关部门的帮助，或拨打劳动与社会保障热线进行维权。除了链接公益法律资源，社工更重要的工作是以案释法，让更多人知法、懂法、守法、用法，引导社区居民正确运用法律手段解决工作和生活中遇到的问题，发挥情绪疏导者、资源链接者、政策倡导者的积极作用。

第六节　追逐回声，被封印的回报

一、案件基本情况

小黄是某教育培训机构的老师。由于受到现行教育政策的影响，该教育培训机构决定解散。小黄理解机构的艰难处境，接受了机构解散的结果并继续做好本职工作。按照机构的规定，小黄可以获得 500 元的绩效工资。然而在工资发放时，她却发现工资卡里少了这 500 元。由于刚失业再加上在大城市里的生活花销巨大，小黄认为不能放弃这笔绩效工资。于是小黄找到原机构财务，希望可以追回这笔工资。但是机构财务不承认少发了这笔工资，并且以机构解散为由拒绝处理此事。失业和追薪无果的双重打击让小黄情绪十分低落，在大城市孤立无援的她只好求助于社工。

二、案主问题分析与需求分析

社工在接案之后，对小黄的问题和需求进行如下梳理：

（一）案主问题分析

（1）薪资纠纷问题：小黄的原工作单位拖欠案主的合法薪资，让小黄本来拮据的生活雪上加霜。

（2）失业问题：由于受疫情影响，小黄难以在短时间再就业。由于没有收入，小黄缺乏生活资金来源，同时无法偿还贷款。

（3）社会支持问题：因为与家人意见相左，小黄不愿向家人寻求帮助，同时因为小黄在本地的亲友比较少，所以小黄在物质和情感方面难以得到外界的支持。

（二）案主需求分析

（1）追回薪资的需求。小黄需要通过合法的手段追回被机构拖欠的工资，以暂时缓解经济上的困境。

（2）再就业的需求。小黄需要进行再就业，以获得稳定的经济收入。

（3）获得社会支持的需求。小黄需要改善同家人的关系，同时在本地区构建自身的社会支持网络，从而获得可持续的物质和情感方面的支持。

三、理论依据

（一）社会支持理论

该理论认为个人所拥有的资源分为个人资源和社会资源，前者包括个人的自我功能和应对能力，而后者指的是个体所处的社会网络所提供的社会支持。个体间可以通过相互接触形成社会支持网络。个体可以通过社会支持网络获得情绪支持、物质援助、服务和新的社会接触。在本案中，社工通过评估发现，小黄自身应对问题的能力明显有限，同时缺乏社会支持网络。社工作为社会支持力量，应当给予小黄情感、服务等方面适当的支持，同时协助小黄构建和利用社会支持网络。

（二）优势视角理论

该理论认为每个人都具有解决问题的力量和资源；社工既要看到案主的问题，也要看到案主的优势，发掘案主的潜能。本案中，缺乏应对问题的能力是小黄陷入当前困境的主要原因之一。社工在为小黄提供支持和帮助的同时，要注意发掘小黄的自身潜能，从而提升小黄处理问题的能力和心理抗压能力，帮助小黄树立对未来生活的信心。

四、介入目标

总目标：协助小黄应对薪资纠纷、失业等具体问题，帮助小黄构建自身的社会支持网络，增强小黄应对生活问题的信心，提高其能力。

分目标一：解决绩效工资拖欠问题，缓解小黄的经济困境。

分目标二：协助小黄做好职业生涯规划，增强小黄求职的信心，提高其能力。

分目标三：协助小黄改善同家人的关系，获得家人对小黄的支持，同时帮助小黄构建和利用本地区的社会支持网络。

五、服务过程

（一）接案与预估阶段

社工与小黄进行初步的会谈，向小黄介绍自身的角色与职责，同时告知小黄服务过程中的相关伦理原则。鉴于小黄的情绪较为低落，社工运用同理心、接纳等技巧，鼓励小黄倾诉自身的遭遇。

在初步了解小黄的信息和问题之后，社工运用澄清的技巧，与小黄共同定位需要解决的问题。社工与小黄共同认为追回被拖欠的薪资是当前最需要解决的问题。鉴于小黄目前失业这一情况，社工表示愿意与小黄共同努力，找到一份适合小黄的新工作。对于社工在就业方面的帮助，小黄表示愿意接受。

随后社工与小黄共同制定服务目标并签订服务协议，正式建立专业关系。

（二）介入阶段

1. 对接法律资源，回应急切需要

面对薪资拖欠的问题，社工向小黄链接法律咨询资源，建议其听取专业律师的建议。小黄对此也表示同意。因此，社工为小黄链接了专业的律师进行法律咨询。小黄在咨询过程中逐步了解到问题解决的方法和渠道。小黄在与社工商议后开始逐步采取法律手段追讨自己的薪资。

2. 分析自身优势，探讨职业规划

社工和小黄开展了深入会谈，了解了小黄对自己的人生规划。社工首先了解小黄的从业经历，发现小黄大学毕业后一直从事教育培训行业，小黄的从业经历比较单一。社工询问小黄是否有理想的目标职业，小黄表示想尝试广告策划方面的工作，但是小黄也表示自己没有相关的专业知识作为支撑，自己的从业信心不足。

随后，社工让小黄列出了自身在就业方面的十大优势，包括品德、技能、经验等。同时，社工帮助小黄分析这些优势与小黄想从事的行业之间的联系。社工向小黄表露，小黄的思维活跃，在广告策划方面具有一定的优势。最后，社工与小黄一起分析了一些岗位的从业要求。

3. 链接就业资源，提升就业能力

为了增强小黄就业的信心，提高其能力，社工为小黄推荐了相关的就业

技能培训活动，例如简历撰写、面试经验分享以及模拟面试训练等，帮助小黄提升一般性的就业技能。

社工也为小黄链接了一些就业资讯，帮助小黄拓宽就业的渠道。小黄表示自己同参加就业培训的小伙伴建立了联系群，大家会互相分享就业资讯，同时互相进行学习打卡监督。小黄表示自己现在会主动寻找一些就业资讯，对就业目标也有了更清晰的认识。社工了解到，小黄对于就业形势有了比较客观的看法，能理性地接受就业过程中的挫折。

社工对于小黄的积极改变表示肯定，并鼓励小黄继续进行就业方面的尝试。

4. **开展家庭分析，寻求家人支持**

社工与小黄就与家人的关系开展会谈，让小黄谈谈自己对家庭的看法。通过会谈，社工了解到了小黄的家庭结构以及小黄与家人产生矛盾的根源，评估了小黄与家人的关系情况。小黄来自单亲家庭，平时与父亲的联系比较少，而她对母亲的情感比较复杂。小黄虽然希望母亲理解自己，但是不愿意与其沟通。小黄还有一些兄弟姐妹，小黄与他们的关系相对比较缓和。

社工表示小黄可以先从与兄弟姐妹的关系入手，尝试改善与家人的关系。同时社工鼓励小黄尝试主动联系母亲，尝试站在母亲的角度理解她的情感。

（三）评估与结案阶段

经过一周的评估，社工认为小黄的问题有所改善，同时其已经具备解决问题的能力，可以结束专业服务。在最后的访谈中，社工了解到，小黄已经接到了一些公司的录用通知，同时小黄主动向家人交代自己的经济现状，获得了来自姐妹的经济资助，但同母亲的关系还在改善中。

社工对小黄的成长表示祝贺，鼓励其继续坚定自己的理想目标，同时不断尝试同家人改善关系。社工也表示，如果小黄今后在家人关系改善的过程中遇到困难，可以寻求社工的支持和帮助。

六、小结

（1）方案设计合理，问题解决得当。社工根据小黄问题的紧急程度，由易到难地推进问题的解决。社工优先处理小黄同原工作单位的薪资纠纷，回应其急切的经济需要，然后逐步协助小黄达成就业以及改善社会支持现状的需要。同时，优先帮助小黄处理经济程度较高的问题也有利于增进小黄对社工的信任程度，促进双方专业关系的进一步深入，从而便于推进服务的其他方面。

（2）介入环节相互衔接，推动服务目标实现。服务计划的实施要依据服务目标，服务目标要贯穿于服务介入的各个阶段。本案中，社工将服务总体目标阶段化，通过阶段性的介入来逐步实现总体目标，如链接就业培训资源环节，既有利于提升小黄的就业能力，又有利于构建小黄的社会支持网络。同时，总体目标的阶段化达成也有利于小黄在服务过程中不断增强自身解决问题的信心，提高其能力，从而推动总体目标的最终达成。

第二章 爱情关系的探索

爱情是人类情感中最为复杂、深刻和独特的关系之一。它涉及两个人之间的情感、信任、依赖和互动，以及更深层次的情感体验和共享，可以带给人深深的幸福感和满足感，也可以带给人痛苦和失望。本章汇集了在爱情关系中涉及的情感、身体、钱财等方面的欺骗和隐私暴露等案件，希望通过深入剖析这些案件，为社工同行提供经验借鉴，也希望能指导热恋中的男女保护自己的权益和隐私，建立和谐健康的两性关系。

第一节 欺骗的情感与失落的补偿

一、案件基本情况

小常在社会相亲活动中认识了男友小张。两人互相添加微信后经常线上聊天。过了一段时间，小常和小张觉得情投意合便确定了恋爱关系。之后不久，小张热情地邀请小常与他同居。同居后，小张表示自己工作的地方有宿舍，自己每周会有2~3天在那里居住。随着认识的深入，小常与小张进入谈婚论嫁阶段，小常也认识了小张的朋友小刘。小常希望通过小刘了解更多小张的信息。小刘无意间向小常透露了小张已婚的事实。小常觉得自己受到了欺骗，十分生气，便找到小张对质。小张承认了已婚的事实，但也表示自己现在处于诉讼离婚阶段，希望得到小常的原谅。小常以“需要冷静一下”为由，离开了与小张同居的出租屋。小常冷静下来后认为小张以前经常不在家是因为有另一段感情需要维系。小常对于小张的欺骗感到十分生气和后怕，并希望和小张分手。

同居后，小常负责了大部分的生活花销，其中包括出租屋的租金和家具的购买。小常提出分手后打算搬离出租屋并带走自己购置的家居用品和电器，但是小张不同意分手并阻止小常搬离出租屋。因此，小常希望可以在社工的帮助下结束这段感情并维护自身的合法权益。

二、案主问题分析与需求分析

（一）案主问题分析

（1）表征问题：小常与其男友关系破裂，并产生了经济利益纠纷。

（2）潜在问题：问题一，男友隐瞒已婚的事实与小常交往，有违道德伦理和法律规定，也欺骗了小常的感情；问题二，小常在没有深入了解男友的情况下就与其交往并步入谈婚论嫁阶段，最终导致感情被欺骗，反映了小常缺乏一定的自我防范意识；问题三，小常无法取回自身购买的生活用品，反映了小常缺乏一定的问题处理能力。

（二）案主需求分析

（1）情感方面的需求。一方面，小常希望尽快与男友结束恋爱关系，以减少这段感情给自己带来的负面情绪影响；另一方面，小常在感情方面受到男友的欺骗，需要一定的情感抚慰。

（2）物资方面的需求。小常在同居后负责了两人的大部分花销，小常认为导致感情破裂的过错在男友一方，因此，小常希望男友能补偿这段时间自己支付的生活花销，并取回出租屋内自费购买的物品。

（3）能力提升的需求。小常需要增强自我防范意识，防止在今后的感情交往中遇人不善。小常需要增进对自身权益的认识，了解维护自身合法权益的相关途径，提升自身的维权能力。

三、理论依据

结合小常的问题与需求，社工将采用赋能理论指导整个专业服务过程。

赋能理论又称赋权理论。该理论认为，弱势群体之所以处于弱势状态，是因为缺乏生活能力、表达自我价值的能力、与他人合作的能力和控制公共生活各领域的能力。要改善弱势群体的状况，就必须赋予弱势群体成员各种正面或积极的权力和能力。社工可以分别从个人、人际关系和社会环境三个层面开展赋权理论的实践。

本案中，在小常的个人层面，社工要帮助其处理由于感情破裂所带来的负面情绪，提升其负面情绪处理能力；在人际关系层面，社工要协助小常处理与其男友的情感纠纷和经济纠纷，提升小常的自我防范意识和自我保护能力；在社会环境层面，社工要协助小常争取相关的社会支持资源，提升其处理问题纠纷的能力。

四、介入目标

总目标：帮助小常走出感情失败的情绪阴影，协助小常处理与男友在情感和经济方面的纠纷，维护小常的合法利益，提升小常自我保护的意识和能力。

分目标一：帮助小常处理由于感情破裂所带来的负面情绪，使小常恢复心理层面的平衡，以更加理性、冷静的态度处理与男友的纠纷。

分目标二：帮助小常了解与纠纷相关的法律规定并为其提供相关的纠纷解决渠道，提升小常的问题纠纷处理能力。

分目标三：帮助小常分析产生本次纠纷的深层次原因，协助小常总结经验和教训，提升其自我保护的意识和自我保护的能力。

五、服务过程

（一）定位问题，澄清需要

在初次会谈中，小常的情绪比较激动，言语也比较激烈。社工适当地安抚小常的情绪，同时运用同理心、接纳和非批判等技巧鼓励小常说出自己的遭遇和感受。在安全的环境中以及社工的引导下，小常宣泄了自己的情绪并向社工表达了自身的诉求。

经过不断澄清，社工发现，小常希望和男友结束恋人关系并讨回自己在感情中的经济付出。社工尊重小常诉求的同时澄清了其对于社工的期待。随后，社工与小常共同制定服务目标并建立了专业关系。

（二）共同商讨方案

在前期的会谈中，小常看到了解决问题的希望，在心理层面获得了一定的支持。在小常的情绪相对稳定之后，社工约见小常并与其共同讨论问题的解决方案。

社工首先了解了小常在解决问题方面所做出的尝试。小常表示，她曾经多次尝试通过电话的形式向男友表达自己的诉求，但是男友都拒接沟通，这让小常十分苦恼。小常希望能与男友和平地协商分手的相关问题。

社工向小常建议是否可以通过线下的形式与男友进行沟通。小常表示尚未尝试此种方式，可以尝试。同时，小常希望社工能与其共同制定与男友谈话的提纲，以便更好地实现此次谈话的目的。社工表示认同，与小常共同制定了谈话提纲并且模拟了谈话的情景。社工建议小常最好在朋友的陪伴下与男友进行面谈。

（三）初次协商失败，探索新的解决方案

在与社工的再次会谈中，小常情绪比较失落。社工了解到，男友同意了与小常进行单独会谈的请求，但是男友仍然拒绝与小常分手和小常搬家的提议。社工首先安抚了小常的情绪，鼓励其保持乐观并尝试新的解决方案。社工也了解到，小常坚定地要与男友结束关系，但是男友仍然希望维持这段感情。

社工尊重小常的意愿和选择，同时建议其尝试通过法律手段解决与男友的纠纷，并为其链接了法律咨询资源。小常表示愿意进行尝试。

（四）尝试法律维权

社工为小常链接了法律咨询资源。针对小常与男友的纠纷，律师建议小常收集相关证据，包括聊天记录、证人证言、支付记录等，以证明自己的感情受到了欺骗，同时负责了大部分同居后的生活开支。律师也建议小常，可以在掌握证据的情况下与男友再进行一次协商，如果协商不成则可以走法律程序，通过起诉男友要求其赔偿或返还财产。

（五）实现目标，总结经验和教训

在律师的介入下，小常与男友再次进行协商。小常顺利地与男友结束了

关系，同时男友也同意小常取回自己的物品并给予小常一定的补偿。社工对小常实现服务目标表示祝贺。社工与小常共同回顾了整个服务的过程，并帮助其总结经验和教训。小常表示，今后自己将会在亲密关系的建立过程中提高警惕，同时，自己在服务过程中也学到了一些解决问题的方法和渠道。社工对小常的改变表示欣喜，同时鼓励其将学习到的知识运用到今后的生活中。

六、小结

社会工作的服务宗旨是“助人自助”，在为案主提供临时性帮助的同时要注重案主个人能力的提升，使其在今后的生活中实现自立自强。因此，社工在本案中采用的赋能理论，旨在通过助人的过程，帮助其从中总结经验和教训，从而提升个人的能力。

协助案主解决与男友的纠纷是本案例的核心内容。社工既需要协助案主处理相关的纠纷，也需要帮助案主提升自身的能力，从而避免其在今后的生活中再次陷入同样的困境。因此，让案主认识到自己的问题与需要，激发案主解决问题、满足需要的意愿并将其转化为实际的行动，是在服务行动中提升案主个人能力的关键。于是，社工在服务的过程中注重案主的主体地位，与案主共同讨论问题的解决策论，并引导案主通过自身的行动实现自身的需要。案主在维权的行动中间接地提升了自我保护能力，这也体现了社工“助人自助”的服务宗旨。

第二节　迟到的约定，爱与等待的保护

一、案件基本情况

小王在工作中认识了男友小陈，一年后两人有了孩子，目前孩子已经3岁。怀上孩子那段时间，小陈刚与前妻离婚，小王体恤小陈刚从一段婚姻中走出来，可能不太愿意立刻开展一段新的婚姻，所以并未提过领证的事情。直到小王怀上二胎，意识到如果再不领证，对于自己以及孩子都是没有保障的，于是开始跟小陈讨论结婚的事情。小陈说自己曾许诺前妻等到自己与前妻的孩子年满18岁，才考虑再婚，而自己与前妻的孩子现在刚刚16岁。对此小王感觉很不踏实，怕到时候小陈不履行约定。最近小陈和小王在讨论孩子上户口的问题，小陈意思比较坚决，要孩子们户口跟着自己，因为对于孩子来说，小陈是城市户口，孩子们跟着爸爸比较好，但小王很担心，如果孩子户口跟着小陈，小陈是否还会信守承诺跟自己结婚。

二、案主需求分析与曾做出的努力

（一）案主需求分析

（1）小王的情绪较为焦虑，着急于问题的解决，需要给予安抚。

（2）经过交谈，小王最迫切的需求是小陈能践行承诺，在两年后和她登记结婚。

（3）小王需要了解上户口的关于程序，同时需要适当补充女性权利维护方面的知识，了解有关已生育两胎但尚未领证的情况法律上如何规定，以便小王之后做出相应的自我决定。

（二）案主曾做出的努力

（1）小王曾主动向小陈表达过自己想尽快领证的想法，但小陈都以同一个理由回应，这让小王对未来是否能登记结婚产生怀疑。

（2）小王曾向堂妹倾诉。堂妹在村里已婚，劝小王多给小陈时间并认为这是嫁去城市的好机会。小王表示家里人无法理解自己的处境。

（3）小王目前的生活圈子较小，未有孩子之前是工作和家两点一线，社交圈局限在公司，此事件她曾多次和自己的女性工友谈及，女性工友也建议她寻找专业人士帮忙。

通过分析，可以了解到，小王最迫切的需求是登记结婚，但小陈的态度和行为让小王产生了怀疑，所以小王对自己的状态产生了忧虑。小王寻求问题解决的行为比较积极，先后和小陈、家人以及朋友倾诉过，也从朋友处得到了问题解决的方向。

三、理论依据

对本案的分析将采用心理社会治疗模式，突出其中的人本主义理论。

心理社会治疗模式是个案工作常用的工作模式，主张“人在情境中”，认为人的行为同时由内在心理和外在社会因素所形成，要了解环境中的人必须联动该个体和情境的互动因素，因此，可以通过了解小王的内心想法、所处环境以及以往的人生经历来接纳和同理目前她所做的选择，以及更好地制定介入策略。人本主义理论指引社工对能力持正向的看法，认为小王具有价值和创造力，能够通过自我实现完成潜能的发挥。社工需要以小王为中心，通过支持、鼓励等手段引导小王发现自我解决问题的途径，帮助她在挫折中积累经验，增强信心。

四、介入目标

总目标：提升小王的能力，以应对其他类似的问题。

分目标一：作为小王的情绪支撑，帮助小王在倾诉和宣泄中缓解情绪，从而更好地思考情绪背后的需求。

分目标二：通过信息和知识支持，帮助小王提升对问题的理解力，以及推进小王在后续发展中做出自我决定。

分目标三：让小王和小陈表达清楚双方需求。

五、服务过程

（一）建立专业关系

小王主动找到社工求助，并且讲述发生在自己身上的事件。社工详细了解小王的经历过往，发现小王目前较为困难的地方在于照顾儿女的同时无法兼顾工作，经济来源全部依赖小陈，因此小王较为担忧小陈会反悔。小王除了担心小陈悔婚，也担心儿女被抢去。社工了解情况后，从小王所处的情境出发进行考量，对小王的遭遇表示理解，通过认同点头等细微动作强化小王对社工的信任。在初次会谈建立关系后，社工给予了小王一些建议，包括调整自我情绪，将精力从担忧转到照顾孩子的身上，问题在短时间内无法消失，但也别影响到正常生活。在获得小王信任后，社工和小王约定个案的情况以及后续工作将全部保密，并约定下一次会谈时间。

（二）深入了解案主背后的需求以及案主的社会网络信息

这一次会谈的目的在于了解更多的信息。小王和小陈也有过较为甜蜜的相处时光，直到小王求助，其实都没有发生过较大的争吵，只是在登记结婚这件事情上分歧较大。社工鼓励小王尝试寻找机会和小陈坐下来认真谈谈，提前做好谈话的准备。小王虽然在这个城市的社会网络较为薄弱，但也有一些要好的工友。社工引导她发现身边的力量，为她提供建议，如果以后遇到较为烦恼的问题，也可以借助这些外部力量进行情绪宣泄。

社工向小王澄清求助的需求，询问小王是否较为担忧小陈不履行承诺，导致权益受到侵害。在得到小王的肯定后，社工邀请小王一起制作后续的计划，先为小王对接律师，提供相应的法律解释；之后为小王对接资源，在律师咨询的基础上，由社工补充相应的政府信息和落户政策，让她提升自我解决问题的能力，小王对计划表示认同。

（三）对接资源，提高案主解决问题的能量

经过前两次会谈后，小王变得更积极，社工首先为小王对接了律师，小王提出单独询问。社工了解到小王主要咨询了两个问题：第一个是孩子归属，第二个是小王自身能否得到相应的赔偿。针对第一个问题，律师给出的解释是不管户口是否落在小王名下，她都有权随时起诉要求争取抚养权，法院一

般综合考虑双方的收入、工作、孩子之前跟谁生活比较久等因素进行抚养权判决。针对第二个问题，律师给出的反馈是，如果是因为恋爱自由发生性关系而生下孩子，属于个人自愿的选择，法律无法要求赔偿。之后社工补充说明了落户的相关信息。

社工让小王考虑之后可能的结果，并做出假设，最终小王认为如果真的无法登记结婚，希望孩子可以得到良好的照顾。社工问及是否需要和小陈开展一次会谈，小王答应尝试。

（四）约定双方会谈，厘清双方需求

会谈约定在周五晚上，先由社工阐述会谈的目的，再将主动权交由小王和小陈。小陈首先声明自己的立场和原则：等到自己与前妻的孩子成年再登记结婚，是和前妻的约定，目前在经济上也会更倾向前家庭，但孩子成年后，会将精力转移到新家庭。小王表示之前听小陈这样说过，社工表示小王可以尝试给予小陈更多的信任。鉴于小王对小陈的不信任，小陈也产生了沮丧的情绪，因此社工建议小王和小陈就需求订立一个书面协议，承诺这两年双方的责任和义务，得到了小王和小陈的回应。

（五）就个案完成度协商结案

社工对比结案前小王的需求和目标，针对小王想要登记结婚这个需求目前暂告一段落，得到了阶段式的落实，与小陈签订合约让小王的心里有了踏实感，也增加了对小陈的信任。在个案介入中，社工引导小王适当借助周边的力量缓解忧虑情绪，同时为小王补充了所需的信息和知识，达到了增能的效果，在与小王协商后，同意结案。

六、小结

本案中，最重要的一个步骤是协调小王与小陈进行沟通交谈，这对社工的职业能力提出了较高的要求。为了促成会谈或类似的调解沟通最大限度地达到目标，满足小王合理的、基本的诉求，社工需要提前做大量的功课：除了了解小王的个案情况，还需要对其家庭关系、亲朋关系有大概了解，清楚不同利益方对事件的看法，把握现场会谈的节奏以及注意观察现场的沟通模式。

第三节　孤影重生，传递温暖与力量

一、案件基本情况

小嘉与相恋三年的男朋友小吴准备步入婚姻的殿堂。小吴将小嘉带回家见家长，但是小吴家长并不赞同这门婚事。这时候，小嘉意外怀孕了，小吴和小嘉想着，小吴父母总会因为孩子而同意这门婚事。然而，小吴的父母不仅不同意这门婚事，还强烈要求小嘉打掉肚子里的孩子。小嘉对于自己的第一个孩子很是珍惜，希望将孩子留下来抚养。小吴迫于父母的压力，开始动摇，也劝小嘉放弃这个孩子。小嘉的家人知道小吴和他家人的态度，也劝小嘉放弃这段感情。

小嘉在家人陪同下和小吴的家庭私下口头协定，小嘉堕胎后小吴这边会适当补偿住院费和营养费。小嘉于是住进医院等待手术。然而，手术的前一周，小吴突然消失，让自己的舅舅和小嘉家庭交涉，相关的补偿费用和手术费用要等小嘉做完手术后才会支付。这样的变故让小嘉开始担忧，再联想到小吴是律师，认为小吴的消失可能有一些秘而不宣的原因，小嘉希望重新跟小吴家庭协商，但是小吴再也没有出现过，小嘉不敢贸然堕胎，胎儿越来越大，手术的风险也逐渐增大。

二、社会背景

随着社会的发展，性观念越来越开放，未婚先孕等现象也越来越多，由此产生了一系列问题，需要引起社会的重视，得到社会的帮助和社工的干预。未婚怀孕对个别女性来说，是人生历程的一个危机，在这个过程中她们承受着身心上的巨大冲击。未婚先孕带给女性的“耻辱感”更是她们难以抹去的心理枷锁，深深根植于个人所处的文化之中，并被社会建构出来。在中国传统观念中，未婚怀孕的女性会被贴上“不道德”的标签。

如何帮助这些女性面对未婚怀孕这样的人生危机，摆脱因未婚怀孕带来的“羞耻感”，去除负面标签，重新肯定自我是社工关注的一个议题。本案中，小嘉面临怀孕的生理压力以及是否堕胎的不确定性，后续无论做出怎样的选择都需要面临压力。因此，社工在制定介入方案时需要充分考虑可能出现的不同情况及其应对方案，充分保障小嘉的权益。

三、案主需求分析

（1）小嘉目前处于怀孕的关键期，需要特别照顾。

（2）小嘉和小吴家庭就堕胎经济补偿问题协商有障碍，小嘉目前处于极度焦虑状态。

（3）胎龄增长对于堕胎风险增大，且后续小嘉身体有较大概率受到严重损伤。

（4）小嘉自身对于留不留下孩子态度犹豫，应协助小嘉自决。

四、理论依据

赋能理论又称赋权理论，是一种协助个人、家庭、团体和社区获取发展能力的社会工作理论。该理论认为，弱势群体之所以处于弱势状态，是因为缺乏生活能力、表达自我价值的能力、与他人合作的能力和控制公共生活各领域的能力。要改善弱势群体的状况，就必须赋予弱势群体成员各种正面或积极的权力和能力。小嘉可以在社工的协助下成为解决自己问题的主体，从而改变无力感。社工可以从三个层面协助小嘉增能：第一，个人层面，包括个人感觉有能力去影响或解决问题；第二，人际关系层面，指的是个人和他人合作促成问题解决的经验；第三，环境层面，指能够改变那些不利于实现自助的制度安排。就该案而言，社工与小嘉共同沟通、分享了解小嘉的问题和需求，并帮助小嘉在个人层面、社会层面获得相应的资源，实现个人增能，从而能够应对自身问题。

五、介入目标

长期目标：小嘉对于自己的生活具有更强的独立性，能获得支持自己往后独立生活以及独立做出决定的能力。

短期目标：

（1）就堕胎相关事宜与男方进行沟通，并做出决定。

（2）协助小嘉调整好自己的情绪，减轻压力。

（3）协助小嘉与其家人进行沟通，增强小嘉的支持系统。

（4）协助小嘉厘清想法，并进行自我选择。

六、服务过程

（一）探望小嘉，建立专业关系

社工接到小嘉的求助后，简单了解了小嘉的基本情况，鉴于小嘉目前的身体情况，社工与小嘉约定在医院见面。在医院常驻医务社工的带领下，社工见到了小嘉，通过交谈社工发现，当与小嘉谈到小吴时，小嘉十分激动，医务社工在旁帮助对小嘉进行情绪安抚。通过基本评估，目前最迫切的需求是协助小嘉做出是否堕胎的选择，其次是回应小嘉的疑问，包括小吴赔偿处理、小嘉个人权益保障等。

（二）了解小嘉所处系统，制定介入方案

社工随后与医务社工进行交谈，通过驻点医务社工了解到，小嘉的情绪非常反复，甚至有影响到胎儿的倾向，因为未婚先孕，小嘉与家里人比较僵硬，但医务社工进行了适当干预，使得小嘉与家里人之间的关系有所缓和。

社工约上调解员与医务社工，与小嘉家人进行了一场会谈。首先由医务社工对小嘉目前的身体状况做出分析，并提出对策，接着由社工对此次会谈的目的进行说明——希望家人能够支持小嘉的决定，安抚小嘉的情绪，短期内不要发生冲突。为了小嘉的身体安全，会谈达成了一致认识。社工通过小嘉父母了解到，小嘉目前最大的心结在于男朋友小吴的消失，其次是对于后续赔偿的纠结。社工针对这一情况，决定链接心理咨询师、法律咨询等资源和机构与小嘉展开会谈，让小嘉重塑观念。

（三）让小嘉能够自助，通过自助走出困境

通过几次会谈，社工以温和的方式循序渐进地引导小嘉意识到目前所处的困境，意识到自己已经被负面情绪所控制，意识到自己的依赖情结，调动小嘉改变的积极性。心理咨询师通过简单的训练强化了这一系列成果，让小

嘉获得自我放松，正视自己的负面情绪。

社工将医生给出的建议转达给小嘉，虽然小嘉目前堕胎具备一定的风险，但依靠目前的医疗技术，安全堕胎应该问题不大。小嘉如果决定生产，目前胎儿生命体征正常。

结合律师的建议，小嘉最后决定堕胎，并且和男朋友一方在多方的见证下，就赔偿费用签署协议。小嘉反馈想要开始全新的生活，希望这件事早点结束。

（四）结束个案，跟进小嘉身体情况

小嘉顺利通过手术，在医院、调解组等相关督促下，小嘉的男朋友已完成赔偿事宜。小嘉的身体和心理情况逐渐好转，该个案结案，并且通过医务社工继续跟进。

七、小结

（1）此次案件的正式支持系统和非正式支持系统都发挥了重要的作用。正式支持系统如公安机关、律师事务所等，通过他们与小嘉建立支持网络，很好地帮助小嘉解决了堕胎后续赔偿的问题，在一定程度上也缓解了小嘉的焦虑情绪。非正式支持系统如家人等，一开始他们持负向的态度，并不理小嘉，这对小嘉造成了一定的伤害，但后续通过社工的协调，他们转变了错误观念，成为小嘉的支持网络，与小嘉共渡难关。

（2）社工是有效的桥梁。通过社工与医务社工的沟通，发现小嘉的问题，再由社工与小嘉的各系统相联系。小嘉的各系统通过社工进行互动配合，另外，也通过社工向小嘉提供服务与资源，最后使得小嘉达到积极的转变。

（3）小嘉的问题最后还是需要通过提高自决能力和信心，才能得到彻底解决。虽然社工帮助小嘉链接了许多资源，做了许多心理辅导，改善了小嘉的周围环境，但小嘉能否很好地得到发展，关键在于小嘉是否有改变的决心和能力。

第四节　欺骗与伤害，当爱情变成魔幻剧

一、案件基本情况

小陈来电求助，称自己目前在Z市工作，早期在网上认识了一位比自己年长且已离异带有两个女儿的男子小华。因双方一直奔着结婚的想法在线上交往且这样的交往方式已有一段时间，故小陈于年前打算与小华见面吃个饭联络一下感情。晚餐结束后，时间已经比较晚，小华家正好在饭店附近，遂邀请小陈到其家中过夜。小陈抵挡不住小华的热情，临过年的晚上也不好打车回家，便答应在小华家中留宿一晚，睡在他女儿的房间。当天晚上小陈抵不住小华的热情，和小华发生了关系。第二天，小华送小陈去坐车，手机不断有来电，小陈问其为何不接，小华告知小陈来电者是孩子的保姆，想跟他聊关于照顾孩子的费用问题，等送走小陈后他再回复电话。

小陈回家以后发现小华鲜少再与自己聊天，于是担心自己被欺骗了感情，便主动联系小华，想要约他出来当面问清楚。几天以后，小华的手机给小陈发了一段视频，画面虽然模糊，但小陈依稀分辨出来是那天晚上小华与自己睡在一起的片段，随后小陈还收到一条充斥辱骂内容的女声语音留言，自此之后，小陈再也联系不到小华。

对此，小陈深感委屈、害怕和无助，觉得这件事严重伤害了自己的尊严和隐私，认为小华欺骗、伤害了自己，希望尽快联系到小华，与其沟通清楚、协商处理好此事。

二、案主需求分析、资源分析与曾做出的努力

（一）案主需求分析

小陈需要小华澄清自己是否成了第三者。同时，小陈需要小华彻底删除自己的隐私录像，并向自己道歉，同时追讨赔偿。另外，需增强小陈自身的

防范意识和自我保护意识。

（1）小陈担忧自己是否成为第三者，所以情绪较为低落，想就此事沟通清楚，但是很难联系上小华。

（2）小陈非常担心、害怕，自己与小华发生关系时竟然被录像，严重侵犯了自己的个人隐私，小陈担心自己的隐私会被进一步泄露，希望小华彻底删除视频，并且向自己道歉，考虑追讨赔偿。

（3）小陈需要增强防范意识和自我保护意识，但不能因此而自我怀疑和否定。

（二）案主资源分析

（1）微观支持系统薄弱。家人难以关心和帮助小陈。该事件比较敏感，涉及个人隐私，小陈不愿意就此事过多向他人倾诉。

（2）中观支持系统模糊。小陈对于寻求帮助的对象、途径、具体操作要求等信息非常缺乏，也担心寻求帮助没有效果。

（3）宏观支持系统未能发挥作用。目前，我国颁布了一系列相关法律法规为妇女权益保障工作提供制度保障。社会文化层面上，妇女权益保护也越来越受到关注和重视。但是小陈尚未有效对接资源。

通过分析，可了解到小陈最需要解决的问题是联系小华处理情感问题和保护自身隐私权，但无法联系到小华。通过对小陈的求助经历进行初步分析，可见小陈充满顾虑和担忧，但小陈周边支持系统要么比较薄弱，要么未能被充分运用。

（三）案主曾做出的努力

（1）曾尝试主动和小华沟通。小陈表示自己曾经多次主动联系小华，但他经常不回复或者搪塞自己，很难与其好好沟通。后来被删除了微信，要联系小华就变得更加困难。

（2）曾向女性朋友倾诉求助。小陈选择对家人隐瞒此事。小陈向好友求助，好友安慰小陈，建议小陈寻求专业人士的帮忙或报警。

三、理论依据

本案分析采用赋能理论和社会支持理论。

赋能是指赋予或充实个人或群体的权能，促使其由被动的弱者转向主动的强者，并向他们提供必要的资源。一般来说，增能包括个人、人际和社会三个层面。其中，个人增能关注个人信心的增强、个人形象和能力的提升，以消除个人负面形象；人际增能强调增加个人的人际交往及对他人的影响，实现多元化的社会链接；社会增能则聚焦社会资源和制度，尝试发声，表达诉求，提出改善建议，以实现社会倡导。在赋能理论的指导下，社工要增强小陈的权益观念和克服困难的信心，帮助小陈建立与相关方的联系，帮助小陈链接和运用社会资源；帮助小陈学习法律，并运用法律武器积极捍卫自己的合法权益，给类似情况的女性带来鼓励的力量。

社会支持是与身心健康有关的社会关系，源于互动与交换理论。近几年的研究又将重点转向了社会支持的网络分析，并分为正式支持网络与非正式支持网络。其中，正式支持网络指政府部门、司法部门及各种正式组织的制度性支持；非正式支持网络指来自家人、朋友、同事等的支持。由此，社工需要从互动的过程、主体和内容来识别和提升小陈的社会支持网络，发挥社会支持网络在压力应对、个体需求满足及适应能力提升等方面的功能。

四、介入目标

总目标：首先缓解小陈本身的情绪问题，同时联系小华，让他向小陈进行道歉，并且彻底删除小陈的隐私录像，对小陈做出赔偿。同时，社工要帮助小陈增强自身的防范意识和自我保护意识，提升以后遇到类似问题解决问题的能力。

分目标一：帮助小陈缓解情绪问题，减轻委屈、害怕和无助的身心体验，同时梳理情绪背后的需求，鼓励和陪伴小陈积极应对。

分目标二：帮助小陈寻找和联系小华，共同妥善处理彼此的情感问题。

分目标三：运用法律武器维护自身的合法权益，依法要求小华停止侵害小陈的隐私权，彻底删除隐私视频，并且郑重道歉。

五、服务策略

服务策略一：通过个案会谈，了解小陈的多方面信息，一起确定个案目标和个案计划。

服务策略二：给予小陈宣泄、释放的空间，鼓励小陈多说多表达，舒缓情绪和压力。

服务策略三：对接公安、司法援助资源为小陈提供服务，包括协助小陈寻找和联系小华。

服务策略四：提供合适的环境让小陈和小华进行沟通，依法要求小华做出相应的行动。

六、服务过程

（一）接案并与案主建立专业关系

小陈主动电话联系社工，讲述自己遭遇的事件和目前的担忧，希望获得帮助。社工引导小陈梳理事件的来龙去脉，分析整理其中的重要信息，了解到小陈目前非常迫切希望联系到小华，依法对小华的行为做出处理，维护自己的合法权益不受侵害。

社工了解基本情况后，对小陈的遭遇表示理解。同时，社工向小陈简要介绍了本机构的资源和业务，约定以上个案的情况以及后续的个案信息将全部保密，并约定下一次面谈时间。

（二）深入了解小陈的社会网络信息，制定个案服务计划

再一次面谈的主要目的在于了解小陈更多的信息。

小陈也想过直接去找小华，但是小陈知道自己力量薄弱，结果只能是徒劳无效。社工肯定小陈主动求助、保护自身权益的行为，认为这是积极、勇敢的表现并鼓励小陈积极应对。

社工向小陈澄清其求助的需求，邀请小陈一起制定后续的个案计划。小陈现在觉得自己徒劳无功，所以社工需要让小陈感觉自己有能力去解决问题，并且提升她自我改变的能力，使她获得自我效能感。社工需要帮助小陈提升能力，让她对自己的问题和需要做出判断，帮她摆脱无力感，建立自尊心。社工首先为其对接志愿者律师，之后对接公安资源，借助公安力量依法处理该问题。

（三）对接资源，提高小陈解决问题的能力

第三次会谈中，社工为小陈对接了志愿者律师，小陈表示希望社工可以

陪同其一起咨询，咨询过程中社工全程陪同、协助。小陈主要咨询隐私权保护的问题。

针对小陈的问题，律师从法律角度给予了详细解释：第一，《中华人民共和国治安管理处罚法》《中华人民共和国民法典》明确指出侵犯隐私权需要承担的法律责任。第二，针对小华的行为，根据《中华人民共和国治安管理处罚法》的规定，违反治安管理行为的，由公安机关给予治安管理处罚。第三，志愿者律师建议小陈首先保存好证据，把相关资料提供给公安机关，积极配合警方调查。第四，志愿者律师为小陈介绍了一些获取法律援助的方法。

咨询后，小陈表示自己有保存好证据，想尽快报警维权。经过数天调查，警方找到了小华，约定时间双方来派出所处理此事。在警方的介入下，小陈向小华表明了自己的需求和要求，小华回应在情感和隐私视频上，自己的确处理不当，向小陈郑重道歉。警方依法处理了小华的行为，要求其彻底删除隐私视频，对其进行罚款并完成其他相应的程序。

（四）个案计划进展较好，与小陈协商结案

小陈的情感问题得到了阶段式的落实，小陈依法维护了自身的合法权益，小华得到了应有的法律处罚。在该案介入中，社工积极帮助小陈调适情绪，增强小陈处理问题的信心，也引导小陈达到增能的效果。在与小陈协商并征得同意后，本案结案。

七、小结

本案具有两个重要的介入关键点：一个是小陈的隐私视频遭到传播，社工需要协助小陈维护权益；另一个是需要帮助小陈在亲密关系中提高警惕，尤其在网恋中。这段关系对于小陈影响深刻，社工需要在结案后对小陈进行一段时间的跟踪，关心小陈的情况，支持小陈重新看待感情生活。社工的后续跟进会对小陈自我能力的恢复产生很大的影响，所以需要重视后期跟进小陈的具体状况，并且帮助她重新看待感情生活。信息技术时代，女性维权遇到了新的难题，但仍有明确合法的渠道提供给妇女捍卫自身权益。在整个过程中，社工不仅引导小陈做出决定，而且在充分尊重小陈决定的同时，帮助她增强能力，让她感受到自己的能力，增强她自我改变的能力，使她获得自我效能感，充分体现了自决、尊重人的价值观念，从而顺利结束本案。

第五节　日落恋爱的伤痕与误解

一、案件基本情况

退休后，小芳认识了老王。经过一段时间的相处，双方都感觉对方是知己。虽然两人在一起没有了年轻时候对承诺的冲动，但也每天一起过着平静的生活。

最近小芳发现老王对自己的态度有了很大的变化，经常莫名生气，并且指责小芳日常生活中的一些细节问题。小芳想着可能是老王处于更年期，也就不太在意老王的变化，没有刻意去了解这些变化背后的原因。

后来，小芳和老王为了跟上时代发展的步伐，一同报了电脑、手机的学习班。有一次，他们一起去上课，在分组操作的时候，小芳正用着自己的手机学习操作，不知道一旁的老王看到了什么，突然对着小芳破口大骂，其中夹杂着粗言秽语，说的话十分难听。表达的大概意思是小芳背着老王跟其他男性友人一起。当时在场的还有很多学员，他们都听到了老王对小芳的责难和辱骂。小芳对此很伤心，一方面因为老王的态度伤心，另一方面她又恨老王在大庭广众之下这样信口胡诌，污蔑她的清白，让她今后不知怎么面对一同上学的学员。从此小芳和老王因为这件事情结怨，小芳认为老王应承担起污蔑诽谤她的责任，因为她认为老王所说的不属实，还让她的名誉受损，使她从此无法在电脑、手机学习班中正常地学习。

二、案主问题分析与需求分析

小芳向社工陈述的是一次学习班的争吵事件，但其背后是小芳与老王的关系冲突事件。小芳年龄较大，与老王属于“黄昏恋”，相较于年轻人的恋爱，老人的恋爱也面临普世爱情的挑战。

（一）案主问题分析

表征性问题：老王在公众场合对小芳破口大骂，对小芳造成了心理上的损害，让小芳在其他人面前丢了脸面，因此小芳产生了愤怒、伤心以及担忧等情绪，并且认为自己的名誉受到了损害。

除了表征性的问题，社工通过分析小芳求助时的表达和语言，发现潜在的问题主要是小芳和老王的关系最近处于不太和谐的阶段，主要表现在：

（1）老王怀疑小芳背叛了自己，和其他人交往，但在小芳的视角中，小芳认为自己是清白的，老王的指控属于污蔑，而之前小芳已经发现老王有反常行为，但没有对老王给予关注。

（2）小芳和老王关系暧昧，由于年龄和时代文化的原因，他们对于这段关系的界定并不十分清晰，因此在处理关系冲突时容易遇到难题。

（二）案主需求分析

（1）缓解这次关系冲突，处理两人之间的误会。

（2）识别两人关系中的付出与收获，探讨这个年龄段的两性关系。

三、理论依据

通过对这次事件的了解，以及相关信息的了解，可以认识到小芳和老王的关系是一段“黄昏恋”，小芳和老王没有依靠结婚证稳固双方的关系，也没有在一起生活，更多的是平时在一起玩乐和学习，两人各有子女，家境条件不错，比较突出的共同点是，两人都是离异。在学术界的研究中，“黄昏恋”是一种功能性搭伴养老，有需求互补和需求互助两种搭伴形式。在小芳和老王的关系中，两人更多的是相互的情感慰藉和精神支持，随着时间的延长，小芳和老王之间也可能会发展成为相互照顾的需求满足，但和年轻的婚恋不一样的是，“黄昏恋”有更加明确的养老指向，因此在本案中会引用社会交换理论。

社会交换理论认为，行动者在确立目标的基础上，会用实物或其他形式对交换对象进行支付，而接受支付者将以某种实物或其他形式进行回报，从而让行动者和接受支付者达成一致，双方遵循互惠原则。在该理论基础上，可以将小芳和老王的交往看作一种交换行为，如果一方的付出没有等同于另一方的回报，便会造成社会交换的失败，因此小芳和老王发生了冲突。

四、介入目标

目标一：了解事情的起因，协助小芳找到缓解小芳和老王关系的突破点，陪同小芳找到解开误会的方法。

目标二：对接律师和心理咨询师等资源协助小芳，了解名誉权受损相关事宜，以及平复其情绪。

目标三：邀请小芳和老王一同认识“黄昏恋”，探讨如何在“黄昏恋”关系中找到相互需求满足和互补的可能，找到两人相处的平衡点与最优交换。

五、服务策略

服务策略一：与小芳开展深入会谈，了解事情的起末和小芳的想法，和小芳确定个案需求，在事件中找到可以突破的方法。

服务策略二：对接专业律师协助小芳咨询关于名誉权受损的事宜，安排小芳单独与律师开展咨询，给到小芳关于此次冲突的基本解决办法。

服务策略三：对接心理咨询师，缓解小芳因此事产生的忧虑情绪。

服务策略四：邀请小芳和老王参与会谈，调解因此事发生的矛盾冲突。

服务策略五：邀请小芳和老王共同认识“黄昏恋”的陪伴主题，解释感情中的交换原则以及老年人感情的相关特征等。

六、服务过程

（一）倾听小芳的表达，及时缓解小芳的情绪

根据小芳的描述，因为学习班的同学都是相熟的好友，小芳和老王的故事总被大家津津乐道，甚至有时候会传出一些不好听的话，小芳因此很受影响。小芳在描述时情绪起伏大，社工在倾听过程中运用同理心、澄清等个案技巧帮助小芳继续表达，帮助整理小芳内心的想法。小芳表示，自己一方面因为这次争执生气，另一方面害怕争执后的流言蜚语会攻击她。

小芳表示，这件事情完全是子虚乌有，自己是受害的一方。她希望了解自己的名誉权是否被侵犯，能否得到相应的赔偿。

（二）为小芳链接资源

根据小芳的情况，社工帮助小芳链接律师资源厘清名誉权受损的现实情况，为小芳进行相关的条例解释和权利解释。除此之外，为小芳对接心理咨询师，缓解小芳因冲突产生的焦虑不安。

在与社工的沟通过程中，小芳表示内心较为焦躁不安，感觉身边朋友和同学都在疏远自己。但实际上，小芳近期并没有参加学习班的学习。综合面谈，社工告诉小芳，这是过往经验影响个人认知的情况。这种认知是对于没发生的事情定下结论，是有惯性的、非理性的。社工建议小芳和朋友、同学多接触，一方面可以证实是否真的传起了流言蜚语，另一方面可以让他们了解到小芳是一个怎样的人。

（三）开展调解式会谈，邀请小芳和老王共同参与

为解开小芳与老王的心结，经小芳同意后，社工约上老王与小芳进行了一次会谈。会谈开始时社工首先阐明了自身的角色，说明自己并不是本次会谈的主要参与者，会谈的节奏将由小芳和老王共同把握；其次，会谈的目标是将那天的事件解释清楚。

会谈中，小芳表明了自己并没有外遇，并对自己的部分行为进行解释。小芳情绪波动较大，希望老王能够在学习班上向自己道歉。但是老王认为这是家事，不应该在公众场合讨论，经社工协商后，最终让老王在学习班上向小芳道歉。

（四）科普“黄昏恋”的需求互补和社会交换

小芳表示，希望能学习一些两性相处的知识，她想维持这段关系，因为除了这次事件，老王对她还是挺好的，两个人可以一起去旅游，一起上课，她希望之后还能继续有个伴，毕竟自己年纪也大了。

社工提议小芳和老王一同参与“黄昏恋”的科普，了解老年人的恋情生活也可以多姿多彩。在小芳的应允下，社工结合社会交换理论，讲解老年人的感情可以依托养老为指向，在满足感情需要和精神支持的情况下相伴到老，并且以真实的例子作为参照。在老年人的情感生活中，会更看重双方的付出与回报，因为已经不同于年轻时的冲动，在老年阶段会更加倾向于陪伴和支持，因此建议小芳以后在处理关系问题时多与对方沟通。

七、小结

本案特殊之处在于除了涉及妇女社会工作，还涉及老年人社会工作。案主在面对“黄昏恋”情感问题时容易被社会指责“为老不尊”。这对于老年人而言无疑是“四面楚歌”，很难得到情感支持。当面对老年异性情感问题时，社工要根据老年人的特性，主动接触，运用同理心、倾听等专业沟通技巧来与案主建立专业关系，帮助案主走出困境，安心度过老年生活。

第六节　隐私之下的默契与分歧

一、案件基本情况

国庆期间，小李和男友在旅行途中入住一家五星级酒店，本来两人开开心心地出门游玩，但小李在第二天早上退房收拾东西时，无意间在酒店房间的插座上发现了一个针孔摄像头，而且这个针孔摄像头正对着大床，这让小李惊恐不已。小李随即拨打“110”向当地警方报案，同时将此事告知了酒店的负责人。民警到达现场侦查后发现，这个摄像头藏得极其隐蔽，隐藏在一个五孔插座里，而且在一堆电视线、Wi-Fi 线等的“掩护”下，很难被发现。警方拆除该摄像头，取出存储卡，发现这张卡已被 1200 多个视频填满了，其中多为不雅视频，小李与男友的视频赫然在列，所幸卡内视频还没流传出去。由于入住酒店的人数较多，而且无法查清该针孔摄像头的安装时间，案件侦破难度较大，警方目前还在侦查中。为了配合调查，小李中断了后面几天的行程，对此十分愤怒，男友则希望息事宁人，想着得到应有的赔偿后就带小李回家。小李对于男友的态度十分生气，觉得男友对于隐私暴露这件事毫不紧张，对自己毫不在乎。

二、案主问题分析与需求分析

（一）案主问题分析

本案中，小李入住酒店发现隐藏的摄像头，严重侵犯了小李的隐私权，酒店作为提供服务的一方，即使不是酒店安装的摄像头，也有责任对管理缺失负起相应的责任。经过警方的介入，酒店已经同意对小李做出赔偿，但小李对发生该事件仍然十分愤怒。站在社会工作能够提供服务的层面介入，目前小李面临的问题主要有以下几个方面：

（1）表征性问题：①小李的两性关系面临矛盾，主要导火索为男友在酒店一事上未与小李站在同一阵线，这让小李十分生气。②隐私权益受侵害问题。

（2）潜在问题：小李与男友缺乏沟通与交流，对对方理解不够深入，对对方期待较高，冲突一旦发生，双方产生个人防御机制，容易导致相互指责的局面。

（二）案主需求分析

对应以上问题，小李开展个案服务的需求为：

（1）今后如何维护自身的隐私权益，当权益受侵害时应如何拿起法律武器捍卫自己的权利。

（2）了解小李对这段关系的想法。小李需要仔细考量情绪背后自己对这段关系的想法，是否觉得冲突只是暂时的，还是说这是小李长久失望积累的爆发。

（3）了解两性之间的相处之道。小李和男友并非婚姻关系，谈恋爱的关系更为纯粹，更多是依托感情的基础，因此小李可以学习一些两性之间的相处办法，了解男性女性思维的差异，从而更好地面对两性之间产生的冲突。

（4）了解两性之间沟通交流的秘方。有时候心里想的和表达的会有出入，可能出发点是好的，但是说出来的话带有一定的情绪；也有可能有时候表达过度实诚，将内心的个人偏见也表达出来了。这些都不利于双方关系的发展。

三、理论依据

本案中，小李和男友之间的矛盾冲突爆发，很大因素源自小李和男友缺乏沟通。因此，针对该案引用符号互动理论指导个案的介入。

符号互动理论重视人们的自主性，注重人们是如何定义和解释自己和他人的，并且认为语言和非语言的信号表达形成人与人之间的互动关系，促成人与人之间的联系，因此符号互动理论强调沟通方式在人际关系中的重要作用，以及意义对情境的依赖性。所以，小李和男友之间的冲突缓解需要改变不良认知和不良沟通方式，需要反省两人关系中消极的交往部分，从新的角度定义本次冲突事件。

四、介入目标

结合符号互动理论的要点以及小李对个案的需求，本案介入的目标包括以下几点。

目标一：厘清小李对这段两性关系的期待，尤其是期待超出理性范围的情况。

目标二：协助小李和男友相互了解，提供机会让双方表达自我和对对方的印象，探讨理解存在差异的地方，共同协商缩小这些差异。

目标三：帮助小李掌握正确的沟通方式，以这件事为基础引导小李学会两性交流的技巧，推进小李和男友建立和谐的情感关系。

五、服务策略

服务策略一：以会谈的形式邀请小李共同探讨小李目前对这段关系的想法，确定小李是否想继续维持这段关系，并和小李共同厘清对这段关系的期待，正确对待两性关系。

服务策略二：邀请小李和男友参与互动，相互挑选词语标签形容自己和对方，如果表示认同要通过语言向对方表达出来，例如“我觉得你就是温柔的，或者我觉得你就是负责的”；如果表示不认同则用画画的方式表达，可以画某一次事件，从而表达对对方选择该形容词的不认同，由对方猜测。互动结束后由社工总结并且邀请小李和男友共同分享感受。

服务策略三：在服务策略二的基础上安排小李和男友进行一次单独的深入会谈。如果小李不知道聊什么，事前社工可稍作引导，事后社工需要了解小李会谈的情况。

服务策略四：以这次冲突事件为切入点，引导小李反省不良交流的过程，找到可以改变和调整的沟通点，从微观入手，以实际例子说明不良沟通交流可以改变，以实际交流技能帮助小李找到重塑关系的信心。

六、服务过程

（一）接案：厘清小李所需，介绍个案介入状况

在社工和小李的第一次接触中，小李表达目前并不想放弃这段关系，希

望能够缓解关系冲突。社工在第一次接案的会谈中仔细倾听了小李的需要，并且表达了同理心，也很认同小李希望改变关系的决心，社工紧接着介绍了沟通技巧，和小李一同回忆和反省不良沟通中的要点等，和小李初步建立专业关系。

（二）计划：和小李一同制定介入计划

社工向小李展示了上一次接案时，社工针对小李的阐述所做的评估，在社工的建议下，小李认为目前希望首先探讨自身对男友存在的不合理期待，然后希望和男友进行一次“破冰”互动，改变僵局，最后以这次事件的沟通作为深入反省的切入点，避免以后类似情况的发生。因此会开展 3~4 次会谈。

（三）会谈一：和小李就男女感情和两性关系主题开展讨论

在第一次会谈中，社工需要和小李找到小李两性关系中互动的不合理部分。根据会谈，社工引导小李表达理想的关系是怎样的以及普通的两性关系，说明理想和现实的差距，让小李知道自己在恋爱关系中对男友的期待过高。社工接着引入本次事件，询问小李在这次事件中男友在哪方面让她特别生气，小李表示因为男友并不站在她这一边，这让她当时非常恼火。在会谈过程中，社工澄清了一个情况，其实小李与男友的互动看起来较为和谐，这次事件只是一个个例，只要针对这种个例找到解决方案即可。

（四）会谈二：在确定小李想要修复关系的基础上邀请男方加入会谈

通过第一次会谈，小李的信心有所上升。在社工的指导下，小李与男友进行了一场小游戏，由社工提供形容人的标签词，小李和男友根据自己的想法随机挑选，用以形容自己和对方，各选 4 个。选择完毕后轮流出示，再询问对方是否认同。根据现场情况，认同与不认同各占半数，侧面证明了小李和男友对彼此是不了解的，缺乏沟通。同时通过口头向别人贴标签的做法十分直接，如果是赞美的标签，对方会感到被认可，如果是贬义的标签，对方会感到被冒犯，因此社工引导两人在平时的相处中多赞美对方，少一些中伤。另外，对于不认同的部分，可以通过画画来表达，在这个过程中因为太复杂其实两人的沟通都有所阻碍，侧面也证明了如果心里有不满又选择不表达的话只会让矛盾日益加深。

小李和男友在本次会谈中通过分享游戏体验暂时放下了近些天的不愉快，

终于可以敞开心扉谈那次事件，幸运的是，通过本次会谈小李和男友解释清楚了相互做得不对的地方。

（五）会谈三：小李提出结案，社工简单传授沟通技巧

小李和男友冰释前嫌后主动提出结案，她认为通过这两次会谈最大的收获是要注意沟通交流的艺术，吵架绝对不是一个人的问题。社工对此表示认同，并且给小李支着儿：如果觉得自己不能是道歉的第一个，其实可以主动要求聊聊天。有时候主动一点并不丢人，这并不是不承认自己的错误，只是希望在交谈中让双方都找到自己不对的地方，在将来避免这些点。

（六）邀请小李和男友共同参加法律讲座

社工为小李链接了相关的法律讲座和安全保护课程，课程主要讲解女性外出旅游、居住时需要关注的安全问题，尤其是如何检测酒店内部是否安装了微型摄像头、如何确认酒店门锁的安全性等。同时科普了外出游玩时可能发生的侵权问题以及应对策略，尤其是证据收集和保留的策略等。

（七）结案

经过一段时间的介入后，小李向社工表示自己与男友的关系已得到调整，也学到了很多关于两性相处的知识，酒店侵权事件也得到了较好的解决，今后自己会谨慎地面对出游的安全问题。

七、小结

该案虽然涉及了小李隐私权遭到侵害的问题，但在社工介入之前，警方已经提前介入，说明小李具备较强的维权意识。随着科学技术的日新月异，犯罪侵权手法也在不断更新，社工需要及时补充自己的知识，这样才能更好地指引案主保护自己。另外，社工抓住了该案中小李与男友的关系处理问题，因此通过专业手法帮助小李学习亲密关系的沟通交流技巧，巩固小李的非正式支持。

第七节 伪装与决断，当爱情变成谎言

一、案件基本情况

小桂与陈生相识多年，刚认识他们就确定了恋爱关系并且很快就同居在一起。陈生平时待小桂很好。在之后的同居生活中，陈生和小桂一直很和睦，同居一年后小桂提出结婚，当时陈生以经济基础不足为由建议推迟结婚时间，小桂答应了。同居三年后，小桂认为是时候结婚了，毕竟年龄不等人，陈生顺着小桂的意思建议先回乡摆酒席，小桂想着陈生终于答应结婚了，便开始策划婚礼摆酒席的事宜。陈生和小桂回乡摆了酒席后，小桂想起来他们还没领证，就提醒陈生是时候去登记结婚了，但是陈生百般推辞，每次都有不同的借口。小桂开始担忧和怀疑，有一次趁陈生不在，小桂翻看了陈生的手机，通过查阅聊天记录，她发现前不久陈生刚跟别人办理了结婚登记，小桂震惊了，她想不到陈生是已婚男士。小桂并没有直接问陈生，而是继续调查，之后发现陈生还有一个前妻，并且育有一个儿子和一个女儿，他和前妻离婚时正是跟自己同居期间，而自己一直都不知道这些事情，小桂觉得自己遭到了欺骗。想起同居这段时间自己付出的精力、金钱和感情，还有筹备婚礼时付出的金钱，小桂认为不值得；但是她不敢直接找陈生对质，怕陈生知道事情暴露后会偷偷逃跑，所以小桂决定向外界寻求帮助。

二、案主问题分析与需求分析

（一）案主问题分析

（1）小桂多年来一直遭受着情感和财产诈骗。

（2）小桂自信心受挫，对生活难以持有乐观态度。

（二）案主需求分析

（1）小桂希望获得陈生的经济赔偿。

（2）小桂希望能妥协处理好自己与陈生的情感关系。

（3）小桂希望增强自我的保护能力和意识。

三、理论依据

本案中，小桂对于需处理的问题拥有较清楚的认知，另外，对于解决问题，小桂是具备一定能力和决心的，能很好地利用外界的资源维护自己的合法权益。

因此，根据案件情况，社工决定采用人本主义理论。社工需要以小桂为中心，充分尊重小桂的个性与价值观，将小桂作为主动者，而社工在介入的过程中，应当更加民主地尊重和接纳小桂的合理需求，并且及时地给予小桂积极的回应。

人本主义社会工作是对原有专家模式下的社会工作的一种修正，从而使得社会工作的服务过程更加民主，也为个性化服务奠定了基础。人本观点提出了社会工作专业服务中的几个基本原则，即诚实和真诚、温暖、尊重和接纳、同理心。

四、介入目标

目标一：多方联动法律资源，维护小桂的合法权益。

目标二：强化小桂的法律意识和自我保护敏感度以及能力。

五、服务策略

服务策略一：了解小桂的决定，并且需要向小桂提供鼓励和支持。

服务策略二：链接多方资源，咨询赔偿和情感问题，厘清小桂当前的优劣势。

服务策略三：以解决问题的实践过程为主，辅以其他法律知识，强化案主自我保护的意识和能力，避免同类事件再次上演。

六、服务过程

（一）鼓励小桂，协助其表达合理诉求

小桂前来求助时，整体情绪表现低沉，以忧虑和担心为主。因此，社工

在接受小桂信息的第一时间需要及时地接纳小桂的消极情绪，在会谈中需鼓励小桂大胆地表达自身的合理诉求并以积极的态度将事情原委表达清楚。经过多次沟通，社工了解到，小桂明确表示自己需要尽快地与张生结束当前的事实婚姻关系，但是小桂对在整个介入过程中能否维护自身的合法权益感到非常困扰。

针对此情况，社工首先给予了小桂情感认同；同时社工表示自己可以协助小桂逐步解决问题，但是最根本的行动者仍是小桂，社工只能根据小桂的需要来提供相应的资源以及合理的帮助；另外，社工向小桂讲述了其工作的范围和职责以及相关的资源等，小桂对此表示理解和感谢。

（二）确定需求，与小桂共同探讨解决方案

针对目前小桂的需求，社工首先和小桂共同商定了一系列的解决方案。小桂表示，一旦联系张生来沟通这件事情，张生有可能会出于恐惧或者害怕承担责任的心理，从而一声不响地溜走，这是让她最担心的。小桂向社工反映，在这个事件中，张生的一系列行为是不合理甚至是不合法的，社工对此表示非常认同。鉴于此，社工提议由第三方出面将双方约出来，在公开场合进行谈判，小桂表示可以尝试但希望与社工商量一下，在调解的过程中，自己应当如何抛出问题，从而达到获得赔偿以及情感损失费用等合法的权益保障。社工就小桂这一方面的需求提前与小桂进行了模拟演练，并且为小桂列出了一系列问题和回应的要点，希望能够通过运用模拟演练的技巧提高小桂解决问题的信心和能力。

（三）解开心结，与小桂沟通交流

在双方会谈的过程中，小桂的情绪表现不太稳定。据社工了解，在双方进行事实婚姻期间，小桂多次表示自己想要与张生进行合法关系的认定，但是张生却一直以经济基础或情感不稳定等理由百般推辞，在这个过程中，小桂的情感遭受到了打击。同时，由于小桂对于张生已经失去了信任，在会谈时，双方并没有近距离接触，而且在讨论到分开之后的财产分割以及情感赔偿等问题时，张生的情绪也突然激动。小桂认为，张生并没有和解的意愿，张生的操作使小桂深化了对张生的厌恶和失望。所以，在社工询问小桂是否会接受这份感情时，小桂表示坚决不会，并且希望尽快解除与其事实婚姻的关系。询问小桂下一步的计划时，小桂表示，她目前想在张生工作的时间把自己的物品从二人同居的房子里搬出来，之后再寻求合法的赔偿和一系列的调解活动。

社工肯定了小桂的当前做法，同时提醒小桂可以采用合法程序来解决这些问题，因此下一步可以考虑通过法律诉讼的途径。此外，社工提醒小桂及时关注张生的动向，以免人去楼空。

（四）对接律师，采用法律程序解决问题

社工协调小桂对接律师资源，让小桂了解在事实婚姻的情况下，应如何获得自身的合法赔偿，保障自身的合法权益，并尽快解除事实婚姻关系。

（五）追踪进展，协助小桂进行反思

在一段时间以后，社工主动联系小桂以了解个案的进展。小桂表示，目前，小桂与陈生已经基本达成共识，都希望能够尽快解除事实婚姻关系，并且陈生会给予小桂一定的财产赔偿和精神损失费用，另外陈生会为自己在已婚状态下与小桂进行事实婚姻的行为接受一定的法律惩罚。社工对此表示祝贺，同时向小桂表示希望展开结案前的会谈。

在之后的会谈中，社工主要关注小桂能否走出失败情感经历的阴影，并且希望她能够吸取此次教训。小桂也表示，自己在这段关系中也学到了很多，认为女性是有力量的，是能够互助的；在以后面临相似的情况时，自己也会更加积极地求助，并且在之后的情感关系中会更加理性，在建立合法关系之前会更加仔细地做好背景调查。

七、反思

我国于1950年颁布了《中华人民共和国婚姻法》（已废止，现为《中华人民共和国民法典》），确立了结婚登记制度。但现实中仍存有大量的事实婚姻。在此次事件中，案主一直在遭遇情感和财产两方面的诈骗，且案主当前的事实婚姻关系在法律层面上是不完全成立的，这使得案主在解决问题和争取权益的过程中，有可能处于劣势一方且受到一定的解决阻碍，这些都会加剧案主否定人生的态度。所以，社工在介入此类事件时应当更加积极地向案主表示同理并协助案主解决问题，例如社工应主动积极地了解法规和链接法

律资源，积极地肯定案主的价值观，以案主为中心开展介入工作等。另外，在解决问题的过程中，社工应适当地强调法律知识，帮助案主吸取教训，使其在之后与他人建立合法关系的过程中能够保持警惕和理性，保护自身的情感和财产安全。

第三章 公共场所的自我保护

近年来，猥亵骚扰等性侵犯行为在公共场所的发生频率逐渐上升，给女性受害者的身心健康带来了巨大伤害，新的问题出现也给社工带来了新的挑战。本章将通过一个典型案件，深入剖析女性在公共场所内被骚扰后的自我保护及社会工作跟进处理方法，在提供相关的法律指引之余，为受害者提供疏导与处理的全方位支持。勇敢地面对性骚扰问题，才是解决这类问题的最佳办法。

第一节 打破沉默，重塑安全边界

一、案件基本情况

在G市金融圈工作的小张每天上下班使用的交通工具就是地铁。某日，小张在乘坐地铁时遇到了下班高峰，站点人很多，上车之后有一个男乘客一直在她的身后，小张本能地向前逃避，后面那个人照样紧贴着她。过了一会儿小张突然间感觉到有个人在若有似无地触碰自己的大腿和臀部，列车还在行驶途中，车厢很平稳，不像是刹车时的碰撞，小张安慰自己一切都是错觉。列车经过一个高峰站点，更多人推搡着上车，小张感觉自己被挤得紧贴住了后面站着的男乘客，列车开动后被触碰的感觉更加明显了，小张很难受但她不知该如何是好，只好一直忍着。到了站点下车后，小张随着人流下车，男乘客也不知所踪。小张发现自己的裙子在臀部、大腿的位置存有液体痕迹，立马联系地铁乘务员并拨打了报警电话，在警察查询列车的监控录像后锁定了那名男子，经过调查取证，最终证实该名男子对小张实行了性骚扰。虽然该男子已经被绳之以法，但是小张对这件事仍心有余悸，很担心再发生类似的事情。她认为如果在车上自己能勇敢一点，或许就不会发生这样的事情。

二、案件基本情况分析

社工通过对案件基本情况进行分析，初步评估小张的基本需要集中在生理、心理两方面。同时，出于小张后续可能的维权方面的实际需求，社工同时为其链接法律支持资源，减轻小张的心理压力。同时，社工应该从家人、朋友、同事、社会资源等入手协助案主建立更加健全的社会支持网络。

小张基本需要如下：需要社工对其进行情绪疏导，因为小张现在的心理和精神都遭受了压力，社工需要帮助小张厘清她现在一些不合理的情绪，以及让她对整个事件有更加清晰的认识，不要一味地责怪自己。

（1）心理方面：案主在公共交通工具上遇到突发不良事件，使其对于使用公共交通工具产生心理阴影。此外，案主经历了被猥亵的事件后，对于穿衣打扮比较顾忌，给案主的日常生活造成不便。我们需要帮助案主解决自己对穿衣打扮和乘坐公共交通工具的顾虑。

（2）社会支持需要：目前加害者已经被警方控制，后续案件进入司法程序后案主有可能需要法律支持。因此，社工可以协助案主与律师进行沟通咨询。社工应当与小张的朋友、家人进行联系，让他们为小张疏导情绪，给予小张情感和情绪的支持。

三、理论依据

社工采用社会支持理论作为本次个案的理论指导。该理论认为，个人所拥有的资源分为个人资源和社会资源，前者包括个人的自我功能和应对能力，后者指个人社会网络中的人所能提供的社会支持。社会支持网络指的是一组个人之间的接触，通过这些接触，个人得以维持社会身份并且获得情绪支持、物质援助、服务和新的社会接触。一个人所拥有的社会支持网络越强大，就能够越好地应对各种来自环境的挑战。

四、介入目标

总目标：帮助小张进行情绪疏导，解决穿衣打扮和乘坐交通工具的顾虑。发挥社会工作者资源链接的积极作用，通过各专业联动发挥作用。社工应该从家人、朋友、同事、社会资源等入手协助案主建立更加健全的社会支持网络，修复小张的创伤，恢复其社会功能，最终使小张完全适应正常生活。

分目标一：帮助小张进行情绪疏导，消除小张的精神压力与自责情绪。为小张链接心理治疗资源，制定治疗目标。

分目标二：社工应当与小张的朋友、家人进行联系，让他们为小张疏导情绪，给予小张情感和情绪的支持。

分目标三：协助小张与律师进行沟通，为小张的法律行动提供咨询服务。

分目标四：消除小张对于公共交通工具、穿衣打扮的心理阴影。

五、服务过程

猥亵对于受害人的影响具有复杂性和深远性，因此干预需要多角度、多主体联动协作，持续进行相应的干预治疗服务。就本案而言，可以通过心理社会治疗模式的个案工作方法制定实际的服务计划。

第一阶段，心理层面的介入。小张拿到检查结果后向社工传达了检查结果，小张身体并未大碍。小张提出希望进行心理咨询，社工为其链接心理咨询师制定治疗计划。通过心理咨询师的介入，社工发现小张童年曾遭遇校园欺凌，也存在类似的经历，社工和心理咨询师商讨后，建议对小张进行定期的心理辅导。另外，社工帮助小张缓解乘坐公共交通工具时紧张的情绪，安排女性志愿者陪同小张搭乘公共交通工具，鼓励小张逐渐独立搭乘公共交通工具。同时，使小张明白穿衣并不是导致其遭遇猥亵的原因，减少小张因为穿衣打扮而造成的不适应。此外，社工为小张链接多方资源，如医疗、司法、公安系统。社工在接到小张的求助时警方已经抓住了性骚扰者，社工初步评估小张的状态，建议小张如果相信社工，可以建立个案，让社工介入。小张表示同意。

第二阶段，进行社会支持层面的介入。通过链接医疗、司法、公安系统的资源为小张争取社会支持，帮助小张链接多种资源。

第三阶段，链接法律资源。为了让小张具备足够的安全感，为满足小张后续其他法律行动的需要，社工为其链接法律资源。

第四阶段，社会层面的介入。小张本身为金融圈高知群体，社会交往网络较为成熟，交往圈子素质普遍较高。对于社会层面的支持，社工为其链接了一些职业女性减压小组、职业女性交流活动等资源，帮助小张在同类的圈子中重新找回自信。

第五阶段，结案。经过一段时间的个案跟进后，小张的社会功能基本恢复，可以与小张进行结案前的各项准备工作，明确后续回访以及跟进安排。

六、小结

本案是在发生性骚扰后，社工才接触到了小张。小张并非需要对性骚扰求一个结果，需要的更多是安抚、支持和陪伴。本案中，小张部分个人信息并未透露，但城市中存在很多与小张类似的女性，她们独立、自强，但社会支持网络非常薄弱，父母在家乡，日常关系主要是工作关系，因此在遇到困境时容易陷入负面情绪，严重的甚至会影响日常生活。个案中的小张在童年时期拥有不好的经历，结合现阶段所遭遇的困境，更容易形成心理压力，甚至成为个人发展的巨大障碍。因此，社工在这类个案中需要为案主营造安全、温暖的交流环境。

附 录

《中华人民共和国妇女权益保障法》

第一章 总则

第一条 为了保障妇女的合法权益，促进男女平等和妇女全面发展，充分发挥妇女在全面建设社会主义现代化国家中的作用，弘扬社会主义核心价值观，根据宪法，制定本法。

第二条 男女平等是国家的基本国策。妇女在政治的、经济的、文化的、社会的和家庭的生活等各方面享有同男子平等的权利。

国家采取必要措施，促进男女平等，消除对妇女一切形式的歧视，禁止排斥、限制妇女依法享有和行使各项权益。

国家保护妇女依法享有的特殊权益。

第三条 坚持中国共产党对妇女权益保障工作的领导，建立政府主导、各方协同、社会参与的保障妇女权益工作机制。

各级人民政府应当重视和加强妇女权益的保障工作。

县级以上人民政府负责妇女儿童工作的机构，负责组织、协调、指导、督促有关部门做好妇女权益的保障工作。

县级以上人民政府有关部门在各自的职责范围内做好妇女权益的保障工作。

第四条 保障妇女的合法权益是全社会的共同责任。国家机关、社会团体、企业事业单位、基层群众性自治组织以及其他组织和个人，应当依法保障妇女的权益。

国家采取有效措施，为妇女依法行使权利提供必要的条件。

第五条 国务院制定和组织实施中国妇女发展纲要，将其纳入国民经济和社会发展规划，保障和促进妇女在各领域的全面发展。

县级以上地方各级人民政府根据中国妇女发展纲要，制定和组织实施本行政区域的妇女发展规划，将其纳入国民经济和社会发展规划。

县级以上人民政府应当将妇女权益保障所需经费列入本级预算。

第六条 中华全国妇女联合会和地方各级妇女联合会依照法律和中华全国妇女联合会章程，代表和维护各族各界妇女的利益，做好维护妇女权益、促进男女平等和妇女全面发展的工作。

工会、共产主义青年团、残疾人联合会等群团组织应当在各自的工作范围内，做好维护妇女权益的工作。

第七条 国家鼓励妇女自尊、自信、自立、自强，运用法律维护自身合法权益。

妇女应当遵守国家法律，尊重社会公德、职业道德和家庭美德，履行法律所规定的义务。

第八条 有关机关制定或者修改涉及妇女权益的法律、法规、规章和其他规范性文件，应当听取妇女联合会的意见，充分考虑妇女的特殊权益，必要时开展男女平等评估。

第九条 国家建立健全妇女发展状况统计调查制度，完善性别统计监测指标体系，定期开展妇女发展状况和权益保障统计调查和分析，发布有关信息。

第十条 国家将男女平等基本国策纳入国民教育体系，开展宣传教育，增强全社会的男女平等意识，培育尊重和关爱妇女的社会风尚。

第十一条 国家对保障妇女合法权益成绩显著的组织和个人，按照有关规定给予表彰和奖励。

第二章 政治权利

第十二条 国家保障妇女享有与男子平等的政治权利。

第十三条 妇女有权通过各种途径和形式，依法参与管理国家事务、管理经济和文化事业、管理社会事务。

妇女和妇女组织有权向各级国家机关提出妇女权益保障方面的意见和建议。

第十四条 妇女享有与男子平等的选举权和被选举权。

全国人民代表大会和地方各级人民代表大会的代表中，应当保证有适当数量的妇女代表。国家采取措施，逐步提高全国人民代表大会和地方各级人民代表大会的妇女代表的比例。

居民委员会、村民委员会成员中，应当保证有适当数量的妇女成员。

第十五条 国家积极培养和选拔女干部，重视培养和选拔少数民族女干部。

国家机关、群团组织、企业事业单位培养、选拔和任用干部，应当坚持男女平等的原则，并有适当数量的妇女担任领导成员。

妇女联合会及其团体会员，可以向国家机关、群团组织、企业事业单位推荐女干部。

国家采取措施支持女性人才成长。

第十六条 妇女联合会代表妇女积极参与国家和社会事务的民主协商、民主决策、民主管理和民主监督。

第十七条 对于有关妇女权益保障工作的批评或者合理可行的建议，有关部门应当听取和采纳；对于有关侵害妇女权益的申诉、控告和检举，有关部门应当查清事实，负责处理，任何组织和个人不得压制或者打击报复。

第三章 人身和人格权益

第十八条 国家保障妇女享有与男子平等的人身和人格权益。

第十九条 妇女的人身自由不受侵犯。禁止非法拘禁和以其他非法手段剥夺或者限制妇女的人身自由；禁止非法搜查妇女的身体。

第二十条 妇女的人格尊严不受侵犯。禁止用侮辱、诽谤等方式损害妇女的人格尊严。

第二十一条 妇女的生命权、身体权、健康权不受侵犯。禁止虐待、遗弃、残害、买卖以及其他侵害女性生命健康权益的行为。

禁止进行非医学需要的胎儿性别鉴定和选择性别的人工终止妊娠。

医疗机构施行生育手术、特殊检查或者特殊治疗时，应当征得妇女本人同意；在妇女与其家属或者关系人意见不一致时，应当尊重妇女本人意愿。

第二十二条 禁止拐卖、绑架妇女；禁止收买被拐卖、绑架的妇女；禁止阻碍解救被拐卖、绑架的妇女。

各级人民政府和公安、民政、人力资源和社会保障、卫生健康等部门及村民委员会、居民委员会按照各自的职责及时发现报告，并采取措施解救被拐卖、绑架的妇女，做好被解救妇女的安置、救助和关爱等工作。妇女联合会协助和配合做好有关工作。任何组织和个人不得歧视被拐卖、绑架的妇女。

第二十三条 禁止违背妇女意愿，以言语、文字、图像、肢体行为等方式对其实施性骚扰。

受害妇女可以向有关单位和国家机关投诉。接到投诉的有关单位和国家机关应当及时处理，并书面告知处理结果。

受害妇女可以向公安机关报案，也可以向人民法院提起民事诉讼，依法请求行为人承担民事责任。

第二十四条 学校应当根据女学生的年龄阶段，进行生理卫生、心理健康和自我保护教育，在教育、管理、设施等方面采取措施，提高其防范性侵害、性骚扰的自我保护意识和能力，保障女学生的人身安全和身心健康发展。

学校应当建立有效预防和科学处置性侵害、性骚扰的工作制度。对性侵害、性骚扰女学生的违法犯罪行为，学校不得隐瞒，应当及时通知受害未成年女学生的父母或者其他监护人，向公安机关、教育行政部门报告，并配合相关部门依法处理。

对遭受性侵害、性骚扰的女学生，学校、公安机关、教育行政部门等相关单位和人员应当保护其隐私和个人信息，并提供必要的保护措施。

第二十五条 用人单位应当采取下列措施预防和制止对妇女的性骚扰：

（一）制定禁止性骚扰的规章制度；

（二）明确负责机构或者人员；

（三）开展预防和制止性骚扰的教育培训活动；

（四）采取必要的安全保卫措施；

（五）设置投诉电话、信箱等，畅通投诉渠道；

（六）建立和完善调查处置程序，及时处置纠纷并保护当事人隐私和个人信息；

（七）支持、协助受害妇女依法维权，必要时为受害妇女提供心理疏导；

（八）其他合理的预防和制止性骚扰措施。

第二十六条 住宿经营者应当及时准确登记住宿人员信息，健全住宿服务规章制度，加强安全保障措施；发现可能侵害妇女权益的违法犯罪行为，应当及时向公安机关报告。

第二十七条 禁止卖淫、嫖娼；禁止组织、强迫、引诱、容留、介绍妇女卖淫或者对妇女进行猥亵活动；禁止组织、强迫、引诱、容留、介绍妇女在任何场所或者利用网络进行淫秽表演活动。

第二十八条 妇女的姓名权、肖像权、名誉权、荣誉权、隐私权和个人信息等人格权益受法律保护。

媒体报道涉及妇女事件应当客观、适度，不得通过夸大事实、过度渲染等方式侵害妇女的人格权益。

禁止通过大众传播媒介或者其他方式贬低损害妇女人格。未经本人同意，不得通过广告、商标、展览橱窗、报纸、期刊、图书、音像制品、电子出版物、网络等形式使用妇女肖像，但法律另有规定的除外。

第二十九条 禁止以恋爱、交友为由或者在终止恋爱关系、离婚之后，纠缠、骚扰妇女，泄露、传播妇女隐私和个人信息。

妇女遭受上述侵害或者面临上述侵害现实危险的，可以向人民法院申请人身安全保护令。

第三十条 国家建立健全妇女健康服务体系，保障妇女享有基本医疗卫生服务，开展妇女常见病、多发病的预防、筛查和诊疗，提高妇女健康水平。

国家采取必要措施，开展经期、孕期、产期、哺乳期和更年期的健康知识普及、卫生保健和疾病防治，保障妇女特殊生理时期的健康需求，为有需要的妇女提供心理健康服务支持。

第三十一条 县级以上地方人民政府应当设立妇幼保健机构，为妇女提供保健以及常见病防治服务。

国家鼓励和支持社会力量通过依法捐赠、资助或者提供志愿服务等方式，参与妇女卫生健康事业，提供安全的生理健康用品或者服务，满足妇女多样化、差异化的健康需求。

用人单位应当定期为女职工安排妇科疾病、乳腺疾病检查以及妇女特殊需要的其他健康检查。

第三十二条 妇女依法享有生育子女的权利，也有不生育子女的自由。

第三十三条 国家实行婚前、孕前、孕产期和产后保健制度，逐步建立妇女全生育周期系统保健制度。医疗保健机构应当提供安全、有效的医疗保健服务，保障妇女生育安全和健康。

有关部门应当提供安全、有效的避孕药具和技术，保障妇女的健康和安全。

第三十四条 各级人民政府在规划、建设基础设施时，应当考虑妇女的特殊需求，配备满足妇女需要的公共厕所和母婴室等公共设施。

第四章 文化教育权益

第三十五条 国家保障妇女享有与男子平等的文化教育权利。

第三十六条 父母或者其他监护人应当履行保障适龄女性未成年人接受并完成义务教育的义务。

对无正当理由不送适龄女性未成年人入学的父母或者其他监护人，由当地乡镇人民政府或者县级人民政府教育行政部门给予批评教育，依法责令其限期改正。居民委员会、村民委员会应当协助政府做好相关工作。

政府、学校应当采取有效措施，解决适龄女性未成年人就学存在的实际困难，并创造条件，保证适龄女性未成年人完成义务教育。

第三十七条 学校和有关部门应当执行国家有关规定，保障妇女在入学、升学、授予学位、派出留学、就业指导和服务等方面享有与男子平等的权利。

学校在录取学生时，除国家规定的特殊专业外，不得以性别为由拒绝录取女性或者提高对女性的录取标准。

各级人民政府应当采取措施，保障女性平等享有接受中高等教育的权利和机会。

第三十八条 各级人民政府应当依照规定把扫除妇女中的文盲、半文盲工作，纳入扫盲和扫盲后继续教育规划，采取符合妇女特点的组织形式和工作方法，组织、监督有关部门具体实施。

第三十九条 国家健全全民终身学习体系，为妇女终身学习创造条件。

各级人民政府和有关部门应当采取措施，根据城镇和农村妇女的需要，组织妇女接受职业教育和实用技术培训。

第四十条 国家机关、社会团体和企业事业单位应当执行国家有关规定，保障妇女从事科学、技术、文学、艺术和其他文化活动，享有与男子平等的权利。

第五章 劳动和社会保障权益

第四十一条 国家保障妇女享有与男子平等的劳动权利和社会保障权利。

第四十二条 各级人民政府和有关部门应当完善就业保障政策措施，防止和纠正就业性别歧视，为妇女创造公平的就业创业环境，为就业困难的妇女提供必要的扶持和援助。

第四十三条 用人单位在招录（聘）过程中，除国家另有规定外，不得实施下列行为：

（一）限定为男性或者规定男性优先；

（二）除个人基本信息外，进一步询问或者调查女性求职者的婚育情况；

（三）将妊娠测试作为入职体检项目；

（四）将限制结婚、生育或者婚姻、生育状况作为录（聘）用条件；

（五）其他以性别为由拒绝录（聘）用妇女或者差别化地提高对妇女录（聘）用标准的行为。

第四十四条 用人单位在录（聘）用女职工时，应当依法与其签订劳动（聘用）合同或者服务协议，劳动（聘用）合同或者服务协议中应当具备女职工特殊保护条款，并不得规定限制女职工结婚、生育等内容。

职工一方与用人单位订立的集体合同中应当包含男女平等和女职工权益保护相关内容，也可以就相关内容制定专章、附件或者单独订立女职工权益保护专项集体合同。

第四十五条 实行男女同工同酬。妇女在享受福利待遇方面享有与男子平等的权利。

第四十六条 在晋职、晋级、评聘专业技术职称和职务、培训等方面，应当坚持男女平等的原则，不得歧视妇女。

第四十七条 用人单位应当根据妇女的特点，依法保护妇女在工作和劳动时的安全、健康以及休息的权利。

妇女在经期、孕期、产期、哺乳期受特殊保护。

第四十八条 用人单位不得因结婚、怀孕、产假、哺乳等情形，降低女职工的工资和福利待遇，限制女职工晋职、晋级、评聘专业技术职称和职务，辞退女职工，单方解除劳动（聘用）合同或者服务协议。

女职工在怀孕以及依法享受产假期间，劳动（聘用）合同或者服务协议期满的，劳动（聘用）合同或者服务协议期限自动延续至产假结束。但是，用人单位依法解除、终止劳动（聘用）合同、服务协议，或者女职工依法要求解除、终止劳动（聘用）合同、服务协议的除外。

用人单位在执行国家退休制度时，不得以性别为由歧视妇女。

第四十九条 人力资源和社会保障部门应当将招聘、录取、晋职、晋级、评聘专业技术职称和职务、培训、辞退等过程中的性别歧视行为纳入劳动保障监察范围。

第五十条 国家发展社会保障事业，保障妇女享有社会保险、社会救助和社会福利等权益。

国家提倡和鼓励为帮助妇女而开展的社会公益活动。

第五十一条 国家实行生育保险制度，建立健全婴幼儿托育服务等与生育相关的其他保障制度。

国家建立健全职工生育休假制度，保障孕产期女职工依法享有休息休假权益。

地方各级人民政府和有关部门应当按照国家有关规定，为符合条件的困难妇女提供必要的生育救助。

第五十二条 各级人民政府和有关部门应当采取必要措施，加强贫困妇女、老龄妇女、残疾妇女等困难妇女的权益保障，按照有关规定为其提供生活帮扶、就业创业支持等关爱服务。

第六章 财产权益

第五十三条 国家保障妇女享有与男子平等的财产权利。

第五十四条 在夫妻共同财产、家庭共有财产关系中，不得侵害妇女依法享有的权益。

第五十五条 妇女在农村集体经济组织成员身份确认、土地承包经营、集体经济组织收益分配、土地征收补偿安置或者征用补偿以及宅基地使用等方面，享有与男子平等的权利。

申请农村土地承包经营权、宅基地使用权等不动产登记，应当在不动产登记簿和权属证书上将享有权利的妇女等家庭成员全部列明。征收补偿安置或者征用补偿协议应当将享有相关权益的妇女列入，并记载权益内容。

第五十六条 村民自治章程、村规民约，村民会议、村民代表会议的决定以及其他涉及村民利益事项的决定，不得以妇女未婚、结婚、离婚、丧偶、户无男性等为由，侵害妇女在农村集体经济组织中的各项权益。

因结婚男方到女方住所落户的，男方和子女享有与所在地农村集体经济组织成员平等的权益。

第五十七条 国家保护妇女在城镇集体所有财产关系中的权益。妇女依照法律、法规的规定享有相关权益。

第五十八条 妇女享有与男子平等的继承权。妇女依法行使继承权，不受歧视。

丧偶妇女有权依法处分继承的财产，任何组织和个人不得干涉。

第五十九条 丧偶儿媳对公婆尽了主要赡养义务的，作为第一顺序继承人，其继承权不受子女代位继承的影响。

第七章 婚姻家庭权益

第六十条 国家保障妇女享有与男子平等的婚姻家庭权利。

第六十一条 国家保护妇女的婚姻自主权。禁止干涉妇女的结婚、离婚自由。

第六十二条 国家鼓励男女双方在结婚登记前，共同进行医学检查或者相关健康体检。

第六十三条 婚姻登记机关应当提供婚姻家庭辅导服务，引导当事人建立平等、和睦、文明的婚姻家庭关系。

第六十四条 女方在怀孕期间、分娩后一年内或者终止妊娠后六个月内，男方不得提出离婚；但是，女方提出离婚或者人民法院认为确有必要受理男方离婚请求的除外。

第六十五条 禁止对妇女实施家庭暴力。

县级以上人民政府有关部门、司法机关、社会团体、企业事业单位、基层群众性自治组织以及其他组织，应当在各自的职责范围内预防和制止家庭暴力，依法为受害妇女提供救助。

第六十六条 妇女对夫妻共同财产享有与其配偶平等的占有、使用、收益和处分的权利，不受双方收入状况等情形的影响。

对夫妻共同所有的不动产以及可以联名登记的动产，女方有权要求在权属证书上记载其姓名；认为记载的权利人、标的物、权利比例等事项有错误的，有权依法申请更正登记或者异议登记，有关机构应当按照其申请依法办理相应登记手续。

第六十七条 离婚诉讼期间，夫妻一方申请查询登记在对方名下财产状况且确因客观原因不能自行收集的，人民法院应当进行调查取证，有关部门和单位应当予以协助。

离婚诉讼期间，夫妻双方均有向人民法院申报全部夫妻共同财产的义务。一方隐藏、转移、变卖、损毁、挥霍夫妻共同财产，或者伪造夫妻共同债务企图侵占另一方财产的，在离婚分割夫妻共同财产时，对该方可以少分或者不分财产。

第六十八条 夫妻双方应当共同负担家庭义务，共同照顾家庭生活。

女方因抚育子女、照料老人、协助男方工作等负担较多义务的，有权在离婚时要求男方予以补偿。补偿办法由双方协议确定；协议不成的，可以向人民法院提起诉讼。

第六十九条 离婚时，分割夫妻共有的房屋或者处理夫妻共同租住的房屋，由双方协议解决；协议不成的，可以向人民法院提起诉讼。

第七十条 父母双方对未成年子女享有平等的监护权。

父亲死亡、无监护能力或者有其他情形不能担任未成年子女的监护人的，母亲的监护权任何组织和个人不得干涉。

第七十一条 女方丧失生育能力的，在离婚处理子女抚养问题时，应当在最有利于未成年子女的条件下，优先考虑女方的抚养要求。

第八章　救济措施

第七十二条　对侵害妇女合法权益的行为，任何组织和个人都有权予以劝阻、制止或者向有关部门提出控告或者检举。有关部门接到控告或者检举后，应当依法及时处理，并为控告人、检举人保密。

妇女的合法权益受到侵害的，有权要求有关部门依法处理，或者依法申请调解、仲裁，或者向人民法院起诉。

对符合条件的妇女，当地法律援助机构或者司法机关应当给予帮助，依法为其提供法律援助或者司法救助。

第七十三条　妇女的合法权益受到侵害的，可以向妇女联合会等妇女组织求助。妇女联合会等妇女组织应当维护被侵害妇女的合法权益，有权要求并协助有关部门或者单位查处。有关部门或者单位应当依法查处，并予以答复；不予处理或者处理不当的，县级以上人民政府负责妇女儿童工作的机构、妇女联合会可以向其提出督促处理意见，必要时可以提请同级人民政府开展督查。

受害妇女进行诉讼需要帮助的，妇女联合会应当给予支持和帮助。

第七十四条　用人单位侵害妇女劳动和社会保障权益的，人力资源和社会保障部门可以联合工会、妇女联合会约谈用人单位，依法进行监督并要求其限期纠正。

第七十五条　妇女在农村集体经济组织成员身份确认等方面权益受到侵害的，可以申请乡镇人民政府等进行协调，或者向人民法院起诉。

乡镇人民政府应当对村民自治章程、村规民约，村民会议、村民代表会议的决定以及其他涉及村民利益事项的决定进行指导，对其中违反法律、法规和国家政策规定，侵害妇女合法权益的内容责令改正；受侵害妇女向农村土地承包仲裁机构申请仲裁或者向人民法院起诉的，农村土地承包仲裁机构或者人民法院应当依法受理。

第七十六条　县级以上人民政府应当开通全国统一的妇女权益保护服务热线，及时受理、移送有关侵害妇女合法权益的投诉、举报；有关部门或者单位接到投诉、举报后，应当及时予以处置。

鼓励和支持群团组织、企业事业单位、社会组织和个人参与建设妇女权益保护服务热线，提供妇女权益保护方面的咨询、帮助。

第七十七条 侵害妇女合法权益，导致社会公共利益受损的，检察机关可以发出检察建议；有下列情形之一的，检察机关可以依法提起公益诉讼：

（一）确认农村妇女集体经济组织成员身份时侵害妇女权益或者侵害妇女享有的农村土地承包和集体收益、土地征收征用补偿分配权益和宅基地使用权益；

（二）侵害妇女平等就业权益；

（三）相关单位未采取合理措施预防和制止性骚扰；

（四）通过大众传播媒介或者其他方式贬低损害妇女人格；

（五）其他严重侵害妇女权益的情形。

第七十八条 国家机关、社会团体、企业事业单位对侵害妇女权益的行为，可以支持受侵害的妇女向人民法院起诉。

第九章 法律责任

第七十九条 违反本法第二十二条第二款规定，未履行报告义务的，依法对直接负责的主管人员和其他直接责任人员给予处分。

第八十条 违反本法规定，对妇女实施性骚扰的，由公安机关给予批评教育或者出具告诫书，并由所在单位依法给予处分。

学校、用人单位违反本法规定，未采取必要措施预防和制止性骚扰，造成妇女权益受到侵害或者社会影响恶劣的，由上级机关或者主管部门责令改正；拒不改正或者情节严重的，依法对直接负责的主管人员和其他直接责任人员给予处分。

第八十一条 违反本法第二十六条规定，未履行报告等义务的，依法给予警告、责令停业整顿或者吊销营业执照、吊销相关许可证，并处一万元以上五万元以下罚款。

第八十二条 违反本法规定，通过大众传播媒介或者其他方式贬低损害妇女人格的，由公安、网信、文化旅游、广播电视、新闻出版或者其他有关部门依据各自的职权责令改正，并依法给予行政处罚。

第八十三条 用人单位违反本法第四十三条和第四十八条规定的，由人力资源和社会保障部门责令改正；拒不改正或者情节严重的，处一万元以上五万元以下罚款。

第八十四条 违反本法规定，对侵害妇女权益的申诉、控告、检举，推诿、拖延、压制不予查处，或者对提出申诉、控告、检举的人进行打击报复的，依法责令改正，并对直接负责的主管人员和其他直接责任人员给予处分。

国家机关及其工作人员未依法履行职责，对侵害妇女权益的行为未及时制止或者未给予受害妇女必要帮助，造成严重后果的，依法对直接负责的主管人员和其他直接责任人员给予处分。

违反本法规定，侵害妇女人身和人格权益、文化教育权益、劳动和社会保障权益、财产权益以及婚姻家庭权益的，依法责令改正，直接负责的主管人员和其他直接责任人员属于国家工作人员的，依法给予处分。

第八十五条 违反本法规定，侵害妇女的合法权益，其他法律、法规规定行政处罚的，从其规定；造成财产损失或者人身损害的，依法承担民事责任；构成犯罪的，依法追究刑事责任。

第十章　附则

第八十六条 本法自 2023 年 1 月 1 日起施行。

《中华人民共和国未成年人保护法》

第一章　总则

第一条　为了保护未成年人身心健康，保障未成年人合法权益，促进未成年人德智体美劳全面发展，培养有理想、有道德、有文化、有纪律的社会主义建设者和接班人，培养担当民族复兴大任的时代新人，根据宪法，制定本法。

第二条　本法所称未成年人是指未满十八周岁的公民。

第三条　国家保障未成年人的生存权、发展权、受保护权、参与权等权利。

未成年人依法平等地享有各项权利，不因本人及其父母或者其他监护人的民族、种族、性别、户籍、职业、宗教信仰、教育程度、家庭状况、身心健康状况等受到歧视。

第四条　保护未成年人，应当坚持最有利于未成年人的原则。处理涉及未成年人事项，应当符合下列要求：

（一）给予未成年人特殊、优先保护；

（二）尊重未成年人人格尊严；

（三）保护未成年人隐私权和个人信息；

（四）适应未成年人身心健康发展的规律和特点；

（五）听取未成年人的意见；

（六）保护与教育相结合。

第五条　国家、社会、学校和家庭应当对未成年人进行理想教育、道德教育、科学教育、文化教育、法治教育、国家安全教育、健康教育、劳动教育，加强爱国主义、集体主义和中国特色社会主义的教育，培养爱祖国、爱人民、爱劳动、爱科学、爱社会主义的公德，抵制资本主义、封建主义和其他腐朽思想的侵蚀，引导未成年人树立和践行社会主义核心价值观。

第六条　保护未成年人，是国家机关、武装力量、政党、人民团体、企业事业单位、社会组织、城乡基层群众性自治组织、未成年人的监护人以及其他成年人的共同责任。

国家、社会、学校和家庭应当教育和帮助未成年人维护自身合法权益，增强自我保护的意识和能力。

第七条　未成年人的父母或者其他监护人依法对未成年人承担监护职责。

国家采取措施指导、支持、帮助和监督未成年人的父母或者其他监护人履行监护职责。

第八条　县级以上人民政府应当将未成年人保护工作纳入国民经济和社会发展规划，相关经费纳入本级政府预算。

第九条　各级人民政府应当重视和加强未成年人保护工作。县级以上人民政府负责妇女儿童工作的机构，负责未成年人保护工作的组织、协调、指导、督促，有关部门在各自职责范围内做好相关工作。

第十条　共产主义青年团、妇女联合会、工会、残疾人联合会、关心下一代工作委员会、青年联合会、学生联合会、少年先锋队以及其他人民团体、有关社会组织，应当协助各级人民政府及其有关部门、人民检察院、人民法院做好未成年人保护工作，维护未成年人合法权益。

第十一条　任何组织或者个人发现不利于未成年人身心健康或者侵犯未成年人合法权益的情形，都有权劝阻、制止或者向公安、民政、教育等有关部门提出检举、控告。

国家机关、居民委员会、村民委员会、密切接触未成年人的单位及其工作人员，在工作中发现未成年人身心健康受到侵害、疑似受到侵害或者面临其他危险情形的，应当立即向公安、民政、教育等有关部门报告。

有关部门接到涉及未成年人的检举、控告或者报告，应当依法及时受理、处置，并以适当方式将处理结果告知相关单位和人员。

第十二条　国家鼓励和支持未成年人保护方面的科学研究，建设相关学科、设置相关专业，加强人才培养。

第十三条　国家建立健全未成年人统计调查制度，开展未成年人健康、受教育等状况的统计、调查和分析，发布未成年人保护的有关信息。

第十四条　国家对保护未成年人有显著成绩的组织和个人给予表彰和奖励。

第二章　家庭保护

第十五条　未成年人的父母或者其他监护人应当学习家庭教育知识，接受家庭教育指导，创造良好、和睦、文明的家庭环境。

共同生活的其他成年家庭成员应当协助未成年人的父母或者其他监护人抚养、教育和保护未成年人。

第十六条　未成年人的父母或者其他监护人应当履行下列监护职责：

（一）为未成年人提供生活、健康、安全等方面的保障；

（二）关注未成年人的生理、心理状况和情感需求；

（三）教育和引导未成年人遵纪守法、勤俭节约，养成良好的思想品德和行为习惯；

（四）对未成年人进行安全教育，提高未成年人的自我保护意识和能力；

（五）尊重未成年人受教育的权利，保障适龄未成年人依法接受并完成义务教育；

（六）保障未成年人休息、娱乐和体育锻炼的时间，引导未成年人进行有益身心健康的活动；

（七）妥善管理和保护未成年人的财产；

（八）依法代理未成年人实施民事法律行为；

（九）预防和制止未成年人的不良行为和违法犯罪行为，并进行合理管教；

（十）其他应当履行的监护职责。

第十七条　未成年人的父母或者其他监护人不得实施下列行为：

（一）虐待、遗弃、非法送养未成年人或者对未成年人实施家庭暴力；

（二）放任、教唆或者利用未成年人实施违法犯罪行为；

（三）放任、唆使未成年人参与邪教、迷信活动或者接受恐怖主义、分裂主义、极端主义等侵害；

（四）放任、唆使未成年人吸烟（含电子烟，下同）、饮酒、赌博、流浪乞讨或者欺凌他人；

（五）放任或者迫使应当接受义务教育的未成年人失学、辍学；

（六）放任未成年人沉迷网络，接触危害或者可能影响其身心健康的图书、报刊、电影、广播电视节目、音像制品、电子出版物和网络信息等；

（七）放任未成年人进入营业性娱乐场所、酒吧、互联网上网服务营业场所等不适宜未成年人活动的场所；

（八）允许或者迫使未成年人从事国家规定以外的劳动；

（九）允许、迫使未成年人结婚或者为未成年人订立婚约；

（十）违法处分、侵吞未成年人的财产或者利用未成年人牟取不正当利益；

（十一）其他侵犯未成年人身心健康、财产权益或者不依法履行未成年人保护义务的行为。

第十八条 未成年人的父母或者其他监护人应当为未成年人提供安全的家庭生活环境，及时排除引发触电、烫伤、跌落等伤害的安全隐患；采取配备儿童安全座椅、教育未成年人遵守交通规则等措施，防止未成年人受到交通事故的伤害；提高户外安全保护意识，避免未成年人发生溺水、动物伤害等事故。

第十九条 未成年人的父母或者其他监护人应当根据未成年人的年龄和智力发展状况，在作出与未成年人权益有关的决定前，听取未成年人的意见，充分考虑其真实意愿。

第二十条 未成年人的父母或者其他监护人发现未成年人身心健康受到侵害、疑似受到侵害或者其他合法权益受到侵犯的，应当及时了解情况并采取保护措施；情况严重的，应当立即向公安、民政、教育等部门报告。

第二十一条 未成年人的父母或者其他监护人不得使未满八周岁或者由于身体、心理原因需要特别照顾的未成年人处于无人看护状态，或者将其交由无民事行为能力、限制民事行为能力、患有严重传染性疾病或者其他不适宜的人员临时照护。

未成年人的父母或者其他监护人不得使未满十六周岁的未成年人脱离监护单独生活。

第二十二条 未成年人的父母或者其他监护人因外出务工等原因在一定期限内不能完全履行监护职责的，应当委托具有照护能力的完全民事行为能力人代为照护；无正当理由的，不得委托他人代为照护。

未成年人的父母或者其他监护人在确定被委托人时，应当综合考虑其道德品质、家庭状况、身心健康状况、与未成年人生活情感上的联系等情况，并听取有表达意愿能力未成年人的意见。

具有下列情形之一的，不得作为被委托人：

（一）曾实施性侵害、虐待、遗弃、拐卖、暴力伤害等违法犯罪行为；

（二）有吸毒、酗酒、赌博等恶习；

（三）曾拒不履行或者长期怠于履行监护、照护职责；

（四）其他不适宜担任被委托人的情形。

第二十三条 未成年人的父母或者其他监护人应当及时将委托照护情况书面告知未成年人所在学校、幼儿园和实际居住地的居民委员会、村民委员会，加强和未成年人所在学校、幼儿园的沟通；与未成年人、被委托人至少每周联系和交流一次，了解未成年人的生活、学习、心理等情况，并给予未成年人亲情关爱。

未成年人的父母或者其他监护人接到被委托人、居民委员会、村民委员会、学校、幼儿园等关于未成年人心理、行为异常的通知后，应当及时采取干预措施。

第二十四条 未成年人的父母离婚时，应当妥善处理未成年子女的抚养、教育、探望、财产等事宜，听取有表达意愿能力未成年人的意见。不得以抢夺、藏匿未成年子女等方式争夺抚养权。

未成年人的父母离婚后，不直接抚养未成年子女的一方应当依照协议、人民法院判决或者调解确定的时间和方式，在不影响未成年人学习、生活的情况下探望未成年子女，直接抚养的一方应当配合，但被人民法院依法中止探望权的除外。

第三章 学校保护

第二十五条 学校应当全面贯彻国家教育方针，坚持立德树人，实施素质教育，提高教育质量，注重培养未成年学生认知能力、合作能力、创新能力和实践能力，促进未成年学生全面发展。

学校应当建立未成年学生保护工作制度，健全学生行为规范，培养未成年学生遵纪守法的良好行为习惯。

第二十六条 幼儿园应当做好保育、教育工作，遵循幼儿身心发展规律，实施启蒙教育，促进幼儿在体质、智力、品德等方面和谐发展。

第二十七条 学校、幼儿园的教职员工应当尊重未成年人人格尊严，不得对未成年人实施体罚、变相体罚或者其他侮辱人格尊严的行为。

第二十八条 学校应当保障未成年学生受教育的权利，不得违反国家规定开除、变相开除未成年学生。

学校应当对尚未完成义务教育的辍学未成年学生进行登记并劝返复学；劝返无效的，应当及时向教育行政部门书面报告。

第二十九条 学校应当关心、爱护未成年学生，不得因家庭、身体、心理、学习能力等情况歧视学生。对家庭困难、身心有障碍的学生，应当提供关爱；对行为异常、学习有困难的学生，应当耐心帮助。

学校应当配合政府有关部门建立留守未成年学生、困境未成年学生的信息档案，开展关爱帮扶工作。

第三十条 学校应当根据未成年学生身心发展特点，进行社会生活指导、心理健康辅导、青春期教育和生命教育。

第三十一条 学校应当组织未成年学生参加与其年龄相适应的日常生活劳动、生产劳动和服务性劳动，帮助未成年学生掌握必要的劳动知识和技能，养成良好的劳动习惯。

第三十二条 学校、幼儿园应当开展勤俭节约、反对浪费、珍惜粮食、文明饮食等宣传教育活动，帮助未成年人树立浪费可耻、节约为荣的意识，养成文明健康、绿色环保的生活习惯。

第三十三条 学校应当与未成年学生的父母或者其他监护人互相配合，合理安排未成年学生的学习时间，保障其休息、娱乐和体育锻炼的时间。

学校不得占用国家法定节假日、休息日及寒暑假期，组织义务教育阶段的未成年学生集体补课，加重其学习负担。

幼儿园、校外培训机构不得对学龄前未成年人进行小学课程教育。

第三十四条 学校、幼儿园应当提供必要的卫生保健条件，协助卫生健康部门做好在校、在园未成年人的卫生保健工作。

第三十五条 学校、幼儿园应当建立安全管理制度，对未成年人进行安全教育，完善安保设施、配备安保人员，保障未成年人在校、在园期间的人身和财产安全。

学校、幼儿园不得在危及未成年人人身安全、身心健康的校舍和其他设施、场所中进行教育教学活动。

学校、幼儿园安排未成年人参加文化娱乐、社会实践等集体活动，应当保护未成年人的身心健康，防止发生人身伤害事故。

第三十六条 使用校车的学校、幼儿园应当建立健全校车安全管理制度，配备安全管理人员，定期对校车进行安全检查，对校车驾驶人进行安全教育，并向未成年人讲解校车安全乘坐知识，培养未成年人校车安全事故应急处理技能。

第三十七条 学校、幼儿园应当根据需要，制定应对自然灾害、事故灾难、公共卫生事件等突发事件和意外伤害的预案，配备相应设施并定期进行必要的演练。

未成年人在校内、园内或者本校、本园组织的校外、园外活动中发生人身伤害事故的，学校、幼儿园应当立即救护，妥善处理，及时通知未成年人的父母或者其他监护人，并向有关部门报告。

第三十八条 学校、幼儿园不得安排未成年人参加商业性活动，不得向未成年人及其父母或者其他监护人推销或者要求其购买指定的商品和服务。

学校、幼儿园不得与校外培训机构合作为未成年人提供有偿课程辅导。

第三十九条 学校应当建立学生欺凌防控工作制度，对教职员工、学生等开展防治学生欺凌的教育和培训。

学校对学生欺凌行为应当立即制止，通知实施欺凌和被欺凌未成年学生的父母或者其他监护人参与欺凌行为的认定和处理；对相关未成年学生及时给予心理辅导、教育和引导；对相关未成年学生的父母或者其他监护人给予必要的家庭教育指导。

对实施欺凌的未成年学生，学校应当根据欺凌行为的性质和程度，依法加强管教。对严重的欺凌行为，学校不得隐瞒，应当及时向公安机关、教育行政部门报告，并配合相关部门依法处理。

第四十条 学校、幼儿园应当建立预防性侵害、性骚扰未成年人工作制度。对性侵害、性骚扰未成年人等违法犯罪行为，学校、幼儿园不得隐瞒，应当及时向公安机关、教育行政部门报告，并配合相关部门依法处理。

学校、幼儿园应当对未成年人开展适合其年龄的性教育，提高未成年人防范性侵害、性骚扰的自我保护意识和能力。对遭受性侵害、性骚扰的未成年人，学校、幼儿园应当及时采取相关的保护措施。

第四十一条 婴幼儿照护服务机构、早期教育服务机构、校外培训机构、校外托管机构等应当参照本章有关规定，根据不同年龄阶段未成年人的成长特点和规律，做好未成年人保护工作。

第四章 社会保护

第四十二条 全社会应当树立关心、爱护未成年人的良好风尚。

国家鼓励、支持和引导人民团体、企业事业单位、社会组织以及其他组织和个人，开展有利于未成年人健康成长的社会活动和服务。

第四十三条 居民委员会、村民委员会应当设置专人专岗负责未成年人保护工作，协助政府有关部门宣传未成年人保护方面的法律法规，指导、帮助和监督未成年人的父母或者其他监护人依法履行监护职责，建立留守未成年人、困境未成年人的信息档案并给予关爱帮扶。

居民委员会、村民委员会应当协助政府有关部门监督未成年人委托照护情况，发现被委托人缺乏照护能力、怠于履行照护职责等情况，应当及时向政府有关部门报告，并告知未成年人的父母或者其他监护人，帮助、督促被委托人履行照护职责。

第四十四条 爱国主义教育基地、图书馆、青少年宫、儿童活动中心、儿童之家应当对未成年人免费开放；博物馆、纪念馆、科技馆、展览馆、美术馆、文化馆、社区公益性互联网上网服务场所以及影剧院、体育场馆、动物园、植物园、公园等场所，应当按照有关规定对未成年人免费或者优惠开放。

国家鼓励爱国主义教育基地、博物馆、科技馆、美术馆等公共场馆开设未成年人专场，为未成年人提供有针对性的服务。

国家鼓励国家机关、企业事业单位、部队等开发自身教育资源，设立未成年人开放日，为未成年人主题教育、社会实践、职业体验等提供支持。

国家鼓励科研机构和科技类社会组织对未成年人开展科学普及活动。

第四十五条 城市公共交通以及公路、铁路、水路、航空客运等应当按照有关规定对未成年人实施免费或者优惠票价。

第四十六条 国家鼓励大型公共场所、公共交通工具、旅游景区景点等设置母婴室、婴儿护理台以及方便幼儿使用的坐便器、洗手台等卫生设施，为未成年人提供便利。

第四十七条 任何组织或者个人不得违反有关规定，限制未成年人应当享有的照顾或者优惠。

第四十八条 国家鼓励创作、出版、制作和传播有利于未成年人健康成长的图书、报刊、电影、广播电视节目、舞台艺术作品、音像制品、电子出版物和网络信息等。

第四十九条 新闻媒体应当加强未成年人保护方面的宣传，对侵犯未成年人合法权益的行为进行舆论监督。新闻媒体采访报道涉及未成年人事件应当客观、审慎和适度，不得侵犯未成年人的名誉、隐私和其他合法权益。

第五十条 禁止制作、复制、出版、发布、传播含有宣扬淫秽、色情、暴力、邪教、迷信、赌博、引诱自杀、恐怖主义、分裂主义、极端主义等危害未成年人身心健康内容的图书、报刊、电影、广播电视节目、舞台艺术作品、音像制品、电子出版物和网络信息等。

第五十一条 任何组织或者个人出版、发布、传播的图书、报刊、电影、广播电视节目、舞台艺术作品、音像制品、电子出版物或者网络信息，包含可能影响未成年人身心健康内容的，应当以显著方式作出提示。

第五十二条 禁止制作、复制、发布、传播或者持有有关未成年人的淫秽色情物品和网络信息。

第五十三条 任何组织或者个人不得刊登、播放、张贴或者散发含有危害未成年人身心健康内容的广告；不得在学校、幼儿园播放、张贴或者散发商业广告；不得利用校服、教材等发布或者变相发布商业广告。

第五十四条 禁止拐卖、绑架、虐待、非法收养未成年人，禁止对未成年人实施性侵害、性骚扰。

禁止胁迫、引诱、教唆未成年人参加黑社会性质组织或者从事违法犯罪活动。

禁止胁迫、诱骗、利用未成年人乞讨。

第五十五条 生产、销售用于未成年人的食品、药品、玩具、用具和游戏游艺设备、游乐设施等，应当符合国家或者行业标准，不得危害未成年人的人身安全和身心健康。上述产品的生产者应当在显著位置标明注意事项，未标明注意事项的不得销售。

第五十六条 未成年人集中活动的公共场所应当符合国家或者行业安全标准，并采取相应安全保护措施。对可能存在安全风险的设施，应当定期进行维护，在显著位置设置安全警示标志并标明适龄范围和注意事项；必要时应当安排专门人员看管。

大型的商场、超市、医院、图书馆、博物馆、科技馆、游乐场、车站、码头、机场、旅游景区景点等场所运营单位应当设置搜寻走失未成年人的安全警报系统。场所运营单位接到求助后，应当立即启动安全警报系统，组织人员进行搜寻并向公安机关报告。

公共场所发生突发事件时，应当优先救护未成年人。

第五十七条 旅馆、宾馆、酒店等住宿经营者接待未成年人入住，或者接待未成年人和成年人共同入住时，应当询问父母或者其他监护人的联系方式、入住人员的身份关系等有关情况；发现有违法犯罪嫌疑的，应当立即向公安机关报告，并及时联系未成年人的父母或者其他监护人。

第五十八条 学校、幼儿园周边不得设置营业性娱乐场所、酒吧、互联网上网服务营业场所等不适宜未成年人活动的场所。营业性歌舞娱乐场所、酒吧、互联网上网服务营业场所等不适宜未成年人活动场所的经营者，不得允许未成年人进入；游艺娱乐场所设置的电子游戏设备，除国家法定节假日外，不得向未成年人提供。经营者应当在显著位置设置未成年人禁入、限入标志；对难以判明是否 是未成年人的，应当要求其出示身份证件。

第五十九条 学校、幼儿园周边不得设置烟、酒、彩票销售网点。禁止向未成年人销售烟、酒、彩票或者兑付彩票奖金。烟、酒和彩票经营者应当在显著位置设置不向未成年人销售烟、酒或者彩票的标志；对难以判明是否是未成年人的，应当要求其出示身份证件。

任何人不得在学校、幼儿园和其他未成年人集中活动的公共场所吸烟、饮酒。

第六十条 禁止向未成年人提供、销售管制刀具或者其他可能致人严重伤害的器具等物品。经营者难以判明购买者是否 是未成年人的，应当要求其出示身份证件。

第六十一条 任何组织或者个人不得招用未满十六周岁未成年人，国家另有规定的除外。

营业性娱乐场所、酒吧、互联网上网服务营业场所等不适宜未成年人活动的场所不得招用已满十六周岁的未成年人。

招用已满十六周岁未成年人的单位和个人应当执行国家在工种、劳动时间、劳动强度和保护措施等方面的规定，不得安排其从事过重、有毒、有害等危害未成年人身心健康的劳动或者危险作业。

任何组织或者个人不得组织未成年人进行危害其身心健康的表演等活动。经未成年人的父母或者其他监护人同意，未成年人参与演出、节目制作等活动，活动组织方应当根据国家有关规定，保障未成年人合法权益。

第六十二条　密切接触未成年人的单位招聘工作人员时，应当向公安机关、人民检察院查询应聘者是否具有性侵害、虐待、拐卖、暴力伤害等违法犯罪记录；发现其具有前述行为记录的，不得录用。

密切接触未成年人的单位应当每年定期对工作人员是否具有上述违法犯罪记录进行查询。通过查询或者其他方式发现其工作人员具有上述行为的，应当及时解聘。

第六十三条　任何组织或者个人不得隐匿、毁弃、非法删除未成年人的信件、日记、电子邮件或者其他网络通讯内容。

除下列情形外，任何组织或者个人不得开拆、查阅未成年人的信件、日记、电子邮件或者其他网络通讯内容：

（一）无民事行为能力未成年人的父母或者其他监护人代未成年人开拆、查阅；

（二）因国家安全或者追查刑事犯罪依法进行检查；

（三）紧急情况下为了保护未成年人本人的人身安全。

第五章　网络保护

第六十四条　国家、社会、学校和家庭应当加强未成年人网络素养宣传教育，培养和提高未成年人的网络素养，增强未成年人科学、文明、安全、合理使用网络的意识和能力，保障未成年人在网络空间的合法权益。

第六十五条　国家鼓励和支持有利于未成年人健康成长的网络内容的创作与传播，鼓励和支持专门以未成年人为服务对象、适合未成年人身心健康特点的网络技术、产品、服务的研发、生产和使用。

第六十六条 网信部门及其他有关部门应当加强对未成年人网络保护工作的监督检查，依法惩处利用网络从事危害未成年人身心健康的活动，为未成年人提供安全、健康的网络环境。

第六十七条 网信部门会同公安、文化和旅游、新闻出版、电影、广播电视等部门根据保护不同年龄阶段未成年人的需要，确定可能影响未成年人身心健康网络信息的种类、范围和判断标准。

第六十八条 新闻出版、教育、卫生健康、文化和旅游、网信等部门应当定期开展预防未成年人沉迷网络的宣传教育，监督网络产品和服务提供者履行预防未成年人沉迷网络的义务，指导家庭、学校、社会组织互相配合，采取科学、合理的方式对未成年人沉迷网络进行预防和干预。

任何组织或者个人不得以侵害未成年人身心健康的方式对未成年人沉迷网络进行干预。

第六十九条 学校、社区、图书馆、文化馆、青少年宫等场所为未成年人提供的互联网上网服务设施，应当安装未成年人网络保护软件或者采取其他安全保护技术措施。

智能终端产品的制造者、销售者应当在产品上安装未成年人网络保护软件，或者以显著方式告知用户未成年人网络保护软件的安装渠道和方法。

第七十条 学校应当合理使用网络开展教学活动。未经学校允许，未成年学生不得将手机等智能终端产品带入课堂，带入学校的应当统一管理。

学校发现未成年学生沉迷网络的，应当及时告知其父母或者其他监护人，共同对未成年学生进行教育和引导，帮助其恢复正常的学习生活。

第七十一条 未成年人的父母或者其他监护人应当提高网络素养，规范自身使用网络的行为，加强对未成年人使用网络行为的引导和监督。

未成年人的父母或者其他监护人应当通过在智能终端产品上安装未成年人网络保护软件、选择适合未成年人的服务模式和管理功能等方式，避免未成年人接触危害或者可能影响其身心健康的网络信息，合理安排未成年人使用网络的时间，有效预防未成年人沉迷网络。

第七十二条 信息处理者通过网络处理未成年人个人信息的，应当遵循合法、正当和必要的原则。处理不满十四周岁未成年人个人信息的，应当征得未成年人的父母或者其他监护人同意，但法律、行政法规另有规定的除外。

未成年人、父母或者其他监护人要求信息处理者更正、删除未成年人个人信息的，信息处理者应当及时采取措施予以更正、删除，但法律、行政法规另有规定的除外。

第七十三条 网络服务提供者发现未成年人通过网络发布私密信息的，应当及时提示，并采取必要的保护措施。

第七十四条 网络产品和服务提供者不得向未成年人提供诱导其沉迷的产品和服务。

网络游戏、网络直播、网络音视频、网络社交等网络服务提供者应当针对未成年人使用其服务设置相应的时间管理、权限管理、消费管理等功能。

以未成年人为服务对象的在线教育网络产品和服务，不得插入网络游戏链接，不得推送广告等与教学无关的信息。

第七十五条 网络游戏经依法审批后方可运营。

国家建立统一的未成年人网络游戏电子身份认证系统。网络游戏服务提供者应当要求未成年人以真实身份信息注册并登录网络游戏。

网络游戏服务提供者应当按照国家有关规定和标准，对游戏产品进行分类，作出适龄提示，并采取技术措施，不得让未成年人接触不适宜的游戏或者游戏功能。

网络游戏服务提供者不得在每日二十二时至次日八时向未成年人提供网络游戏服务。

第七十六条 网络直播服务提供者不得为未满十六周岁的未成年人提供网络直播发布者账号注册服务；为年满十六周岁的未成年人提供网络直播发布者账号注册服务时，应当对其身份信息进行认证，并征得其父母或者其他监护人同意。

第七十七条 任何组织或者个人不得通过网络以文字、图片、音视频等形式，对未成年人实施侮辱、诽谤、威胁或者恶意损害形象等网络欺凌行为。

遭受网络欺凌的未成年人及其父母或者其他监护人有权通知网络服务提供者采取删除、屏蔽、断开链接等措施。网络服务提供者接到通知后，应当及时采取必要的措施制止网络欺凌行为，防止信息扩散。

第七十八条 网络产品和服务提供者应当建立便捷、合理、有效的投诉和举报渠道，公开投诉、举报方式等信息，及时受理并处理涉及未成年人的投诉、举报。

第七十九条 任何组织或者个人发现网络产品、服务含有危害未成年人身心健康的信息，有权向网络产品和服务提供者或者网信、公安等部门投诉、举报。

第八十条 网络服务提供者发现用户发布、传播可能影响未成年人身心健康的信息且未作显著提示的，应当作出提示或者通知用户予以提示；未作出提示的，不得传输相关信息。

网络服务提供者发现用户发布、传播含有危害未成年人身心健康内容的信息的，应当立即停止传输相关信息，采取删除、屏蔽、断开链接等处置措施，保存有关记录，并向网信、公安等部门报告。

网络服务提供者发现用户利用其网络服务对未成年人实施违法犯罪行为的，应当立即停止向该用户提供网络服务，保存有关记录，并向公安机关报告。

第六章　政府保护

第八十一条 县级以上人民政府承担未成年人保护协调机制具体工作的职能部门应当明确相关内设机构或者专门人员，负责承担未成年人保护工作。

乡镇人民政府和街道办事处应当设立未成年人保护工作站或者指定专门人员，及时办理未成年人相关事务；支持、指导居民委员会、村民委员会设立专人专岗，做好未成年人保护工作。

第八十二条 各级人民政府应当将家庭教育指导服务纳入城乡公共服务体系，开展家庭教育知识宣传，鼓励和支持有关人民团体、企业事业单位、社会组织开展家庭教育指导服务。

第八十三条 各级人民政府应当保障未成年人受教育的权利，并采取措施保障留守未成年人、困境未成年人、残疾未成年人接受义务教育。

对尚未完成义务教育的辍学未成年学生，教育行政部门应当责令父母或者其他监护人将其送入学校接受义务教育。

第八十四条 各级人民政府应当发展托育、学前教育事业，办好婴幼儿照护服务机构、幼儿园，支持社会力量依法兴办母婴室、婴幼儿照护服务机构、幼儿园。

县级以上地方人民政府及其有关部门应当培养和培训婴幼儿照护服务机构、幼儿园的保教人员，提高其职业道德素质和业务能力。

第八十五条 各级人民政府应当发展职业教育，保障未成年人接受职业教育或者职业技能培训，鼓励和支持人民团体、企业事业单位、社会组织为未成年人提供职业技能培训服务。

第八十六条 各级人民政府应当保障具有接受普通教育能力、能适应校园生活的残疾未成年人就近在普通学校、幼儿园接受教育；保障不具有接受普通教育能力的残疾未成年人在特殊教育学校、幼儿园接受学前教育、义务教育和职业教育。

各级人民政府应当保障特殊教育学校、幼儿园的办学、办园条件，鼓励和支持社会力量举办特殊教育学校、幼儿园。

第八十七条 地方人民政府及其有关部门应当保障校园安全，监督、指导学校、幼儿园等单位落实校园安全责任，建立突发事件的报告、处置和协调机制。

第八十八条 公安机关和其他有关部门应当依法维护校园周边的治安和交通秩序，设置监控设备和交通安全设施，预防和制止侵害未成年人的违法犯罪行为。

第八十九条 地方人民政府应当建立和改善适合未成年人的活动场所和设施，支持公益性未成年人活动场所和设施的建设和运行，鼓励社会力量兴办适合未成年人的活动场所和设施，并加强管理。

地方人民政府应当采取措施，鼓励和支持学校在国家法定节假日、休息日及寒暑假期将文化体育设施对未成年人免费或者优惠开放。

地方人民政府应当采取措施，防止任何组织或者个人侵占、破坏学校、幼儿园、婴幼儿照护服务机构等未成年人活动场所的场地、房屋和设施。

第九十条 各级人民政府及其有关部门应当对未成年人进行卫生保健和营养指导，提供卫生保健服务。

卫生健康部门应当依法对未成年人的疫苗预防接种进行规范，防治未成年人常见病、多发病，加强传染病防治和监督管理，做好伤害预防和干预，指导和监督学校、幼儿园、婴幼儿照护服务机构开展卫生保健工作。

教育行政部门应当加强未成年人的心理健康教育，建立未成年人心理问题的早期发现和及时干预机制。卫生健康部门应当做好未成年人心理治疗、心理危机干预以及精神障碍早期识别和诊断治疗等工作。

第九十一条 各级人民政府及其有关部门对困境未成年人实施分类保障，采取措施满足其生活、教育、安全、医疗康复、住房等方面的基本需要。

第九十二条 具有下列情形之一的，民政部门应当依法对未成年人进行临时监护：

（一）未成年人流浪乞讨或者身份不明，暂时查找不到父母或者其他监护人；

（二）监护人下落不明且无其他人可以担任监护人；

（三）监护人因自身客观原因或者因发生自然灾害、事故灾难、公共卫生事件等突发事件不能履行监护职责，导致未成年人监护缺失；

（四）监护人拒绝或者怠于履行监护职责，导致未成年人处于无人照料的状态；

（五）监护人教唆、利用未成年人实施违法犯罪行为，未成年人需要被带离安置；

（六）未成年人遭受监护人严重伤害或者面临人身安全威胁，需要被紧急安置；

（七）法律规定的其他情形。

第九十三条 对临时监护的未成年人，民政部门可以采取委托亲属抚养、家庭寄养等方式进行安置，也可以交由未成年人救助保护机构或者儿童福利机构进行收留、抚养。

临时监护期间，经民政部门评估，监护人重新具备履行监护职责条件的，民政部门可以将未成年人送回监护人抚养。

第九十四条 具有下列情形之一的，民政部门应当依法对未成年人进行长期监护：

（一）查找不到未成年人的父母或者其他监护人；

（二）监护人死亡或者被宣告死亡且无其他人可以担任监护人；

（三）监护人丧失监护能力且无其他人可以担任监护人；

（四）人民法院判决撤销监护人资格并指定由民政部门担任监护人；

（五）法律规定的其他情形。

第九十五条 民政部门进行收养评估后，可以依法将其长期监护的未成年人交由符合条件的申请人收养。收养关系成立后，民政部门与未成年人的监护关系终止。

第九十六条 民政部门承担临时监护或者长期监护职责的，财政、教育、卫生健康、公安等部门应当根据各自职责予以配合。

县级以上人民政府及其民政部门应当根据需要设立未成年人救助保护机构、儿童福利机构，负责收留、抚养由民政部门监护的未成年人。

第九十七条 县级以上人民政府应当开通全国统一的未成年人保护热线，及时受理、转介侵犯未成年人合法权益的投诉、举报；鼓励和支持人民团体、企业事业单位、社会组织参与建设未成年人保护服务平台、服务热线、服务站点，提供未成年人保护方面的咨询、帮助。

第九十八条 国家建立性侵害、虐待、拐卖、暴力伤害等违法犯罪人员信息查询系统，向密切接触未成年人的单位提供免费查询服务。

第九十九条 地方人民政府应当培育、引导和规范有关社会组织、社会工作者参与未成年人保护工作，开展家庭教育指导服务，为未成年人的心理辅导、康复救助、监护及收养评估等提供专业服务。

第七章 司法保护

第一百条 公安机关、人民检察院、人民法院和司法行政部门应当依法履行职责，保障未成年人合法权益。

第一百零一条 公安机关、人民检察院、人民法院和司法行政部门应当确定专门机构或者指定专门人员，负责办理涉及未成年人案件。办理涉及未成年人案件的人员应当经过专门培训，熟悉未成年人身心特点。专门机构或者专门人员中，应当有女性工作人员。

公安机关、人民检察院、人民法院和司法行政部门应当对上述机构和人员实行与未成年人保护工作相适应的评价考核标准。

第一百零二条 公安机关、人民检察院、人民法院和司法行政部门办理涉及未成年人案件，应当考虑未成年人身心特点和健康成长的需要，使用未成年人能够理解的语言和表达方式，听取未成年人的意见。

第一百零三条 公安机关、人民检察院、人民法院、司法行政部门以及其他组织和个人不得披露有关案件中未成年人的姓名、影像、住所、就读学校以及其他可能识别出其身份的信息，但查找失踪、被拐卖未成年人等情形除外。

第一百零四条 对需要法律援助或者司法救助的未成年人，法律援助机构或者公安机关、人民检察院、人民法院和司法行政部门应当给予帮助，依法为其提供法律援助或者司法救助。

法律援助机构应当指派熟悉未成年人身心特点的律师为未成年人提供法律援助服务。

法律援助机构和律师协会应当对办理未成年人法律援助案件的律师进行指导和培训。

第一百零五条 人民检察院通过行使检察权，对涉及未成年人的诉讼活动等依法进行监督。

第一百零六条 未成年人合法权益受到侵犯，相关组织和个人未代为提起诉讼的，人民检察院可以督促、支持其提起诉讼；涉及公共利益的，人民检察院有权提起公益诉讼。

第一百零七条 人民法院审理继承案件，应当依法保护未成年人的继承权和受遗赠权。

人民法院审理离婚案件，涉及未成年子女抚养问题的，应当尊重已满八周岁未成年子女的真实意愿，根据双方具体情况，按照最有利于未成年子女的原则依法处理。

第一百零八条 未成年人的父母或者其他监护人不依法履行监护职责或者严重侵犯被监护的未成年人合法权益的，人民法院可以根据有关人员或者单位的申请，依法作出人身安全保护令或者撤销监护人资格。

被撤销监护人资格的父母或者其他监护人应当依法继续负担抚养费用。

第一百零九条 人民法院审理离婚、抚养、收养、监护、探望等案件涉及未成年人的，可以自行或者委托社会组织对未成年人的相关情况进行社会调查。

第一百一十条 公安机关、人民检察院、人民法院讯问未成年犯罪嫌疑人、被告人，询问未成年被害人、证人，应当依法通知其法定代理人或者其成年亲属、所在学校的代表等合适成年人到场，并采取适当方式，在适当场所进行，保障未成年人的名誉权、隐私权和其他合法权益。

人民法院开庭审理涉及未成年人案件，未成年被害人、证人一般不出庭作证；必须出庭的，应当采取保护其隐私的技术手段和心理干预等保护措施。

第一百一十一条 公安机关、人民检察院、人民法院应当与其他有关政府部门、人民团体、社会组织互相配合，对遭受性侵害或者暴力伤害的未成年被害人及其家庭实施必要的心理干预、经济救助、法律援助、转学安置等保护措施。

第一百一十二条 公安机关、人民检察院、人民法院办理未成年人遭受性侵害或者暴力伤害案件，在询问未成年被害人、证人时，应当采取同步录音录像等措施，尽量一次完成；未成年被害人、证人是女性的，应当由女性工作人员进行。

第一百一十三条 对违法犯罪的未成年人，实行教育、感化、挽救的方针，坚持教育为主、惩罚为辅的原则。

对违法犯罪的未成年人依法处罚后，在升学、就业等方面不得歧视。

第一百一十四条 公安机关、人民检察院、人民法院和司法行政部门发现有关单位未尽到未成年人教育、管理、救助、看护等保护职责的，应当向该单位提出建议。被建议单位应当在一个月内作出书面回复。

第一百一十五条 公安机关、人民检察院、人民法院和司法行政部门应当结合实际，根据涉及未成年人案件的特点，开展未成年人法治宣传教育工作。

第一百一十六条 国家鼓励和支持社会组织、社会工作者参与涉及未成年人案件中未成年人的心理干预、法律援助、社会调查、社会观护、教育矫治、社区矫正等工作。

第八章 法律责任

第一百一十七条 违反本法第十一条第二款规定，未履行报告义务造成严重后果的，由上级主管部门或者所在单位对直接负责的主管人员和其他直接责任人员依法给予处分。

第一百一十八条 未成年人的父母或者其他监护人不依法履行监护职责

或者侵犯未成年人合法权益的，由其居住地的居民委员会、村民委员会予以劝诫、制止；情节严重的，居民委员会、村民委员会应当及时向公安机关报告。

公安机关接到报告或者公安机关、人民检察院、人民法院在办理案件过程中发现未成年人的父母或者其他监护人存在上述情形的，应当予以训诫，并可以责令其接受家庭教育指导。

第一百一十九条 学校、幼儿园、婴幼儿照护服务等机构及其教职员工违反本法第二十七条、第二十八条、第三十九条规定的，由公安、教育、卫生健康、市场监督管理等部门按照职责分工责令改正；拒不改正或者情节严重的，对直接负责的主管人员和其他直接责任人员依法给予处分。

第一百二十条 违反本法第四十四条、第四十五条、第四十七条规定，未给予未成年人免费或者优惠待遇的，由市场监督管理、文化和旅游、交通运输等部门按照职责分工责令限期改正，给予警告；拒不改正的，处一万元以上十万元以下罚款。

第一百二十一条 违反本法第五十条、第五十一条规定的，由新闻出版、广播电视、电影、网信等部门按照职责分工责令限期改正，给予警告，没收违法所得，可以并处十万元以下罚款；拒不改正或者情节严重的，责令暂停相关业务、停产停业或者吊销营业执照、吊销相关许可证，违法所得一百万元以上的，并处违法所得一倍以上十倍以下的罚款，没有违法所得或者违法所得不足一百万元的，并处十万元以上一百万元以下罚款。

第一百二十二条 场所运营单位违反本法第五十六条第二款规定、住宿经营者违反本法第五十七条规定的，由市场监督管理、应急管理、公安等部门按照职责分工责令限期改正，给予警告；拒不改正或者造成严重后果的，责令停业整顿或者吊销营业执照、吊销相关许可证，并处一万元以上十万元以下罚款。

第一百二十三条 相关经营者违反本法第五十八条、第五十九条第一款、第六十条规定的，由文化和旅游、市场监督管理、烟草专卖、公安等部门按照职责分工责令限期改正，给予警告，没收违法所得，可以并处五万元以下罚款；拒不改正或者情节严重的，责令停业整顿或者吊销营业执照、吊销相关许可证，可以并处五万元以上五十万元以下罚款。

第一百二十四条 违反本法第五十九条第二款规定，在学校、幼儿园和其他未成年人集中活动的公共场所吸烟、饮酒的，由卫生健康、教育、市场监督管理等部门按照职责分工责令改正，给予警告，可以并处五百元以下罚款；场所管理者未及时制止的，由卫生健康、教育、市场监督管理等部门按照职责分工给予警告，并处一万元以下罚款。

第一百二十五条 违反本法第六十一条规定的，由文化和旅游、人力资源和社会保障、市场监督管理等部门按照职责分工责令限期改正，给予警告，没收违法所得，可以并处十万元以下罚款；拒不改正或者情节严重的，责令停产停业或者吊销营业执照、吊销相关许可证，并处十万元以上一百万元以下罚款。

第一百二十六条 密切接触未成年人的单位违反本法第六十二条规定，未履行查询义务，或者招用、继续聘用具有相关违法犯罪记录人员的，由教育、人力资源和社会保障、市场监督管理等部门按照职责分工责令限期改正，给予警告，并处五万元以下罚款；拒不改正或者造成严重后果的，责令停业整顿或者吊销营业执照、吊销相关许可证，并处五万元以上五十万元以下罚款，对直接负责的主管人员和其他直接责任人员依法给予处分。

第一百二十七条 信息处理者违反本法第七十二条规定，或者网络产品和服务提供者违反本法第七十三条、第七十四条、第七十五条、第七十六条、第七十七条、第八十条规定的，由公安、网信、电信、新闻出版、广播电视、文化和旅游等有关部门按照职责分工责令改正，给予警告，没收违法所得，违法所得一百万元以上的，并处违法所得一倍以上十倍以下罚款，没有违法所得或者违法所得不足一百万元的，并处十万元以上一百万元以下罚款，对直接负责的主管人员和其他责任人员处一万元以上十万元以下罚款；拒不改正或者情节严重的，并可以责令暂停相关业务、停业整顿、关闭网站、吊销营业执照或者吊销相关许可证。

第一百二十八条 国家机关工作人员玩忽职守、滥用职权、徇私舞弊，损害未成年人合法权益的，依法给予处分。

第一百二十九条 违反本法规定，侵犯未成年人合法权益，造成人身、财产或者其他损害的，依法承担民事责任。

违反本法规定，构成违反治安管理行为的，依法给予治安管理处罚；构成犯罪的，依法追究刑事责任。

第九章　附　则

第一百三十条　本法中下列用语的含义：

（一）密切接触未成年人的单位，是指学校、幼儿园等教育机构；校外培训机构；未成年人救助保护机构、儿童福利机构等未成年人安置、救助机构；婴幼儿照护服务机构、早期教育服务机构；校外托管、临时看护机构；家政服务机构；为未成年人提供医疗服务的医疗机构；其他对未成年人负有教育、培训、监护、救助、看护、医疗等职责的企业事业单位、社会组织等。

（二）学校，是指普通中小学、特殊教育学校、中等职业学校、专门学校。

（三）学生欺凌，是指发生在学生之间，一方蓄意或者恶意通过肢体、语言及网络等手段实施欺压、侮辱，造成另一方人身伤害、财产损失或者精神损害的行为。

第一百三十一条　对中国境内未满十八周岁的外国人、无国籍人，依照本法有关规定予以保护。

第一百三十二条　本法自 2021 年 6 月 1 日起施行。